TEXTOS Y MÉTODOS ACTIVOS

ESPAGNOL

BTS tertiaires et industriels 1re & 2e années

Alfredo **Segura**
Nadine **Nunez**
Marie **Vassoille**

Les auteurs tiennent à remercier Martine Poujade pour ses relectures.

Nathan
TECHNIQUE

Sommaire

Tous les textes des rubriques Todo oídos, Comunciación oral et Practica-Audio ainsi que les évaluations de la compréhension de l'oral pour la partie Examen sont enregistrés sur les CD professeurs.
Les enregistrements sont signalés par la mention suivie du numéro de piste concernée.

1

Emprendedores con éxito

¿Los logros dependen sólo de uno mismo?

En esta unidad vas a aprender a:

- Definir el carácter de un emprendedor
- Presentar el proyecto de una futura empresa
- Analizar y comparar tipos de iniciativas
- Buscar información para montar tu empresa

LLUVIA DE IDEAS

Palabras

Sustantivos
El conocimiento: *la connaissance*
Un socio: *un associé*
Una pajarita: *une cocotte en papier*
Una aliada: *une alliée*
Verbos y colocaciones
Emprender: *entreprendre*
Fomentar: *encourager*

Preguntas

- ¿Crees que las iniciativas como ésta son eficaces?
- Se pide que los sueños trabajen, ¿es esto posible?
- Comenta la relación entre la tecnología, el conocimento y la creatividad para emprender un negocio.

TODO OÍDOS

CD n°1 Pista n°1

1. ¿Qué es el espíritu emprendedor?
2. ¿Se puede aprender a emprender?
3. Anota las cualidades personales del emprendedor.
4. ¿Cuáles son las medidas se que debe tomar para luchar contra el riesgo?

1 | Emprendedores con éxito

1 • HABLAR POR LOS CODOS

LOS SIETE PECADOS

1. No compartir los logros de la empresa. Si un emprendedor transmite les triunfos a todo el equipo de trabajo generará motivación y lealtad.
2. Confundir el sentido de urgencia con la precipitación. En el acelere de crecer y ganar nuevos mercados a veces los emprendedores se brincan pasos de análisis y de consolidación.
3. Copiar el plan de negocios que le funcionó a otros. La clave de un buen emprendimiento es proponer e innovar, si se intenta competir con la misma estrategia que otros es probable que el negocio falle.
4. "Deseo obsesivo" por encontrar la idea perfecta y que a nadie se le haya ocurrido. La idea no lo es todo. Tener un sólido plan de negocios permite probar, ejecutar y triunfar.
5. Contar con un equipo de trabajo disfuncional y rodearse de socios que no se lleven bien puede generar conflictos y discusiones dentro de la empresa que retrasen el plan de negocios.
6. Conformarse con el éxito obtenido. No arriesgarse y tener miedo a dejar la zona de confort puede hacer que un emprendedor deje pasar oportunidades importantes.
7. Pensar que todo va a salir a la perfección. El exceso de optimismo y confianza en el emprendimiento puede generar que no se busquen consejos de personas más experimentadas y que se descuiden los detalles.

a) Asocia cada pecado con su dibujo y su definición.
b) Por parejas, proponed nombres de empresarios que conocéis. ¿Les atribuís algunos de los pecados? Razonad vuestra respuesta.

2 • CON BUENA LETRA

Redacta un email de unas 10 líneas para pedir información sobre el día del emprendedor.

3 • A BUEN ENTENDEDOR...

¿Tienes carácter emprendedor?

1. ¿Cuándo das por terminada una tarea?

a) ☐ Creo que hay que trabajar hasta alcanzar un resultado perfecto.
b) ☐ Hay que esforzarse pero con moderación.
c) ☐ La experiencia me dice que no hay nada perfecto.

2. ¿Cuál es tu posición sobre el liderazgo?

a) ☐ Considero que soy una persona carismática y con dotes de liderazgo, y que esto es fundamental.
b) ☐ No me considero un líder, pues eso es algo que puedo compensar con mis dotes de comunicador y mi capacidad profesional.
c) ☐ El trabajo puede sustituir cualquier otra carencia personal que uno pueda tener.

3. ¿Cuál es tu actitud hacia los cambios?

a) ☐ No me gustan, pero los acepto. Es mi responsabilidad.
b) ☐ Procuro evitarlos y, cuando se producen, los priorizo y resuelvo según mis disponibilidades.
c) ☐ Los acepto si vienen, y si no, los busco.

4. Ante la satisfacción de los resultados...

a) ☐ Busco el reconocimiento de los demás, porque forma parte del éxito conseguido.
b) ☐ No necesito irlo diciendo por ahí, pero sí resulta reconfortante que me lo reconozcan.
c) ☐ Reafirmo mi satisfacción interior, pero no necesito compartirla con los demás.

5. ¿Con cuál de las siguientes definiciones te sientes más identificado?

a) ☐ Suelo organizar e intentar nuevas cosas, y disfruto mucho con ello.
b) ☐ Tengo iniciativa si es necesario, pero no me satisface emprender continuamente.
c) ☐ Soy muy trabajador y me encanta que me tengan en cuenta para nuevos proyectos, pero no me gusta emprenderlos.

4 • TODO OÍDOS

CD n°1 Pista n°2

a) **Escucha cómo se distribuyen los puntos del test anterior.** a) 3 puntos, b) 2 puntos, c) 1 punto
b) **¿Qué nota has conseguido?**
c) **¿Estás de acuerdo?**

5 • HABLANDO SE ENTIENDE LA GENTE

a) **Lee el comentario de Rafael Galán.**

> Si te planteas poner en marcha un negocio de comercio electrónico, independientemente del sector que te interese, busca un proyecto especializado con productos claramente identificables, intentando que el producto sea de una marca o marcas reconocidas, y que te lleven, de esta forma, a un tipo de consumidores que prime el servicio frente al precio.

b) **Basándoos en este comentario, debatid sobre el tema.**

1 | Emprendedores con éxito

ANTICIPA

¿Crear y crecer sin apenas financiación?

Empresas españolas en la cima

Y es que son muchos los emprendedores que, con una pequeña tienda o una idea original, han convertido sus negocios en España en grandes imperios. Dentzel ha señalado que en su país, EEUU, a los niños se les dice desde pequeños que pueden llegar a ser presidente del país o astronautas "y eso afecta a la cabeza". El creador de Tuenti ha animado a los jóvenes emprendedores españoles a que aprovechen la crisis para poner en marcha sus ideas, y no se echen atrás ante las dificultades de encontrar financiación. "Ahora es cuando más éxito hay para nuevos modelos de negocio: tiene que ser escalable y de bajos costes, si eres persistente puedes encontrar financiación, hay que arriesgar y la financiación existe para los buenos proyectos", ha afirmado el empresario. Dentzel ha recordado que cuando él decidió poner en marcha Tuenti no sólo tuvo problemas para conseguir los servidores, sino también para contratar a los 50 primeros ingenieros (hoy cuenta con una plantilla de 285 personas, la mayoría en Madrid y con una oficina de 25 empleados en Barcelona). "Hay financiación, y un ejemplo es que la principal compañía de telecomunicaciones de España y una de las más importantes del mundo apostó por Tuenti", ha dicho Dentzel sobre la entrada de Telefónica como socio mayoritario del capital de la red social. Las cifras de Tuenti son apabullantes: 13 millones de usuarios, con más de 40 millones de visitas de página al mes.

Adaptado de *el Economista*, abril 2012.

Tuenti

Tuenti es una red social española creada por Zaryn Dentzel, un estudiante norteamericano afincado en España en 2006, que cuenta con más de 14 millones de usuarios. Permite al usuario crear su propio perfil, añadir a otros usuarios como amigos e intercambiar mensajes, fotos y vídeos, páginas o eventos. Tiene servicio de chat (individual y en grupo) y vídeochat (solo con una persona). Hasta el 14 de noviembre de 2011 sólo se podía acceder a la red social por invitación (era privada). Tiene un requisito de edad de 14 años. Tuenti (que pertenece a Movistar) tiene un OMV[1] propio llamado Tuenti Móvil (anteriormente Tu) que utiliza la red de su empresa madre (Movistar). El sitio estaba enfocado principalmente a la población española, hasta que el 11 de julio se anunció una renovación de la red social y en la cual el "nuevo tuenti" estaría abierto en toda Europa, Estados Unidos y Latinoamérica, y con una mayor oferta de idiomas.

Adaptado de *Wikipedia*, septiembre 2012.

1. Operador Móvil Virtual.

Las palabras no están solas

1. Busca sinónimos.
afectar – un imperio – una plantilla – la población – un requisito – una empresa madre

2. Encuentra antónimos.
animar – encontrar – contratar – amigos

3. Dilo en español.
profiter de – persévérant – un serveur – un réseau

4. Cada oveja con su pareja.

llegar a ser •	• activar
aportar por •	• cambiar mutuamente información
poner en marcha •	• depositar confianza
intercambiar mensajes •	• convertirse en

5. Veo, veo una palabra que empieza por... y significa...
Ejemplo:
– Veo, veo... una palabra que empieza por E y significa creador.
– Emprendedor.
– Eso es, correcto.

El título

1. ¿En qué sentido son complementarios los dos títulos? Busca frases del texto que lo justifiquen.
2. Inventa otros dos títulos.
3. Explica a tus compañenos por qué has eligido estos dos titulos

Localiza en el texto...

1. Texto 1: Lo que se les dice a los niños en los EEUU desde pequeños. Las dificultades que encontró Dentzel a la hora de poner en marcha su proyecto.
2. Texto 2: Cuál es la relación de Tuenti con España. A quién se dirige hoy día Tuenti.

Comprensión del texto

1. ¿Qué es Tuenti?
2. ¿Qué necesita según el creador de Tuenti una buena idea para realizarse?
3. ¿Cúales son las perspectivas de futuro por Tuenti?

Defiende tu postura

Emprender en este tipo de actividades es sólo cosa de jóvenes. La gente mayor está fuera de este mercado (150 palabras).

Con mucho oficio

Por parejas: Uno (A) tiene una idea nueva de negocio y la expone a su manager (B).
Elige una de éstas o crea la tuya:

1. E-learning para clases de refuerzo para niños.
2. Tienda de pañales online.
3. Tanatorio para animales.
4. Aplicaciones para tabletas con información de hoteles.
5. Tienda online de tallas grandes.

Método

Le compte-rendu

1. Divide el texto 1 en partes y subraya las frases más significativas.
2. Resume lo esencial de cada parte en una, dos o tres frases. Cuidado con la paráfrasis.
3. Redacta una introducción.
4. Elabora una conclusión que contenga los puntos tratados. (Véase *Herramientas* n°2)

Expresión escrita

1. ¿Todo el mundo puede llegar a ser quién se propone como se piensa en los EEUU?
2. Las empresas grandes roban las ideas de las pequeñas. ¿Cómo evitarlo? (Véase *Herramientas* n°5)

Expresión oral

1. Dentzel ha conseguido una cita con el Director financiero de Telefónica para pedir apoyo financiero para su proyecto de red social española. Imaginad e interpretad la entrevista.
2. ¿Eres usuario de las redes sociales? ¿Qué te aportan?

PRACTICA • TEXTO

Comunicación oral

CD n°1 Pista n°3

Escucha y responde

1. Escucha la experiencia de Roberto Rodríguez Iniesta en el audio *La forma más segura de controlar el futuro.*
2. Haz un resumen en francés.
3. Responde en español.

a) ¿Para dónde posee la licencia de Curves Roberto Rodríguez?
b) ¿Qué diferencia hay entre los inversores de Francia e Italia?
c) ¿Cuál es la condición para mejorar si uno emprende?

Analiza y opina

1. Presenta el documento. (*Véase Herramientas* n°3)
2. ¿Dónde se suele encontrar un documento así?
3. Comenta la tabla sobre el uso de Tuenti entre los jóvenes de 16 a 25 años.

Tuenti : la red joven	
4 de cada 10	dicen que su uso va a menos
6 de cada 10	tienen menos de 25 años
3 de cada 10	siguen a marcas (las marcas más seguidas son: Telepizza, Coca-Cola y Movistar)

Fuente: The cocktail analysis, abril 2012

1 | Emprendedores con éxito

1 • Buenas formas

a. Señala los infinitivos de los verbos y los tiempos: es – dicen – pueden – echar – tener – han convertido – ha señalado – ha afirmado.
b. Conjuga en presente y en pretérito perfecto: ser – decir – poder – tener.
c. Recítalos a tu compañero.
d. Discute con tu compañero la relación que hay entre el presente y el pretérito perfecto. Crea algunos ejemplos.

2 • Dilo de otra forma

a. Ahora es cuando más éxito hay para nuevos modelos de negocio: tiene que ser escalable y de bajos costes, si eres persistente puedes encontrar financiación.
b. Las cifras de Tuenti son apabullantes: 13 millones de usuarios, con más de 40 millones de visitas de página al mes.
c. Tuenti (que pertenece a Movistar) tiene una OMV propia llamada Tuenti Móvil (anteriormente Tu) que utiliza la red de su empresa madre (Movistar).
d. El sitio estaba enfocado principalmente a la población española, hasta que el 11 de julio se anunció una renovación de la red social.

3 • Emplea la forma correcta

Elige entre el presente y el pretérito perfecto.
Los emprendedores hasta hoy siempre ____________ (demostrar) que ______ (son) capaces de poder cambiar la tendencia. Siempre ____________ (ser) la vanguardia en innovación. __________ (pertenecer) a esos hombres sin los que una sociedad no _______ (poder) desarrollarse plenamente. Por eso, cuando su número___________ (disminuir), la sociedad les ________ (echar) en falta. Por otra parte, su instinto les __________ (hacer) aprovechar cualquier oportunidad de negocio. El ejemplo del creador de Tuenti ____________ (permanecer) en la memoria de los grandes emprendedores que _________ (conquistar) lo que se proponían.

4 • Traduce

a. Y es que son muchos los emprendedores que, con una pequeña tienda o una idea original, han convertido sus negocios en España en grandes imperios.
b. Tuenti es una red social española creada por Zaryn Dentzel en 2006 que cuenta con más de 14 millones de usuarios.

Las formas de la lengua

El presente y el pretérito perfecto

Presente

a) Verbos regulares
Ganar: gan**o**/ gan**as**/ gan**a**/ gan**amos**/gan**áis**/gan**an**
Vender: vend**o**/vend**es**/vend**e**/ vend**emos**/vend**éis**/vend**en**
Dividir: divid**o**/divid**es**/divid**e**/divid**imos**/divid**ís**/divid**en**

b) Verbos con cambios vocálicos
Querer: qu**ie**ro/qu**ie**res/qu**ie**re/queremos/queréis/qu**ie**ren
Poder: p**ue**do/p**ue**des/p**ue**de/podemos/podéis/p**ue**den

c) Otros cambios vocálicos
Pedir: p**i**do/p**i**des/p**i**de/pedimos/pedís/p**i**den
Verbos con la primera persona irregular y/o cambios vocálicos
Tener: tengo/tienes/tiene/tenemos/tenéis/tienen
Decir: digo/dices/dice/decimos/decís/dicen

Pretérito perfecto

He/has/ha/hemos/habéis/han + ganado/vendido/vivido
Con el pretérito perfecto hablamos de una realidad pasada pero que tiene una relación con el momento presente.
El creador de Tuenti ***ha animado*** *a los jóvenes emprendedores españoles a que aprovechen la crisis para poner en marcha sus ideas.*

ANTICIPA

Cita los logros de algún emprendedor de éxito. ¿A qué piensas que se deben?

El emprendedor no nace, se hace

Cuando se habla de emprendedores de éxito siempre nos viene a la cabeza la imagen del hombre hecho a sí mismo, capaz de luchar contra viento y marea por un sueño. Pero la realidad transmite una imagen menos romántica. Muchos emprendedores consiguen crear una empresa de éxito después de sufrir varios fracasos. Las estadísticas revelan que no existe un prototipo de emprendedor. Eso sí, cuando se analiza qué tienen en común: autoconfianza, iniciativa, visión de negocio, orientación al riesgo... Otra idea que desmitifican los resultados de muchas investigaciones es que el emprendedor no nace, se hace. Estos son los cuatro factores que determinan el éxito del emprendedor. Motivación, trabajar en lo que me gusta y organizar el trabajo de otros son las principales motivaciones de los emprendedores al crear su empresa. Según un informe de la cámara de comercio, les siguen en orden de importancia la posibilidad de iniciar una actividad profesional, visión de futuro, crear e innovar en un sector y la idea de mantener la tradición familiar.

Según los expertos, quienes montan una empresa por necesidad tienen más dificultades para conseguir el éxito que quienes lo hacen por vocación. La razón es una simple cuestión numérica. Está demostrado que cuanto más motivado está el emprendedor, más horas dedica a su proyecto. Y las estadísticas reflejan que cuanto mayor es el número de horas que dedican a un negocio sus promotores, mayor índice de consolidación.

Hay varios rasgos de la personalidad que siempre se dan en los emprendedores de éxito. La confianza en sí mismos y en su proyecto, la energía, la tenacidad y la capacidad de trabajo son imprescindibles siempre. Gustavo Piera, director de la consultora TMI afirma: "Poner en marcha un negocio es como hacer despegar un avión. Antes de empezar a volar, tienes que chequear que hay combustible, que todo funciona... y cuando decides que vas a arrancar tienes que pisar a fondo hasta que coges altura. Sólo cuando ya has cogido la altura necesaria, puedes planear". El nivel de estudios de los promotores de un negocio no influye, pero la formación en gestión y administración de empresas de los socios sí es determinante. Quienes deciden mejorar sus cualidades, suelen escoger el coaching y otros tipos de formación individualizada, que intentan cambiar conductas, están orientados a mejorar en carencias de la personalidad, como la pérdida de la autoconfianza. Sin duda, todo lo que define el talento emprendedor se puede adquirir con el aprendizaje correcto.

Adaptado de *Emprendedores,* agosto 2012.

PRACTICA • TEXTO

Las palabras no están solas

1. Busca sinónimos.
similar – datos – conclusiones – significativo

2. Encuentra antónimos.
un éxito – la realidad – conseguir – la motivación – una posibilidad – correcto – mejorar

3. Dilo en español.
capable – la personnalité – la confiance – la persévérance – des recherches – se consacrer à – améliorer – essayer

4. Cada oveja con su pareja.

venirle a uno a la cabeza •	• acelerar
hecho a sí mismo •	• pelear contra todo
luchar contra viento y marea •	• creado uno mismo
pisar a fondo •	• ocurrírsele algo

5. Veo, veo una palabra que empieza por... y significa...
Ejemplo:
– Veo, veo... una palabra que empieza por V y significa predisposición.
– Vocación.
– Eso es, correcto.

El título

1. ¿En qué sentido el título está acorde con el texto? Busca frases del texto que lo justifiquen.
2. Inventa un título más corto y más llamativo.
3. ¿Cuál sería el subtítulo del texto?

1 | Emprendedores con éxito

Localiza en el texto...

1. Párrafo 1: En qué aspectos son similares todos los emprendedores.
2. Párrafo 2: Señala los cuatro puntos fundamentales para el éxito.
3. Párrafo 3: Explica con tus palabras la comparación que hace Gustavo Piera con el hecho de lanzarse a un negocio. ¿Quiénes piden a menudo formación de coaching?

Comprensión del texto

1. ¿Qué imagen equivocada se hace uno de los emprendedores?
2. ¿Qué rasgos tienen en común?
3. ¿Hace falta tener estudios y/o formación para ser un empresario con éxito?
4. ¿Para qué sirve el coaching?

Defiende tu postura

Busca y lee la historia de algunos emprendedores con éxito. Escribe a continuación cómo debe ser la persona que quiera cosechar éxitos en el mundo empresarial (entre 150 y 200 palabras).

Con mucho oficio

Por parejas: Uno (A) de vosotros va a la Cámara de Comercio para informarse sobre las posibilidades de ayudas para montar un negocio. El otro (B) es asesor, le aconseja.

Método

Le compte-rendu

1. Divide el texto en partes y subraya las frases más significativas.
2. Resume lo esencial de cada parte en una, dos o tres frases. Cuidado con la paráfrasis.
3. Redacta una introducción.
4. Elabora una conclusión que contenga los puntos tratados. (Véase *Herramientas* n°2)

Expresión escrita

1. ¿Cuáles son las ventajas y los inconvenientes de lanzarse por sí mismo en los negocios?
2. Escribe una carta para pedir información sobre las ayudas a los emprendedores que existen en la Comunidad de Madrid. Consulta: www.emprendelo.es (Véase *Herramientas* n°5)

Expresión oral

1. El autor del artículo enumera una serie de elementos para demostrar que emprender no es fácil. Cítalos y da tu opinión.
2. ¿En qué medida la formación es necesaria para crear una empresa? ¿Puede depender del sector o no es determinante?

Comunicación oral

CD n°1 Pista n°4

Escucha y responde

1. Escucha la experiencia de Luis Serván: *El capital del desempleo me sirvió para montar mi negocio*.
2. Haz un resumen en francés.
3. Responde en español.

a) ¿Por qué creó Luis Serván la empresa Keekorok?
b) ¿Cuántos socios son?
c) ¿Cuál es su profesión?
d) ¿Cuáles son las dificultades a las que nos enfrentamos en este tipo de iniciativas?

Analiza y opina

1. **Presenta el anuncio.** (Véase *Herramientas* n°3)
2. **¿Dónde se suele encontrar un documento así?**
3. **Explica su utilidad.**
4. **Observa la ausencia de verbos, ¿a qué crees que se debe? Vuelve a escribirlo con frases completas.**
5. **¿Cúal es el tono empleado? Razona tu respuesta.**

SE BUSCAN EMPRENDEDORES
para arduo viaje.

Salario bajo, frío agudo, largos meses en la más completa oscuridad mediática, peligro constante y escasas posibilidades de vivir de ello.

Honores, reconocimiento y dinero en caso de éxito.

Razón: Centro de iniciativas Riesgo de Lleida.Net/Tel. 902 999 272
Infórmate: http://cir.lleida.net

1 • Buenas formas

a. Señala las formas que tengan "se".
b. Discute con tu compañero por qué algunos tienen el verbo en plural y otros en singular.
c. ¿A qué crees que se deben?

2 • Dilo de otra forma

a. El emprendedor no nace, se hace.
b. Hay varios rasgos de la personalidad que siempre se dan en los emprendedores de éxito.
c. Y las estadísticas reflejan que cuanto mayor es el número de horas que dedican a un negocio sus promotores, mayor índice de consolidación.

3 • Emplea la forma correcta

Elige la forma correcta del verbo con "se" y con la estructura cuanto más, mayor... más, mayor.
_______ (decir) comúnmente que cuanto _______ es el esfuerzo, mayor es la recompensa para la persona que emprende un negocio. De esta forma, ________ (poder) decir que hay una relación directa entre el esfuerzo y el resultado final. Por otra parte, muchos opinan que los logros finales no __________ (deber) siempre a la tenacidad. El tiempo es asimismo determinante ya que cuanto ________ se empieza a obtener resultados positivos, _________ posibilidades _______ (tener) de que el proyecto se mantenga en el tiempo.

4 • Traduce

a. Eso sí, cuando se analiza qué tienen en común: autoconfianza, iniciativa, visión de negocio, orientación al riesgo...
b. Está demostrado que cuanto más motivado está el emprendedor, más horas dedica a su proyecto.

PRACTICA • TEXTO

Las formas de la lengua

■ **Valor de "se"**
El **"on"** francés corresponde a varias formas en español.

1. "Se" como sujeto indefinido. Se concuerda el sujeto con el verbo.
*El emprendedor no nace, **se hace**.*
*¿A que **se deben** los logros del emprendedor?*

2. "Se" se usa como un equivalente a nosotros.
*Si no **se hace** algo, no se podrá avanzar. = Si no **hacemos** algo, no podremos avanzar.*

3. "Se" con valor de 3ª persona de plural.
*¿**Se os ha dicho** que debéis leerlo? = ¿**Os han dicho** que debéis leerlo?*

4. "Se" puede tener el valor de "uno", "una".
*Y a veces no **se sabe** qué hacer. = Y a veces **uno** no sabe qué hacer.*

■ **Cuanto mayor/menos/mejor/peor/antes... menos, más, antes, peor, mayor**
Para intensificar se utiliza una partícula con valor condicional/temporal.
***Cuanto mayor** es el problema, **antes** se debe tomar una solución.*
Atención: Si la acción es futura se utiliza subjuntivo.
*Cuanto antes lo **hagáis** mañana, antes habremos terminado.*

ANTES DE ESCUCHAR

¿Has ido a algún festival de música? Cuenta tu experiencia.

Al oral...

CD n°1 Pista n°5

Ascó Summer Festival

Adaptado de www.retirarsealos40.com, mayo 2012.

Las palabras no están solas

1. Cada oveja con su pareja.

estar listo •	• conocer ampliamente
saber de sobra •	• desarrollarme solo
volar con mis propias alas •	• estar preparado

2. Dilo de otra forma.

un fundador – una firma – el mundo laboral – un bache – gestionar

El título

¿Por qué el título está en inglés?

Di de qué trata el audio

Escucha de nuevo y escribe las respuestas.

1. ¿Guilhem Bru nació o se hizo emprendedor?
2. ¿Viven mejor los emprendedores?
3. ¿Qué le recomienda a alguien que quiere empezar a emprender?

Comprensión del audio

1. ¿Qué estudios ha hecho?
2. ¿Qué valora más en su vida profesional?

Defiende tu postura

Escribe una carta de invitación a un grupo de música proponiéndole participar en el festival en la siguiente edición (150 palabras).

Con mucho oficio

Por parejas: Uno (A) de vosotros es el representante de un famoso cantante invitado al Ascó Summer. Llama a la organización (B) para saber:

1. la fecha del festival.
2. cómo llegar.
3. cómo alojarse.
4. las necesidades técnicas.
5. la remuneración y la forma de pagar.

Método

Le compte-rendu

1. Divide el audio en partes.
2. Resume lo esencial del audio en una, dos o tres frases. Cuidado con la paráfrasis.
3. Redacta una introducción.
4. Elabora una conclusión que contenga los puntos tratados. (Véase *Herramientas* n°2)

Expresión escrita

1. Guilhem Bru habla de las ideas que no fructifican porque los jefes no suelen escuchar. Da tu opinión al respecto.
2. Redacta un pequeño informe a tu jefe describiendo los puntos fundamentales del evento. (Véase *Herramientas* n°5).

Expresión oral

1. ¿Una alternativa como Ascó Summer Festival tendría éxito en Francia? ¿Qué grupos participarían?
2. Guilhem Bru dice que "un empresario nunca descansa, se acuesta y se levanta con su empresa y muchas veces hasta sueña con ella." ¿Estás de acuerdo con él? Explica por qué.

En Internet

Entra en la página:
http://www.ascosummerfestival.com/index.phpoption=com_content&view=category&layout=blog&id=25&Itemid=27&lang=es

• Por grupos elegid un artista y presentadlo al resto de la clase.

• No olvidéis de poner una canción y explicar la letra.

A la vista está...

ANTES DE VER

¿Qué pasos hay que dar en Francia para crear una empresa?

Madrid Emprende

▸ http://www.telemadrid.es/?q=programas/ahora-marta/descubre-como-ser-emprendedor (visiona los tres primeros minutos)

Las palabras no están solas

1. Cada oveja con su pareja.

dar las claves •	• ocuparse de alguien
emplazar a alguien •	• contestar a lo importante
atender a alguien •	• invitar

2. Dilo de otra forma.
los trámites – el ayuntamiento – un gerente – una cita

El título

1. ¿Cuáles son los elementos del título que te dan una idea del tema?
2. Señala por qué Emprende está en mayúscula.

Di de qué trata el vídeo

Visiona de nuevo responde.

1. ¿Qué es lo primero que hay que hacer para montar un negocio?
2. Di si cuesta lo mismo en España que en el resto de países desarrollados.
3. ¿Cuánto cuesta en tiempo y dinero?

Comprensión del vídeo

1. ¿Cuál es el número de teléfono de Madrid Emprende en el Ayuntamiento de Madrid?
2. ¿Qué es Madrid Emprende?
3. ¿Cuáles son los trámites para montar un negocio?

Analiza y opina

1. Presenta la entrevista. (Véase *Herramientas* n°3)
2. ¿Dónde se suele encontrar un documento así?
3. ¿Te parece eficaz este tipo de emisiones?
4. ¿Compartes la visión que se desprende? Razona tu respuesta.

Defiende tu postura

Escribe un email a Madrid Emprende para pedir cita con un consejero. Propón una fecha y el motivo de tu visita (en unas 150 palabras). (Véase *Herramientas* n°4)

Con mucho oficio

Por parejas: Los dos os encontráis en una situación de incertidumbre laboral. Uno (A) es partidario de lanzarse y crear su empresa y el otro (B) es reticente. Argumentad a favor y en contra de esta idea, cada uno expone sus argumentos.

Método

Le compte-rendu

1. Divide el vídeo en partes.
2. Resume lo esencial de cada parte en una, dos o tres frases. Cuidado con la paráfrasis.
3. Redacta una introducción.
4. Elabora una conclusión que contenga los puntos tratados. (Véase *Herramientas* n°2)

Expresión escrita

1. "Un buen proyecto no siempre se realiza." Explica por qué en tu opinión muchos no llegan a consolidarse.
2. Las ayudas públicas no suelen ser buenas para emprender. (Véase *Herramientas* n°5)

Expresión oral

1. ¿Qué sectores tienen más futuro en Europa? Razónalo.
2. Por parejas: Piensa (A) en un proyecto que te gustaría llevar a cabo. Explícalo a tu compañero (B) e invítalo a participar en él.

ANTICIPA

¿Cuál es tu sueño?

Pon tu sueño en marcha

Una pizzería artesanal con entrega de productos a domicilio, un servicio de atención a las mascotas, una escuela de baile. He aquí un grupo de emprendedores que sale adelante gracias a los microcréditos de microbank, propiedad de la Caixa.

Nuria Ventura es coreógrafa, directora artística, profesora, bailaora de flamenco y bailarina contemporánea. Su extenso curriculum abarca desde una intensa formación en prestigiosas escuelas de Estados Unidos a numerosas actuaciones en todo el mundo Nueva York, París, Bruselas... Desde que volvió de Estados Unidos, en 1998, ha tratado de fusionar sus conocimientos de flamenco con los de danza contemporánea. Con la ayuda de un microcrédito de microbank, hace cinco años, decidió poner en marcha una escuela de baile en el pueblo donde veraneaba con sus abuelos: "A mis cuarenta años, veía que era un buen momento para enseñar mis conocimientos. Además, en una profesión como la mía, veía que necesitaría un ingreso fijo en un momento determinado. Las actuaciones no sabes si las tendrás mañana o no", explica. Con el dinero del microcrédito de microbank, arregló el suelo, todo de madera y situó baños con duchas. La escuela cuenta con un claustro de lujo, que incluye profesores de claqué, breack dance, flamenco y baile contemporáneo y clásico.

Montse Nzang tenía dos perros. Cuando se iba de vacaciones, se las veía y deseaba para encontrar alguien que los cuidara. Al perder su trabajo, vio la oportunidad perfecta para dedicarse a ellos por entero... y a los de otros... Con la ayuda de un microcrédito, Montse fundó Cangur, una empresa especializada en cuidar mascotas a domicilio. Al no tener establecimiento de cara al público, el crédito le sirvió para crear su página web, hacer publicidad y márketing. Cangur cuenta ya con 750 clientes en la zona del Vallés, en Barcelona. Unos clientes son fijos y entregan sus mascotas cada quince días y otros acuden a Cangur dos veces al año Navidad y verano. El 85% son perros. "De momento sólo hacemos servicio a domicilio más adelante, quizá tengamos un comercio de cara al público".

Antonia Pérez se quedó en el paro en 2009 y le faltó tiempo para ponerse a pensar qué hacía. Era contable. "Conocí a unos chicos italianos que sabían de pizzas, me enseñaron, fui a un taller, trabajé en restaurantes y aprendí". Para crear su empresa capitalizó su subsidio de desempleo y pidió un microcrédito de 10.000 euros a microbank. "Fui al Ministerio, me dieron la mano y me llevaron a la fundación internacional de la mujer emprendedora, Fidem. Allí me pusieron en contacto con la Caixa". Antonia a sus 50 años ha sido reconocida como mujer emprendedora del año de Fidem por la creación de su restaurante.

Adaptado de *Capital*, septiembre 2012.

Las palabras no están solas

1. Busca sinónimos.
abarcar – una mascota – crear – un contacto

2. Encuentra antónimos.
una entrega – prestigiosa – un ingreso – creer

3. Dilo en español.
une livraison – retourner – montrer – un revenu – s'occuper de – le chômage

4. Cada oveja con su pareja.

acudir a •	• realizarse
ponerse a •	• hacer las cosas rápido
salir adelante •	• ir a
faltar tiempo para •	• empezar a

5. Veo, veo una palabra que empieza por... y significa...
Ejemplo:
- Veo, veo... una palabra que empieza por E y significa un gran logro.
- Éxito.
- Eso es, correcto

El título

1. ¿En qué sentido el título está acorde con el texto? Busca frases del texto que lo justifiquen.
2. Inventa un título más corto y más llamativo utilizando verbos en imperativo.
3. ¿Cuál sería el subtítulo del texto?

Localiza en el texto...

1. Párrafo 1: Cómo salen adelante los proyectos.
2. Párrafo 2: Qué ha creado Nuria Ventura.
3. Párrafo 3: Qué clase de empresa fundó Montse.
4. Párrafo 4: La profesión anterior de Antonia Pérez.

Comprensión del texto

1. Explica la trayectoria de Nuria Ventura.
2. ¿Cómo se le ocurrió la idea a Montse Nzang?
3. ¿Cómo consiguió dinero para montar su proyecto Antonia Pérez?

Defiende tu postura

En este tipo de negocios uno termina por convertirse en esclavo de su idea. Imagina un caso. Explica el porqué (150 palabras).

Con mucho oficio

Por parejas: Uno (A) trabaja en La Caixa y el otro (B) va a preguntar por las condiciones de un microcrédito de 20.000 euros. (A) informa del tipo de interés, plazos y cantidades a devolver por mes. (B) intenta negociar unas condiciones más favorables.

Método

Le compte-rendu

1. Divide el texto en partes y subraya las frases más significativas.
2. Resume lo esencial de cada parte en una, dos o tres frases. Cuidado con la paráfrasis.
3. Redacta una introducción.
4. Elabora una conclusión que contenga los puntos tratados. (Véase *Herramientas* n°2)

Expresión escrita

1. Parece ser que el mercado del cuidado de las mascotas es muy arriesgado. Después de aclarar la particularidad del mercado del cuidado de mascotas, di en qué medida se puede superar este obstáculo para potenciar tal nicho de mercado.
2. ¿Es muy difícil realizar un sueño solo? (Véase *Herramientas* n°5)

Expresión oral

1. En el texto no se habla de los avales que se necesitan para que el banco preste dinero. Imagínalos.
2. Tras pasar lista a las dificultades que conocieron los tres emprendedores, di si te parece que la necesidad puede ser más bien una ventaja o un inconveniente para montar un proyecto.

Comunicación oral

CD n°1 Pista n°6

Escucha y responde

1. Escucha el texto *Si el emprendedor gana, nosotros también*.
2. Haz un resumen en francés.
3. Responde en español.

a) ¿A qué pretende ser una alternativa?
b) ¿Qué necesita la persona que quiera emprender?
c) ¿Con quién colaboran?
d) ¿Qué obtienen? ¿Por qué ganan si lo hace el emprendedor?

Analiza y opina

1. **Presenta el documento.** (Véase *Herramientas* n°3)
2. **Explica el título.**
3. **¿Te parece acertada esta portada? Razona tu respuesta.**

1 | Emprendedores con éxito

1 • Buenas formas

a. Señala los verbos que estén en imperfecto y en pretérito indefinido. Señala el infinitivo de cada uno.
b. Recítalos a tu compañero y explícale cómo se forman.
c. Discute con tu compañero la relación que hay entre los tres tiempos del pasado en indicativo: perfecto, imperfecto y pretérito indefinido. Crea algunos ejemplos.

2 • Dilo de otra forma

a. Con la ayuda de un microcrédito de microbank, hace cinco años decidió poner en marcha una escuela de baile en el pueblo donde veraneaba con sus abuelos.
b. "A mis cuarenta años, veía que era un buen momento para enseñar mis conocimientos."
c. "Además, en una profesión como la mía, veía que necesitaría un ingreso fijo en un momento determinado."

3 • Emplea la forma correcta

Elige entre el imperfecto y el pretérito indefinido. En algunos casos los dos son posibles, razona el porqué.
El pasado año La Caixa ________ (ofrecer) microcréditos a emprendedores y autónomos con rentas anuales inferiores a 60.000 euros. ________ (ir) dirigidos a financiar el inicio, la consolidación o la ampliación de negocio. Las condiciones ______ (ser) ventajosas ya que ______ (contar) con un importe máximo de 25.000 euros y __________ (financiarse) hasta el 100% del proyecto. El tipo de interés ________ (mantenerse) fijo durante toda la vida de la operación. En cuanto al plazo de amortización________ (fijarse) en 5 años de carencia. La solicitud ________ (deber) presentarse junto a un plan de empresa. Seguidamente expertos de La Caixa ________ (analizar) la viabilidad del proyecto.

4 • Traduce

a. Montse Nzang tenía dos perros. Cuando se iba de vacaciones, se las veía y deseaba para encontrar alguien que los cuidara. Al perder su trabajo, vio la oportunidad perfecta para dedicarse a ellos por entero... y a los de otros... Con la ayuda de un microcrédito, Montse fundó Cangur, una empresa especializada en cuidar mascotas a domicilio. Al no tener establecimiento de cara al público, el crédito le sirvió para crear su página web, hacer publicidad y márketing.
b. Antonia Pérez se quedó en el paro en 2009 y le faltó tiempo para ponerse a pensar qué hacía. Era contable. "Conocí a unos chicos italianos que sabían de pizzas, me enseñaron, fui a un taller, trabajé en restaurantes y aprendí." Para crear su empresa capitalizó su subsidio de desempleo y pidió un microcrédito de 10.000 euros a microbank. "Fui al Ministerio, me dieron la mano y me llevaron a la fundación internacional de la mujer emprendedora, Fidem. Allí me pusieron en contacto con la Caixa."

Las formas de la lengua

El imperfecto y el pretérito indefinido

Los dos tiempos señalan un tiempo pasado sin relación con el momento actual. También indican el mismo momento temporal, lo único que los diferencia es que uno está acabado (indefinido) y el otro no (imperfecto).

- **Con el imperfecto hablamos de una realidad pasada.** Su tiempo no ha terminado en el pasado, y no sabemos cuándo termina o no nos interesa decirlo.
*Montse Nzang **tenía** dos perros. Cuando **se iba** de vacaciones, se las **veía** y **deseaba** encontrar alguien que los cuidara.*
- **Con el pretérito indefinido hablamos de una realidad pasada también pero el tiempo donde se introduce la acción ha terminado completamente.**
*Con la ayuda de un microcrédito, Montse **fundó** Cangur.*

A veces nos interesa marcar ese tiempo pasado como acabado (indefinido) y a veces no (imperfecto) sea porque lo desconocemos o bien porque no queremos dar esa información.

Vocabulario

Acuerdos: accords
Apoyado por: appuyé par
Argumento: argument
Beneficios: profit
Cambiar: changer
Cargo: poste
Clave: clé
Cliente: client
Comercio: commerce
Comunicación: communication
Comunicar: communiquer
Comparación: comparaison
Comprar: acheter
Conceder: octroyer
Concepto: concept
Conexión: connection
Confianza: confiance
Conseguir: atteindre
Contactos: contacts
Convertirse: se transformer
Coste: coût
Creador: créateur
Creación: création
Crecer: croître
Decadente: décadent
Dedicarse a: s'occuper de, se consacrer à
Dificultad: difficulté
Dinero: argent
Directora: directrice
Distintos: différents
Distribuidor: distributeur
Dudar: douter
Económico: économique
Elección: choix
Elegir: choisir
Empleado: employé
Emprendedor: entrepreneur
Emprender: entreprendre
Empresa: entreprise
Encargo: commande
Envio de cartas: envoi de lettres
Espíritu: esprit
Estar al frente de: diriger
Estar al mando: être à la tête
Éxito: succès
Exportar: exporter
Facturar: réaliser un chiffre d'affaires
Fabricar: fabriquer
Fábrica: usine
Fabricación: fabrication
Hacer: faire
Idear, inventar: inventer
Introducir: introduire
Intentar: essayer
Invención: invention
Investigación: recherche
Lograr: réussir
Marca: marque
Mejor: meilleur
Meta: un objectif
Modelo: modèle
Negocio: une affaire
Negocio familiar: entreprise familiale
Novedad: nouveauté
Números: chiffres, nombres
Observar: observer
Posibilidad: possibilité
Proceso: processus
Producir: produire
Producto: produit
Profesión: profession
Proponer: proposer
Proposición: proposition
Proveedor: fournisseur
Proyecto: projet
Reconocimiento: reconnaissance
Responsabilidad: responsabilité
Satisfacer: satisfaire
Seguir: poursuivre
Soñar: rêver
Superar: surmonter
Tendencia: tendance
Tienda: magasin
Título: diplôme
Trayectoria profesional: trajectoire professionnelle
Venta: vente
Vendedor: vendeur
Vender: vendre
Vocación: vocation

1 | Emprendedores con éxito

En general

El emprendedor futuro

Que emprende con resolución acciones dificultosas o azarosas. Esa es la definición académica de emprender. Para conocer qué cualidades deben tener para alcanzar el éxito, hemos diseccionado a los nuevos empresarios. Ésta es su radiografía.

Visión: Los nuevos emprendedores deben poseer la visión suficiente para transformar las reglas del mercado y de la sociedad en la que viven. Einstein decía que los problemas importantes no pueden resolverse en el mismo nivel de pensamiento en que se crearon. Lee algunos consejos:

Haz lo que te gusta: El hombre poderoso es dueño: de sí mismo. Haz lo que te gusta y marca tus límites. Tú sabes lo que puedes y no puedes hacer. *(Javier Andres de ticketea)*

Fuera laureles: Sí has tenido la idea y has creado la empresa ¿y qué? Sin tu equipo y sin tus clientes, ni tu idea ni tu empresa valen nada. Hay que fijar metas claras y precisas en sintonía con la misión de la empresa. *(Jorge Mas de la plataforma Emprende más)*.

Atrapa tendencias: Después de conocer las tendencias, haz lo que sabes hacer. *(Alejandro Vesga director de Emprendedores)*

Juega en equipo: Se acabó la jefatura de ordeno y mando. El liderazgo de los nuevos tiempos es compartido. *(Juan Carlos Cubeiro presidente de la consultora Eurotalent)*

Apasiónate: Steve Jobs asegura que Apple tenía éxito no sólo porque era una buena idea sino porque fue construida con el corazón.

Échale horas: Un emprendedor es alguien que duerme poco y sueña mucho. Emprender es un trabajo completo que necesita el apoyo de la familia. *(Alejandro Vesga)*

Teje una red: Aprovechar las redes sociales para compartir experiencias. *(Angel María Herrera dueño de Bubok)*

Gasta menos e ingresa más: Parece una perogrullada pero no es fácil de llevar a la Practica. Recorta gastos pero no siempre de la plantilla: ajustar stocks... *(Emilio Botín presidente del Banco Santander)*

Comprométete: El objetivo de los nuevos emprendedores no es hacerse ricos ni dominar el mundo, es ayudar a la comunidad en la que vivimos. *(Amancio Ortega presidente de Zara)*

Adaptado de *Paradores*, verano 2012.

Pregunta

- En grupos, elaborad un cartel en el que se reflejen las características de un emprendedor. Votad la mejor presentación.

Juan Roig: el tendero que se convirtió en líder y filósofo

Empezó de tendero y se ha convertido en la tercera fortuna de España. No es amigo de hacer entrevistas y sólo en la presentación de resultados anual de la compañía se le puede escuchar hablar de "cultura del esfuerzo" y de que "los españoles debemos trabajar más para salir de la situación en la que estamos". Desde luego Juan Roig predica con el ejemplo. No estamos ante el típico presidente de despacho sino ante uno que baja a la arena. En este caso, visitando todos sus supermercados. Como no le gusta perder ni un segundo, acostumbra a aprovechar las distancias que separan las tiendas para realizar reuniones con sus directivos a bordo de una furgoneta. Nada de sala de juntas. Este valenciano nacido en 1949 es diferente. Tanto es así que ha creado una especie de catecismo. Lo llama "cuerpo técnico" y es la guía por la que se mueve Mercadona. Es más, existe un equipo que se encarga de enriquecerlo y actualizarlo. Algunos de sus principios son: "Cuánto más das más recibes". Pero una vez que has dado, te tienen que dar, y si no lo tienes que exigir. Nuestro problema en la empresa es que no siempre hemos exigido y cuando uno ya sabe el error es imperdonable.

Juan Roig creó en 1990 la figura del interproveedor: alrededor de un centenar de fabricantes con los que firma un contrato de por vida como suministradores de sus marcas propias y que son a los que más aprieta. Por un lado Mercadona te asegura ventas pero, por otro, debes aceptar unas reglas que para algunos recuerdan a los tiempos feudales. Para empezar antes de firmar el acuerdo, la cadena de supermercados hace un estudio sobre los estándares de calidad y costes del candidato para lograr la máxima competitividad. También exige una política de libros abiertos, con los que los chicos de Roig saben siempre lo que factura y gana cada fabricante. Obviamente, Mercadona también dicta el precio al que se vende el producto, los márgenes y para terminar, exige inversiones para seguir el ritmo de aperturas de tiendas. Mercadona se convierte en amo y señor de tu futuro, ya que también exige exclusividad, con lo que se convierte en único cliente.

Adaptado de *Capital*, septiembre 2012.

Preguntas

- ¿A qué se debe el buen posicionamiento de Mercadona?
- ¿En qué sentido Juan Roig es un director atípico?
- ¿Qué es un interproveedor?
- Aclara el sentido de la frase: "Mercadona se convierte en amo y señor de tu futuro".

Las cifras del mayor imperio de la distribución de España

Ventas Millones de euros	**Beneficios** Millones de euros	**Tiendas** Numero	**Plantilla** Personas	**Cuota de mercado** Porcentaje
2006 **11.158**	2006 **241**	2006 **1.050**	2006 **57.000**	2006 **11.7**
2007 **13.986**	2007 **336**	2007 **1.137**	2007 **60.000**	2007 **12.1**
2008 **15.379**	2008 **320**	2008 **1.210**	2008 **61.500**	2008 **12.6**
2009 **15.505**	2009 **270**	2009 **1.264**	2009 **62.000**	2009 **12.8**
2010 **16.485**	2010 **398**	2010 **1.310**	2010 **63.500**	2010 **13.1**
2011 **17.831**	2011 **474**	2011 **1.356**	2011 **70.000**	2011 **13.5**

BTS Industriel

1 Évaluation de la compréhension de l'oral

Vas a escuchar tres veces el documento con una pausa de dos minutos. CD n°1 Pista n°7

Las diez mejores ciudades para montar un negocio

Adaptado de *CNN España*, abril 2011.

Compte-rendu en français

Après avoir écouté attentivement l'article, vous en dégagerez les idées essentielles. Entraînez-vous à l'oral et à l'écrit.

Pour aller plus loin

a) ¿Cuáles son las tres ciudades más reputadas para emprender?
b) Di si las demás ciudades están estancadas o se mueven para atraer más
c) ¿Cuáles son las ventajas o desventajas de emprender un negocio en una capital?

La reputación de nuestras ciudades
El estudio *Merco Ciudad* dirigido por la consultora Vilafañe, analiza la fama de la ciudades españolas, a partir de la medición de la reputación en cuatro aspectos distintos: medioambiental, competitividad, reputación social y democrática y gestión municipal.

Puesto 2010	Ciudad	Puntuación	Lo mejor
1	Madrid	1.000	Buena comunicación. Amplio abanico de posibilidades como ciudad.
2	Barcelona	987	Clima. Competitividad.
3	Bilbao	805	Comunicaciones. Bajos gastos financieros.
4	Zaragoza	688	Competitividad.
5	San Sebastián	666	Atractivo de la ciudad. Ubicación.
6	Valencia	656	Clima. Atractivo.
7	Victoria	623	Espacios verdes. Poca contaminación. Tamaño.
8	Málaga	616	Clima. Gestión política.
9	Murcia	608	Clima. Tamaño. Sociabilidad.
10	Santander	607	Clima. Tamaño. Seguridad.

El top 10 europeo
El estudio *European Cities Monitor*, de Cushman and Wakefield, analiza 12 variables para elegir el lugar en el que ubicar un negocio: acceso a los mercados, cualificación de la plantilla, transporte internacional, relación calidad-precio de las oficinas, coste laboral, disponibilidad de oficinas, clima político, nivel de idiomas, transporte urbano, calidad de vida y contaminación.

Puesto 2010	Ciudad	Lo mejor
1	Londres	Acceso a los mercados, comunicaciones con otras ciudades europeas, cualificación, telecomunicaciones e idiomas.
2	París	Acceso a los mercados.
3	Frankfurt	Cualificación de los empresarios y directivos.
4	Bruselas	Promoción exterior de la ciudad.
5	Barcelona	Calidad de vida y disponibilidad de espacios para oficinas.
6	Ámsterdam	Acceso a los mercados.
7	Berlín	Calidad de vida y disponibilidad de espacios para oficinas.
8	Madrid	Transporte internacional.
9	Munich	Cualificación de los empresarios y directivos.
10	Dusseldorf	Telecomunicaciones. Precio de espacios para oficinas.

2 Évaluation de la production orale en continu et en interaction

Tu plan B

¿Es un pájaro? ¿Es un avión? No. Es un emprendedor. Bromas aparte, emprender es la opción por la que se decantaría el 57% de los españoles en caso de no encontrar trabajo, según datos de un estudio elaborado por Randstad. Si la pregunta se la hiciéramos a personas que están ya en el paro, la cifra sería de un 41%, mientras que si se la hiciéramos a profesionales en activo subiría hasta el 59%. Los hombres, un 57%, si pusieran en marcha un negocio, frente al 43% de las mujeres. Por edades, los de entre 25 y 65 años (40%) más cercanos a la jubilación.

Adaptado de *Emprendedores*, septiembre 2012.

Tan acertado como emprender es saber cuándo parar si ves que no es viable

No te preocupes, porque siempre tendrás tiempo para volver a intentarlo. Si eres una persona activa y crees en tus posibilidades, no pasa nada. Ya lo harás en otro momento. Lo peor que puedes hacer es dedicarle a algo esfuerzo dinero y tiempo en algo que no crees. No puedes hipotecar tu futuro en un proyecto que no crees. Algunas veces es mejor pararse y aprender de lo que ha sucedido y rearmarte para el siguiente proyecto. Hay que saber dejarlo a tiempo. Alargar un proceso sin mirar es arruinarte y desilusionarte para futuros proyectos. En un proyecto hay que darlo casi todo y ese casi es lo suficiente para que tengas dinero, ganas e ilusión para el siguiente proyecto, porque si te quemas es posible que quemes tus ganas de volver a emprender.

Adaptado de *Emprendedores*, septiembre 2012.

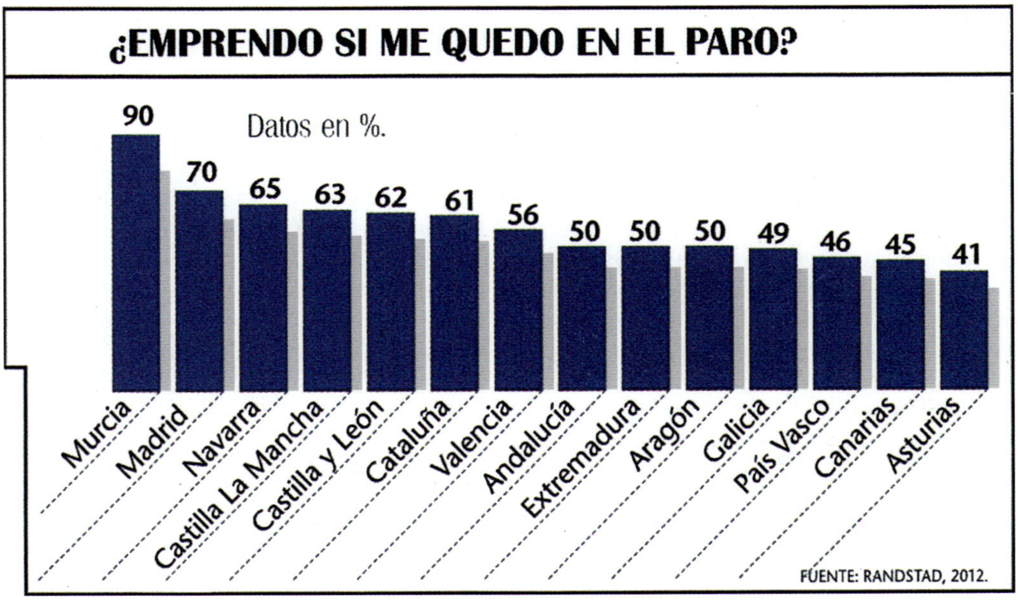

EXAMEN

Présentation structurée en espagnol

Après avoir lu attentivement les trois documents, faites une présentation structurée à l'oral (3 à 4 minutes) mettant en évidence les points importants et les détails pertinents.

BTS Tertiaires

1 Évaluation de la compréhension écrite

Así triunfa la nueva generación de negocios orientados al cliente infantil

¿Verdad que todos queremos lo mejor para nuestros hijos?

Según los últimos datos del INE[1], en nuestro país hay más de siete millones de niños de 0 a 14 años, lo que supone casi un 15% de la población total. Además, se trata de un segmento de mercado con un consumo bastante estable, algo especialmente acusado en los productos para bebés. Un bebé tiene una capacidad de consumo muy importante durante dos o tres años. Si hablamos del segmento infantil, hemos de distinguir dos tipos de negocios: los orientados a los niños y los que se dirigen a toda la familia dando un lugar preminente a los hijos. Éstas son las claves de dichos negocios: llegar a los niños. Al niño va dirigido el factor emocional. Una aplicación de iPhone no tendrá éxito si no entretiene al niño.

Y convencer a los padres, aunque los que vayan a disfrutar de ellos son los niños, es tan importante o más que llegar a los niños. Arquinauta consulting es la empresa de base tecnológica responsable de ABCkit, una de las aplicaciones infantiles más populares en iTunes. En agosto de 2011 la empresa lanzó esta APP para iPhone y iPad que recurre al método Montesori para que los niños aprendan las letras en castellano, catalán e inglés a la vez que se divierten. “Con este método se ayuda a que los niños aprendan a leer y pasen de identificar letras a formar palabras y leerlas”, explica Karina Ibarra directora y fundadora de la empresa. El éxito de la aplicación ha sido destacado por Apple. ¿Cómo se le ocurrió a esta empresa barcelonesa abordar este segmento? “Cuando compré el iPad busqué aplicaciones que me permitieran enseñar a mis hijos las primeras letras porque en el cole estaban con eso. No había nada que valiera la pena. Vi una aplicación pero estaba en inglés. Y decidí lanzarme”, confirma Karina. La clave de su éxito radica en que ha sabido tanto adaptarse a las necesidades educativas que pretenden satisfacer a los padres como agradar a los niños. Nosotros optamos por un sistema de enseñanza que ya está reconocido. La compañía pronto lanzará una nueva actualización de ABCkit, incluyendo letra caligráfica.

La editorial Cuento de luz, nacida en mayo de 2010, ha sabido entender tres cosas: que la presencia en la red es fundamental, que el mercado nacional es limitado, que el futuro está en la convivencia de papel y de libro electrónico. Uno de sus principales esfuerzos es el mantenimiento de su página en Facebook, con cerca de 185.000 seguidores, unos 25.000 en su versión en inglés. Es la segunda editorial infantil con más presencia, precedida tan sólo por un gigante como Disney. Sus libros se publican en castellano y en inglés, cuenta con presencia en varios países de Iberoamérica, Canadá y Estados Unidos. Asimismo la empresa no se olvida de la evolución del mundo editorial y del rápido crecimiento de las ventas de libros electrónicos: “Nuestros libros están ya disponibles en formatos digitales.”

Adaptado de *Emprendedores*, septiembre 2012.

1. Instituto Nacional de Estadísticas.

Compte-rendu en français

Après avoir présenté l’entreprise Arquinauta consulting, sa création et son secteur d’activité, vous en préciserez les atouts (200 mots, +/- 10 %).

Expression écrite

Répondez en espagnol à l'une des questions suivantes (300 mots +/- 10 %).
– Explica las ventajas e inconvenientes que representa el tipo de mercado que se presenta en el artículo.
– Comenta el siguiente fragmento: "La editorial Cuento de luz, nacida en mayo de 2010, ha sabido entender tres cosas: que la presencia en la red es fundamental, que el mercado nacional es limitado, que el futuro está en la convivencia de papel y de libro electrónico."

Lettre commerciale

À partir des éléments indiqués ci-dessous, vous rédigerez une lettre commerciale en espagnol, en respectant les normes de présentation.
Le directeur de la librarie Cervantes à Madrid envoie une lettre au responsable du service commercial de Cuento de luz :
– il signale qu'il n'a toujours pas reçu sa commande pour la prochaine rentrée ;
– il en rappelle la teneur, la date et les conditions de livraison ;
– il souligne les problèmes que pourrait entraîner ce retard de livraison pour l'image de sa librairie ;
– il termine par des formules de politesse.

2 Évaluation de la compréhension de l'oral

Vas a escuchar dos veces el documento con una pausa de dos minutos. CD n°1 Pista n°8

Paola Oliveras: especialista en estimulación

Adaptado de *Capital*, septiembre 2012.

Compte-rendu en espagnol

Après avoir écouté attentivement l'article, vous en dégagerez les idées essentielles en un paragraphe organisé.

Entretien

1. Questions sur l'audio.
a) ¿Por qué decidió Paola Oliveras montar un centro de estimulación?
b) ¿Con cuántos clientes cuenta? ¿De qué edad?
c) ¿Cómo encontró financiación?

2. Questions générales.
a) ¿La estimulación a edades tempranas puede ser un negocio con futuro?
b) ¿Los padres están dispuestos a pagar por algo que no tiene efectos inmediatos?
c) ¿Te sientes atraído por este sector?

En CCF ou épreuve ponctuelle

1 Évaluation de la compréhension de l'oral (AG U22)

Vas a escuchar tres veces el documento con una pausa de dos minutos. CD n°1 Pista n°9

Mi familia ha sido mi mejor escuela

Adaptado de *Emprendedores*, julio 2012.

Restituye **en español** a continuación todo lo que comprendas. (Véase *Herramientas* n°2)

2 Communication professionnelle en français et en langue étrangère (AM E4)

Rendre compte, informer, faire le point avec le manager (Véase *Herramientas* n°2)

a) Descarga la ficha del *site compagnon* de tu manual www.nathan.fr/textos-y-metodos y complétala con la siguiente situación:
b) Trabajas en una conocida empresa de diseño y fabricación de ropa. Tu empresa ha sido solicitada por una empresa española con el fin de colaborar e implantar nuevas tiendas en ciudades españolas por medio de franquicias. La reunión trata sobre cómo encontrar personas en España interesadas en montar franquicias. El manager de la empresa te ha mandado asistir a la entrevista que tiene lugar en su despacho con el fin de que hagas un resumen del encuentro.
c) Escucha el audio de la entrevista y toma notas para hacer un *compte-rendu* a tu manager.

3 Négociation vente en langue étrangère (NRC/CI U52)

a) Descarga la ficha del site compagnon de tu manual www.nathan.fr/textos-y-metodos y complétala con el siguiente contexto.
b) Vas a realizar una venta bajo estas condiciones. El alumno (A) es el vendedor y el (B) simula ser el cliente.
c) Contexto comercial: el cliente es un nuevo emprendedor español que piensa abrir una cadena de franquicias. Se trata de panaderías. El vendedor es un proveedor francés de productos para la elaboración de panadería y confitería.
d) Contexto de la negociación: el vendedor ya ha tomado cita previamente y se desplaza al nuevo establecimiento. La competencia española le ofrece unos precios competitivos pero hay dudas con las fechas de entrega y su regularidad.
e) Oferta de la empresa exportadora: unos precios un poco más elevados que la competencia pero una seguridad en el servicio y una calidad constante.
f) Herramientas de ayuda a la venta utilizadas: www.infofranquicias.com/fl-70/franquicias/Panaderia-pasteleria.aspx

Empresas

Humanizar la empresa es la clave

En esta unidad vas a aprender a:

- Comparar empresas
- Elegir las mejores empresas para trabajar
- Conocer el mundo empresarial
- Contar historias de empresas

LLUVIA DE IDEAS

Palabras

Sustantivos
Un premio: *un prix, une récompense*
Pollitos: *des petits poulets*
Sigla
Pyme (Pequeña y mediana empresa): *PME*
Verbos y colocaciones
Alabar: *louer, vanter*
Crear: *créer*
Otorgar un premio: *décerner un prix, une récompense*

Preguntas

- ¿En qué categorías se puede premiar a las empresas?
- ¿Conoces alguna empresa que haya recibido algún premio?

TODO OÍDOS

CD nº1
Pista nº10

Cada una de estas empresas ha obtenido un premio. Intenta unir los premios a su empresa:
- medio ambiente;
- responsabilidad corporativa;
- innovación tecnológica;
- creación de empresa;
- mejor emprendedor;
- social.

2 | Empresas

1 • A BUEN ENTENDEDOR...

La mejor empresa para trabajar en Colombia

Great Place to Work Institute, una empresa de investigación y consultoría gerencial, eligió en 2010 a Seguros Bolívar como la mejor empresa para trabajar. ¿Qué hacen para serlo?

Jorge Enrique Uribe, presidente de Seguros Bolívar, explica que la compañía que dirige es el mejor lugar para trabajar porque "consideramos que el ambiente de libertad y sentido de pertenencia y el respeto, se convierten en la base fundamental de la cultura organizacional. El empleado siempre está creciendo a nuestro lado y sentimos como una responsabilidad seguirlo, desarrollarlo y complementar su formación como un ser humano de bien para la empresa, para su familia y para la sociedad". El ejecutivo reconoce que "trabajar en Seguros Bolívar es ser parte de una gran familia. Cuando un empleado ingresa a la empresa, recibe apoyo de distintas maneras: ayuda en los estudios profesionales, préstamos para vivienda, auxilios económicos por matrimonio y maternidad, logrando que actualmente el 90% de los empleados tenga título profesional y posea vivienda propia. La ética es y ha sido un factor determinante en la cultura de las empresas del Grupo Bolívar y es altamente valorada por nuestros colaboradores, clientes, accionistas y público en general. Es considerada como una parte fundamental de nuestra gestión, dado que hace parte de la conciencia individual y colectiva."

Adaptado de *Dinero*, diciembre 2011.

a) **¿Por qué esta empresa ha sido elegida por Great Place to Work Institute mejor empresa para trabajar?**
b) **¿Qué beneficios tiene el empleado de Seguros Bolívar?**
c) **"Trabajar en Seguros Bolívar es ser parte de una gran familia." Justifica esta idea apoyándote en el texto.**

2 • TODO OÍDOS

CD n°1 Pista n°11

Vas a escuchar el texto *Top cinco de las compañías de seguros mejor calificadas*.

a) **¿Qué entidad hace la encuesta?**
b) **¿Cómo se llama la mejor empresa?**
c) **¿Quiénes le siguen?**
d) **¿Cuáles son las variables evaluadas?**

3 • CON BUENA LETRA

Escribe una carta para informar a la empresa Seguros Bolívar que ha sido elegida mejor empresa del año. (Véase *Herramientas* n°5)

Fecha :...

A la atención de: ...
Dirección del destinatario : ...

Asunto: ...

Muy estimado señor:
Es para mí un gran motivo de satisfacción informarle de que...
Tengo el privilegio de ...
Su empresa ha sido elegida por...
Atentamente,
Firma:...

4 • HABLANDO SE ENTIENDE LA GENTE

Según el estudio de Great Place to Work Institute, las 10 mejores empresas para trabajar en Colombia son:

1. Ecopetrol
2. Grupo Nutresa
3. Bancolombia
4. Bavaria
5. EPM
6. Coca Cola
7. Suramericana
8. Corona
9. Universidad Nacional de Colombia
10. Grupo Carvajal

Cada grupo elige una de estas empresas, busca información y expone su trabajo durante 4 o 5 minutos. Se vota la mejor empresa para trabajar.

5 • HABLAR POR LOS CODOS

Individualmente, cada uno hace una lista de las condiciones que debe tener una empresa para resultar atractiva. A continuación las expone a la clase. La clase vota las 10 que considere más atractivas y elabora un documento conjunto en el que se elabora el perfil de la empresa ideal.

ANTICIPA

Para ti ¿qué es el lujo?

Lujo con lista de espera

Tres años para comprar un coche, cinco para adquirir un bolso y décadas para beber un vino. ¿Cuáles son las empresas que van más allá del dinero? Son los representantes de lo único, del lujo elevado a su máxima expresión. Se trata de firmas familiares y artesanas que ostentan tal posición de privilegio que hasta cuentan con listas de espera para hacerse con alguno de sus productos. Para adquirir este tipo de producto no sólo hace falta dinero sino también mucha paciencia. De hecho, si usted está interesado en comprar un bolso de la marca francesa Hermès necesita cinco años. Cuando una persona compra un Ferrari se hace realidad un sueño y ese sueño se hace más bello y excitante cuando tienes que esperar como un niño. Es el caso de Vega Sicilia cuyos viñedos tienen una extensión que permite lanzar 200.000 botellas al año. Cuando se acaba toca esperar. En las marcas de alta gama o de lujo, el negocio conduce a la marca. Pero en las de enorme prestigio, la marca define las normas. Estas empresas no tienen competencia, lo que les permite cobrar lo que quieren por sus productos. Por ejemplo: la urbanización Zagatela en Málaga de 900 hectáreas. Por su extensión se habrían podido construir 4.000 casas pero sólo construyeron 400. Eso les ha permitido convertirse en algo único. Estas empresas de lujo compiten en otra liga: en una basada en la excelencia, que nunca se venderá por dinero.

Adaptado de *Capital*, octubre 2012.

Luxenter, joyas de lujo: un crecimiento de vértigo

Luxenter es una empresa creada a mediados de los 70 por un matrimonio y que ahora sus dos hijos han internacionalizado. Está presente en 32 países con más de 1.200 puntos de venta y facturó, en 2011, 14 millones de euros. Una expansión internacional que da vértigo. Iván Morena explica: "Mis padres se casaron y se fueron a África donde montaron una empresa de exportación de productos africanos. Mi madre había estudiado joyería. Al principio empezaron haciendo creaciones de decoración de mucho diseño: como lámparas con huevos de avestruz. En 1976 mi padre fallece y mi madre decide seguir adelante con el proyecto. Ella decide centrarse en el diseño de joyas y se asocia con Struck, fabricante francés de Cartier. En 1980 lanza su primera colección de joyas de oro con piedras preciosas. Son años de aprendizaje. De feria en feria saltamos de Europa a Sudamérica y Asia. En 1999 mi hermana y yo decidimos unirnos al proyecto con puestos de responsabilidad. Ese año decidimos dejar de fabricar joyas de oro para lanzar productos de plata. El oro tiene una connotación más de dinero y la plata más de diseño. No nos vale que la pieza sea de museo sino que todo el mundo pueda llevarla. Seguimos trabajando con piedras preciosas, 1.200 distintas."

Adaptado de *Capital*, septiembre 2012.

Las palabras no están solas

1. Busca sinónimos.
adquirir – una década – la competencia – fallecer – el aprendizaje

2. Encuentra antónimos.
el lujo – único – construir – cobrar – unir

3. Dilo en español.
au-delà – acheter – des bijoux – réaliser un chiffre d'affaires

4. Cada oveja con su pareja.

elevado a su máxima expresión •	• impresionar
punto de venta •	• pertenecer a distinta catego
dar vértigo •	• tienda
competir en otra liga •	• en su punto álgido

5. Veo, veo una palabra que empieza por... y significa...

Ejemplo:
– Veo, veo... una palabra que empieza por L y significa fasto.
– Lujo.
– Eso es, correcto.

El título

1. ¿En qué sentido son complementarios los dos títulos? Justifica tu respuesta.
2. Inventa otros dos títulos.
3. ¿Cuáles serían sus subtítulos?

Localiza en el texto...

1. Texto1: Cuál es la diferencia entre la urbanización malagueña Zagatela y otras urbanizaciones.
2. Texto 2: Quién fundó esta empresa. En cuántos países está presente esta marca.

Comprensión del texto

1. ¿Existe una relación entre los dos textos?
2. ¿Por qué la compra de un producto de estas características tiene tanta lista de espera?
3. ¿Cómo se transforma un producto en mito?
4. ¿Cuál es la diferencia entre la plata y el oro?

Defiende tu postura

Muestra tu desacuerdo con esta frase:
"Estas empresas de lujo compiten en otra liga: en una basada en la excelencia, que nunca se venderá por dinero." (Véase *Herramientas* n°5)

Con mucho oficio

Por parejas: (A) trabaja como vendedor en Luxenter y (B) va a comprar una joya de plata de su última colección.

Método

Le compte-rendu

1. Divide el texto 1 en partes y subraya las frases más significativas.
2. Resume lo esencial de cada parte en una, dos o tres frases. Cuidado con la paráfrasis.
3. Redacta una introducción.
4. Elabora una conclusión que contenga los puntos tratados.
   (Véase *Herramientas* n°2)

Expresión escrita

1. ¿Te parece acertada la siguiente afirmación: "El producto no es muy importante para las empresas del lujo. Su valor está en otras cosas"?
2. "El número de empresas dedicadas a productos de lujo irá en aumento." ¿Cómo explicas este fenómeno en tiempos de crisis?
   (Véase *Herramientas* n°5)

Expresión oral

1. Las empresas de lujo deberían clasificarse entre las de lujo y las de superlujo. ¿En qué se diferencian ambas?
2. Comenta: "Ese año decidimos dejar de fabricar joyas de oro para lanzar productos de plata. El oro tiene una connotación más de dinero y la plata más de diseño. No nos vale que la pieza sea de museo sino que todo el mundo pueda llevarla."

Comunicación oral

CD n°1 Pista n°12

Escucha y responde

1. Escucha el texto *Vega Sicilia refuerza su excelencia* en el que se habla de los retos de la bodega Vega Sicilia.
2. Haz un resumen en francés.
3. Responde en español.
a) ¿Cuál es la facturación de la bodega?
b) ¿Cómo conservan a los clientes en el tiempo?
c) ¿Utilizan productos químicos?

Analiza y opina

1. Presenta las estadísticas.
(Véase *Herramientas* n°3)
2. ¿Dónde se puede encontrar un documento así?
3. Explica su utilidad.
4. ¿Cómo explicas los porcentajes?

Así se reparte el mercado del lujo en la actualidad y así será en 2014.

	2011	2014
América	31%	30%
Europa	37%	36%
Asia y Pacífico	18%	20%
Japón	9%	8%
Resto del mundo	5%	6%

Fuente: Fondazione Altamura y bain & Company, 2012.

PRACTICA • TEXTO

2 | Empresas

1 • Buenas formas

a. Señala los verbos que están en pasado. Elige uno de cada conjugación en presente, pretérito perfecto, imperfecto, indefinido y pretérito pluscuamperfecto.
b. Recítalos a tu compañero.
c. Discute con tu compañero la relación que hay entre los cuatro.

2 • Dilo de otra forma

a. Eso les ha permitido convertirse en algo único.
b. "Mis padres se casaron y se fueron a África donde montaron una empresa de exportación de productos africanos."
c. Por su extensión se habrían podido construir 4.000 casas pero sólo construyeron 400.

3 • Emplea la forma correcta

Pon los verbos en el pasado que corresponda.
En 1976 mi padre fallece y mi madre decide seguir adelante con el proyecto. Ella decide centrarse en el diseño de joyas y se asocia con Struck, fabricante francés de Cartier. En 1980 lanza su primera colección de joyas de oro con piedras preciosas. Son años de aprendizaje. De feria en feria saltamos de Europa a Sudamérica y Asia. En 1999 mi hermana y yo decidimos unirnos al proyecto con puestos de responsabilidad. Ese año decidimos dejar de fabricar joyas de oro para lanzar productos de plata.

4• Traduce

a. "Mi madre había estudiado joyería. Al principio empezaron haciendo creaciones de decoración de mucho diseño: como lámparas con huevos de avestruz."
b. Conjuga los verbos de este extracto en pasado y tradúcelo. "Cuando una persona compra un Ferrari se hace realidad un sueño, y si ese sueño se hace más bello y excitante cuando tienes que esperar como un niño. Es el caso de Vega Sicilia, cuyos viñedos tienen una extensión que permite lanzar 200.000 botellas al año. Cuando se acaba toca esperar. En las marcas de alta gama o de lujo, el negocio conduce a la marca."

Las formas de la lengua

Los tiempos del pasado

- Con **el presente** hablamos de una realidad presente, futura o pasada. Declaramos algo que se establece como real para el que lo dice.
El pedido se entrega en 24 horas.
pasado → presente → futuro (el tiempo no afecta a la realidad)
- Con **el pretérito perfecto** hablamos de una realidad pasada pero que tiene una relación con el momento presente.
*Eso les **ha permitido** convertirse en algo único.*
→ pasado → ahora (existe una relación que une los dos momentos)
- Con **el imperfecto** hablamos de una realidad pasada. Su tiempo no ha terminado en el pasado, y no sabemos cuándo termina o no nos interesa decirlo.
*Durante los años de aprendizaje, **saltábamos** de feria en feria.*
→ pasado (hecho no terminado) → ahora
- Con **el indefinido** hablamos de una realidad pasada también pero el tiempo donde se introduce la acción ha terminado completamente.
*La idea empresarial **surgió** de la propia experiencia de Ferreras.*
→ pasado (hecho terminado) → ahora.
- Si con **el pretérito pluscuamperfecto** se cuentan realidades que pasan en un tiempo que está antes que otro ya terminado, fíjate cómo cambia en el texto anterior.
*Mi madre **había estudiado** joyería. Al principio empezaron haciendo creaciones de decoración de mucho diseño: como lámparas con huevos de avestruz.*

ANTICIPA

¿Eres usuario de aplicaciones Apple o Android? ¿Cuáles? ¿Cuál es su futuro?

Las empresas de aplicaciones se duplican en España

El mercado de las aplicaciones está en plena efervescencia. También las empresas que las crean para los teléfonos móviles y las tabletas. Con 500.000 disponibles en la tienda Google Play, Android ha superado las 15.000 millones de descargas y se acerca a Apple (600.000). El desarrollo de aplicaciones se perfila como una profesión de éxito, principalmente para los ecosistemas de Google y Apple. En Estados Unidos ha generado medio millón de empleos desde 2007.

En el mismo periodo, se duplicaron las empresas dedicadas a esta actividad en España, según The App Date. Luis Santos, Elena Pérez y Luis Sánchez, creadores de Spartanbits, empezaron mientras estudiaban en la Universidad Autónoma de Madrid (UAM) en 2009. Al principio lo consideraban un hobbie, luego al ver su fulgurante auge, se centraron en el área. A finales de 2010 fundaron la empresa y ya han desarrollado ocho aplicaciones para Android. Entre ellas, Go!Chat for Facebook que supera los 10 millones de descargas desde julio.

"Elegimos esta plataforma porque era la opción más barata y sencilla. Nos permitió empezar sin inversión alguna", explica Santos. Los tres tenían ofertas en multinacionales estadounidenses, pero prefirieron quedarse en España y apostar por este servicio. "En España hay mucho talento pero pocas oportunidades y ayudas para desarrollarlo", dice Zotes. Su intención: aportar su granito de arena al sector de telecomunicaciones en España. José Pereira apuesta por desarrollar para Android, "tiene detrás el apoyo del imperio de Google", asegura. SpyTools, una de las tres aplicaciones que tiene en la tienda Google Play, ha superado las 8.000 descargas en tres meses.

Pereira prepara el lanzamiento de Vinos y Añadas, para elegir caldos de calidad en función del año y la denominación de origen. Su lanzamiento está previsto para la próxima semana. En su opinión "no hace falta irse muy lejos para trabajar en este campo". Y añade: "Cada vez las aplicaciones tendrán más presencia en la vida diaria".

Adaptado de *El País,* mayo 2012.

Las palabras no están solas

1. Busca sinónimos.
lograr – creado – multiplicado – un pasatiempo – una inversión

2. Encuentra antónimos.
una descarga – fulgurante – el auge – superar

3. Dilo en español.
des emplois – doubler – selon – une offre – moins cher – simple – un appui – un domaine

4. Cada oveja con su pareja.

perfilarse como •	• privilegiar
estar en plena efervescencia •	• contribuir con algo
aportar su granito de arena •	• concretarse
apostar por •	• estar en pleno auge

5. Veo, veo una palabra que empieza por... y significa...
Ejemplo: – Veo, veo... una palabra que empieza por H y significa pasatiempo.
– Hobbie.
– Eso es, correcto.

El título

1. ¿En qué sentido el título está acorde con el texto? Busca frases del texto que lo justifique.
2. Inventa otro título.
3. ¿Cuál sería el subtítulo del texto?

Localiza en el texto...

1. Párrafo 1: Quién dispone de más Apps a la venta: Google o Apple.
2. Párrafo 2: Si los creadores de Spartanbits empezaron con fines lucrativos.
3. Párrafo 3: Para qué sirve Vinos y Añadas.

Comprensión del texto

1. Apóyate en el texto para explicar que "el desarrollo de aplicaciones se perfila como una profesión de éxito."
2. ¿Cuál fue el capital de inversión para crear Go! chat?
3. ¿Por qué estos emprendedores decidieron quedarse en España?
4. Busca en el texto todas las palabras que nos permitan decir que este artículo es una alabanza a las nuevas tecnologías en el mundo de la empresa.

Con mucho oficio

Por parejas: En una empresa de alimentación. (A) informa a su manager (B) de cómo la gestión de pedidos que realizan los comerciales en sus desplazamientos es más rápida y eficaz si se hace con dispositivos móviles y aplicaciones especializadas. Hoy en día se realiza por medio de albaranes en papel.

Defiende tu postura

"En España hay mucho talento pero pocas oportunidades y ayudas para desarrollarlo."
En tu país, ¿qué hace el gobierno para incentivar a las empresas?

Método

Le compte-rendu

1. Divide el texto en partes y subraya las frases más significativas.
2. Resume lo esencial de cada parte en una, dos o tres frases. Cuidado con la paráfrasis.
3. Redacta una introducción.
4. Elabora una conclusión que contenga los puntos tratados. (Véase *Herramientas* n°2)

Expresión escrita

1. ¿La existencia de Practicamente dos únicos ecosistemas, Google y Apple, será un inconveniente para la libre competencia?
2. ¿Se puede crear verdaderamente una empresa de este tipo desde cualquier punto del planeta? (Véase *Herramientas* n°5)

Expresión oral

1. No todo se venderá, la calidad de los contenidos marcará la diferencia no sólo la tecnología.
2. Las aplicaciones son un gran mercado que pronto vivirá una burbuja como ya ocurrió hace años con las de creación de páginas web. ¿Estás de acuerdo?

Comunicación oral

CD n°1 Pista n°13

Escucha y responde

1. Escucha el texto *Seis españolas entre las empresas más innovadoras de Europa*.
2. Haz un resumen en francés.
3. Responde en español.
Anota en esta tabla el nombre de las empresas españolas más innovadoras y su función.

	1	2	3	4	5	6
Nombre de la empresa						
Función						

Analiza y opina

Busca empresas que corroboren la idea de que "el desarrollo de aplicaciones se perfila como una profesión de éxito" y explica a la clase el desarrollo de diferentes empresas de este sector.

1• Buenas formas

a. Señala los verbos en pasado.
b. Conjúgalos.
c. ¿En qué casos se puede sustituir los tiempos de los verbos en pasado por otro del pasado también?

2 • Dilo de otra forma

a. Con 500.000 disponibles en la tienda Google Play, Android ha superado las 15.000 millones de descargas y se acerca a Apple (600.000).
b. En Estados Unidos ha generado medio millón de empleos desde 2007.
c. Todo para mantenerse al menos otros 125 años.
d. "Elegimos esta plataforma porque era la opción más barata y sencilla."

3 • Emplea la forma correcta

Emplea los tiempos del pasado.
La empresa _________ (crearse) en 1976 con el nombre de "Project and Design", con sede en Inglaterra, y _______ (estar) especializada en la producción de sillas y plataformas salvaescaleras personalizadas. En 1989 el fabricante de sillas salvaescaleras estadounidense "Access Industries Inc" ______ (adquirir) Project and Design,y le _____ (cambiar) el nombre por "Access Industries UK" en el mismo año. _________ (cambiársele) el nombre al Departamento de desarrollo de negocios de accesibilidad. Desde ese momento, Access BDD _______ (crecer) como empresa y su trayectoria ______ (ir) viento en popa en el sector. En 2009, Access BDD _____ (tener) el placer de ser una de las empresas preseleccionadas para recibir el galardón "Export Communicator of the Year" en los North East Export Business Awards de 2009, que desde su fundación ________ (reconocer) el compromiso de las empresas a la hora de ofrecer un servicio local a sus distribuidores, con independencia del país en el que se encuentren.

4 • Traduce

a. "Elegimos esta plataforma porque era la opción más barata y sencilla. Nos permitió empezar sin inversión alguna", explica Santos. Los tres tenían ofertas en multinacionales estadounidenses, pero prefirieron quedarse en España y apostar por este servicio. "En España hay mucho talento pero pocas oportunidades y ayudas para desarrollarlo", dice Zotes.
b. En el mismo periodo, se duplicaron las empresas dedicadas a esta actividad en España, según The App Date. Luis Santos, Elena Pérez y Luis Sánchez, creadores de Spartanbits, empezaron mientras estudiaban en la Universidad Autónoma de Madrid (UAM) en 2009. Al principio lo consideraban un hobbie, luego al ver su fulgurante auge, se centraron en el área. A finales de 2010 fundaron la empresa y ya han desarrollado ocho aplicaciones para Android. Entre ellas, Go!Chat for Facebook que supera los 10 millones de descargas desde julio.

Las formas de la lengua

Según la perspectiva los tiempos cambian

- Con el imperfecto hablamos de una realidad pasada. Su tiempo no ha terminado en el pasado, y no sabemos cuándo termina o no nos interesa decirlo.
- Con el indefinido hablamos de una realidad pasada también pero el tiempo donde se introduce la acción ha terminado completamente.
- Con el pretérito pluscuamperfecto se cuentan realidades que pasan en un tiempo que está antes que otro ya terminado.

ANTES DE ESCUCHAR

Cita empresas con fuertes beneficios actualmente. ¿A qué sectores pertenecen? ¿A qué crees que se debe?

Al oral...

CD n°1
Pista n°14

Inditex ganó 432 millones en el primer trimestre de 2012

Revista *Economía*, junio 2012.

Las palabras no están solas

1. Cada oveja con su pareja.

capacidad de crecimiento •	• cuando finaliza
al cierre •	• alrededor de
con cerca de •	• posibilidad de incremento

2. Dilo de otra forma.
la sede – la apertura – el crecimiento – la cadena de tiendas

El título

Explica el título. ¿En qué contexto se dice?

Di de qué trata el audio

1. ¿Dónde han comenzado obras recientemente?
2. Di el número de tiendas que posee el grupo.
3. Di lo que ha presentado Zara en su tienda de la Quinta Avenida de Nueva York.

Comprensión del audio

1. ¿Existe la posibilidad de comprar ropa por Internet?
2. ¿Te parece que el grupo Inditex se moderniza para estar a la par con los nuevos tiempos?

Con mucho oficio

Trabajas en la tienda de Zara de los Campos Elíseos en París. El alumno (A) es el responsable del establecimiento. El alumno (B) trabaja en el almacén central para Francia.
Un cliente (C) pide un modelo que ha visto en el catálogo pero no lo ve en la tienda. El responsable (A) llama a la central (B) para saber si lo tienen y de qué manera pueden recibirlo.

Método

Le compte-rendu

1. Divide el audio en partes.
2. Resume lo esencial de cada parte en una, dos o tres frases. Cuidado con la paráfrasis.
3. Redacta una introducción.
4. Elabora una conclusión que contenga los puntos tratados.
(Véase *Herramientas* n°2)

Expresión escrita

Zara tendría que haber recibido un pedido la semana pasada procedente de un proveedor de camisas para hombre. Escribe una carta a este proveedor reclamándolo. El retraso puede tener consecuencias en la campaña otoño-invierno. (Véase *Herramientas* n°5)

Expresión oral

1. ¿Cómo piensas que Zara obtiene precios bajos en sus prendas con una calidad media?
2. Comenta cuál puede ser el nuevo concepto de imagen de la cadena: "Entre estas nuevas aperturas se encuentra la tienda de Zara de la Quinta Avenida esquina a la calle 52 en Nueva York, un espacio de referencia mundial, donde la cadena ha presentado internacionalmente su nuevo concepto de imagen."

En Internet

Entra en la página: http://www.trendencias.com/marcas/24-horas-en-el-imperio-de-zara-infografia

- Presenta el imperio de Amancio Ortega.
- Analiza los datos de un día del imperio de Inditex.

A la vista está...

ANTES DE VER

¿Qué te parece que hay que hacer para internacionalizar una empresa?

Las empresas españolas y la internacionalización

▸ http://www.youtube.com/watch?v=x6ZZrUERhgc

Las palabras no están solas

1. Cada oveja con su pareja.

previamente determinado •	• alrededor de
con cerca de •	• tener tendencia a

2. Dilo de otra forma.

una pauta – un perfil – fases – retos

El título

¿En qué consiste internacionalizar una empresa?

Di de qué trata el vídeo

1. ¿Cuál es la novedad que se vive hoy día con respecto al pasado?
2. ¿Qué características ha de tener una empresa que quiera implantarse fuera?
3. ¿Qué herramientas se demandan?
4. ¿Cuáles son los elementos novedosos que se proponen hoy en día?

Comprensión del vídeo

1. ¿Cómo puede ser una empresa competitiva?
2. ¿Cómo se puede asesorar a las empresas que quieren internacionalizarse?

Defiende tu postura

Escribe un email a ESADE para pedir información sobre los cursos de formación. Estás interesado en aquellos que tratan de cómo exportar y cómo implantarse en los EEUU.

Con mucho oficio

Por parejas: Uno (A) intenta convencer a su colega (B) para hacer una propuesta a su manager para lanzar una fase de internacionalización de la empresa.

Método

Le compte-rendu

1. Divide el vídeo en partes.
2. Resume lo esencial de cada parte en una, dos o tres frases. Cuidado con la paráfrasis.
3. Redacta una introducción.
4. Elabora una conclusión que contenga los puntos tratados.
   (Véase *Herramientas* n°2)

Expresión escrita

1. La mejor opción para las empresas en época de crisis es abrirse al exterior.
2. Una empresa española (Baser) quiere implantarse en tu país y escribe una carta a tu empresa pidiendo colaboración en el sector de la venta componentes informáticos. Responde afirmativamente ofreciendo vuestra cooperación. www.baser.es
   (Véase *Herramientas* n°5)

Expresión oral

1. Propón ideas para implantarse en el extranjero.
2. ¿Hay un riesgo en implantar la misma empresa en culturas distintas? ¿Conoces algún ejemplo?

ANTICIPA

¿Arriesgar en tecnología siempre es rentable? ¿Conoces algún caso?

Sener rompe barreras

Esta ingeniería vasca se ha ganado el respeto más allá de nuestras fronteras. Lleva más de cincuenta años moviéndose por una pasión: el riesgo tecnológico. Innovar está en su ADN. Su última apuesta: la energía termosolar.

En Fuentes de Andalucía, Sevilla, a lo ancho y largo de 185 hectáreas, en lugar de cultivos de algodón, girasoles o aceituna propios del lugar, están plantados mirando al sol 2.650 espejos helióstatos. Forman una llamativa composición circular en la que sobresale una torre de 140 metros de altura que irradia haces de luz blanca. Este particular campo se llama Gemasolar y es la primera planta termosolar del mundo con receptores de sales fundidas, capaces de superar 500ºC para obtener un mayor rendimiento eléctrico. Una instalación pionera que ha superado fronteras: con sus 20 Mw. instalados puede abastecer de electricidad a una ciudad de 25.000 hogares, ahorra la emisión de 50.000 toneladas de CO_2 al año, es capaz de funcionar las 24 horas del día, incluso sin luz del sol, y produce entre una y tres veces más energías que el resto de renovables. Pero, ante todo, esta planta es una prueba más del carácter vanguardista de su promotor Sener, una empresa levantada en 1956 por una familia de ingenieros bilbaínos, los Sendagorta, para los que no existen límites. Una compañía que, literalmente, presume de "atreverse con proyectos de ingeniería no acometidos con anterioridad".

Gemasolar es el fruto de una ambiciosa visión: hacer de la termosolar una tecnología eficiente y rentable, hoy no lo es, que sea la gran apuesta renovable del futuro. Para hacerla realidad, Sener dio la campanada en 2008 anunciando una alianza estratégica con Masdar, la iniciativa en energías renovables del gobierno de Abu Dabi.

Juntos crearon Torresol Energy: Sener, que controla el 60% de la sociedad, aporta la tecnología y los árabes una fuerte capacidad inversora. No es la primera vez que esta ingeniería hace incursión en el mundo de la energía, aunque nunca antes lo había hecho con tanto esfuerzo ni con una meta tan clara. No todo el mundo se acuerda de que Sener fue el fabricante del primer molinillo eólico en España, el Mazinger, allá en los albores de los años 80.

En su medio siglo de historia, Sener, capitaneada por Jorge Sendagorta, hijo y sobrino de los fundadores, ha dado muestras de su carácter, haciendo de la innovación su bandera. Con este ADN en sus venas, y sin perder ni un ápice de su marcada espíritu familiar, Sener ha forjado un grupo de ingenieros y construcción que factura 1.160 millones de euros y que ha cruzado fronteras. Está presente en Brasil, Japón, Estados Unidos, México, Polonia, Argelia... Esta enseña vasca, que mantiene su sede social en un edificio de arquitectura inglesa de principios del siglo XX en las Arenas (Vizcaya), es además un raro aviso de la ingeniería en España por su carácter multidisciplinar.

Adaptado de *Capital*, septiembre 2012.

Las palabras no están solas

1. Busca sinónimos.
presumir – meta – de principios de – innovación

2. Encuentra antónimos.
superar – abastecer – multidisciplinar – en los albores de

3. Dilo en español.
un but – durable – économiser – des cultures de coton

4. Cada oveja con su pareja.

a lo ancho y a lo largo •	• estar en consideración
dar la campanada •	• introducirse
hacer incursión •	• hacer algo con gran repercusión
ganarse el respeto •	• hacer de algo su señal de identidad
hacer su bandera de •	• en un vasto territorio

5. Veo, veo una palabra que empieza por... y significa...
Ejemplo:
– Veo, veo... una palabra que empieza por I y significa ADN.
– Identitad.
– Eso es, correcto.

El título

1. ¿En qué sentido el título está acorde con el texto? Busca frases del texto que lo justifiquen.

2. Inventa un título más corto y más llamativo utilizando verbos en imperativo
3. ¿Cuál sería el subtítulo del texto?

Localiza en el texto...

1. Párrafo 1: El proyecto más reciente de Sener.
2. Párrafo 2: En qué es único en el mundo Gemasolar. La cantidad de tiempo que funciona al día.
3. Párrafo 3: Si el proyecto lo han hecho solos o no.
4. Párrafo 4: La cifra de negocio anual.

Comprensión del texto

1. En qué innova Sener. Da ejemplos.
2. Explica brevemente ¿quién es Gemasolar?
3. ¿En qué sentido Sener apuesta por la innovación?
4. ¿Tienen una presencia Internacional?

Defiende tu postura

Un proceso de selección divertido tiene que ser muy duro al mismo tiempo para ser eficaz y eficiente.

Con mucho oficio

Por parejas: (A) es un comercial de Sener que va a vender a un particular (B) paneles solares para instalarlos en su casa y así tener autosuficiencia energética. El cliente (B) recela un poco porque el coste de instalación es elevado y no está seguro de poder rentabilizarlo.

Método

Le compte-rendu

1. Divide el texto en partes y subraya las frases más significativas.
2. Resume lo esencial de cada parte en una, dos o tres frases. Cuidado con la paráfrasis.
3. Redacta una introducción.
4. Elabora una conclusión que contenga los puntos tratados.
(Véase *Herramientas* n°2)

Expresión escrita

1. Comenta en qué puede consistir una ingeniería de carácter multidisciplinar.
2. La energía solar es una alternativa para sustituir el consumo doméstico, también lo será para las empresas?
(Véase *Herramientas* n°5)

Expresión oral

1. Las energías renovables están experimentando una burbuja y sólo lo nuclear es rentable. ¿Qué opinas al respecto?
2. ¿Crees que la innovación es el único camino para afrontar la crisis mundial que vivimos?

PRACTICA • TEXTO

Comunicación oral

CD n°1 Pista n°15

Escucha y responde

1. Escucha *Los trabajadores españoles se consideran cada vez más respetados por sus empresas*.
2. Haz un resumen en francés.
3. Contesta en español.
a) ¿Estar a gusto en el trabajo tiene consecuencias positivas para la empresa?
b) ¿Cuántas empresas han sido elegidas como las mejores en cuanto a satisfacción de los empleados?
c) ¿Qué empresas españolas encabezan la lista?

Analiza y opina

1. Presenta la tabla.
2. ¿Dónde se suele encontrar un documento así?
3. Explica la correlación entre los ingresos y el beneficio.

Sener, una ingeniería familiar y con carácter					
Crecen los ingresos... (en millones de euros)			y el beneficio (en millones de euros)		
2009	2010	2011	2009	2010	2011
940	1.066	1.159	98.9	99.1	107.5

Fuente: *Capital*, septiembre 2012

1 • Buenas formas

a. Señala los gerundios del texto y los participios pasados.
b. Explica cómo se forman.
c. Haz otras frases utilizando gerundio y participios pasados.

2 • Dilo de otra forma

a. Esta ingeniería vasca se ha ganado el respeto más allá de nuestras fronteras.
b. Una instalación pionera que ha superado fronteras.
c. Con sus 20 Mw. instalados puede abastecer de electricidad a una ciudad de 25.000 hogares.
d. En su medio siglo de historia, Sener, capitaneada por Jorge Sendagorta, hijo y sobrino de los fundadores, ha dado muestras de su carácter, haciendo de la innovación su bandera.

3 • Emplea la forma correcta

Emplea el gerundio o un tiempo del pasado.
El director de Sener ha estado ________ (considerar) la posibilidad de una implantación en China. La enseña vasca que ________ (hacer) gala de innovación, está ________ (hacer) un gran estudio de mercado del país asiático que en los últimos diez años ________ (mostrar) un dinamismo a prueba de toda crisis. En Sener llevan ________ (estudiar) un tiempo con una empresa china la posible creación de parques solares gigantescos. Están _____ (ver) su probable localización, ________ (sopesar) sus pros y sus contra.

4 • Traduce

a. En Fuentes de Andalucía, Sevilla, a lo ancho y largo de 185 hectáreas, en lugar de cultivos de algodón, girasoles o aceituna propios del lugar, están plantados mirando al sol 2.650 espejos helióstatos. Forman una llamativa composición circular en la que sobresale, una torre de 140 metros de altura que irradia haces de luz blanca.
b. En su medio siglo de historia, Sener, capitaneada por Jorge Sendagorta, hijo y sobrino de los fundadores, ha dado muestras de su carácter, haciendo de la innovación su bandera. Con este ADN en sus venas, y sin perder ni un ápice de su marcada espíritu familiar, Sener ha forjado un grupo de ingenieros y construcción que factura 1.160 millones de euros y que ha cruzado fronteras. Está presente en Brasil, Japón, Estados Unidos, México, Polonia, Argel...

Las formas de la lengua

El participio

- **Se forma:**

Con los verbos en -ar: **-ado**
Con los verbos en -er, -ir: **-ido**

- **Ciertos verbos tienen un participio irregular:**

abrir: **abierto**; ver: **visto**; decir: **dicho**; cubrir: **cubierto**; hacer: **hecho**; morir: **muerto**; poner: **puesto**; volver: **vuelto**.

- **El participio pasado es invariable con los tiempos compuestos:** Ella ha llegado/ Ellos han llegado.

- **Con el valor de adjetivo se concuerda con el nombre que acompaña:**

*Sener no pierde nada de su **marcada** identidad.*

El gerundio

- **Se forma:**

Con los verbos en **-ar**: raíz + **ando**
Con los verbos en **-er**, **-ir**: raíz + **iendo**

- En los verbos con dos vocales como "construir" se construye con **-y**:

*Estamos **construyendo** un bloque de apartamentos.*

Vocabulario

Apostar por: miser sur
Apuesta: mise
Augurar: prévoir
Aumentar: augmenter
Asociarse: s'associer
Auge: apogée
Beneficio: profit
Calidad: qualité
Cita: rendez-vous
Citarse con: prendre rendez-vous avec
Cliente: client
Comerciales: commerciaux
Compañía: compagnie, entreprise
Competitivo: compétitif
Concentrarse en: se concentrer sur
Confeccionado: élaboré
Confeccionar: élaborer
Consumidor: consommateur
Costumbres: habitudes
Convencer: convaincre
Creación: création
Descubrimiento: découverte
Descubrir: découvrir
Director: directeur
Dirigir: diriger
Dirigente: gérant
Distibución: distribution
Ejecutivo: cadre (dans une entreprise)
Elaborado: préparation
Empleado: employé
Enseña: enseigne
Estrategia: stratégie
Éxito: succès
Fábrica: usine
Fabricante: fabricant
Fabricar: fabriquer
Facturar: réaliser un chiffre d'affaires
Fijar: établir
Franquicia: franchise
Franquiciar: franchiser
Funcionar: fonctionner
Función: fonction
Fundación: fondation
Fundar: fonder
Idear, inventar: inventer
Incrementar: augmenter
Invento: invention
Inversión: investissement
Innovación: innovation
Innovar: innover
Intentar + inf: essayer de + inf
Introducir: introduire
Introducción: introduction
Lograr: réussir
Jefe: chef
Marca: marque
Mercado: marché
Mostrar: montrer
Números: chiffres, nombres
Oferta y demanda: l'offre et la demande
Parar: s'arrêter
Pionera: pionnière
Potencial: potentiel
Producto: produit
Proponer: proposer
Propuesta: proposition
Precio: prix
Prever: prévoir
Prueba: démonstration
Recibir: recevoir
Rechazo: refus
Registrar: enregistrer
Rentable: rentable
Sector: secteur
Seguir: continuer
Sede: siège (d'une entreprise)
Solución: solution
Solucionar: résoudre
Socio: associé
Superventas: gros succès
Ventajas: avantages
Venta: vente
Vetado: interdit
Visita: visite

En general

Visión y concepción de la empresa como un juego de niños

Estamos demasiado influenciados por los conceptos inmovilistas de la empresa y muy a menudo la vemos como medio para fabricar beneficios económicos, sin pensar que puede ser una herramienta de crecimiento personal, al tiempo que un modo de vida. Fácilmente se pueden buscar definiciones sobre el término "empresa", basta con acudir a la misma RAE[1]: "Una empresa es una organización o institución dedicada a actividades o persecución de fines económicos o comerciales."

La empresa es un ente vivo, que nace, crece, se desarrolla, y al final, muere. Esto es así, lo queramos ver o no, sobre todo la última parte. Su vida discurre en un entorno, en el que, al margen de tecnicismos, hay personas. Y resulta que, esas personas, también sufren el mismo proceso cíclico: nacen, crecen, se desarrollan y fallecen. Entonces, si este paralelismo existe, ¿por qué no podemos buscarle ejes de conexión? Vamos a ello.

Esto sería muy válido si la empresa fuese una entidad individual, solitaria y aislada. Justamente, el escenario es el contrario. Sin embargo, la empresa no es una entidad que está aislada. Se establece un paralelismo con un niño.

Miedo al Error. Me refiero al miedo a equivocarse. Los niños no conocen el fenómeno "acción-reacción" por lo que, en cierto modo, son libres, libres de pensamiento y acción. ¿Qué pregunta un niño? Pregunta por qué. Pero los mayores se empeñan en cambiar el orden de las cosas. La inmensa mayoría de los veteranos siguen el proceso del qué, hacia el cómo, y ni tan siquiera llegan al por qué. Una casa no se empieza por el tejado.

La Fantasía. Todo niño tiene una fantasía, o varias, que en muchas ocasiones las consideramos como irrealizables. Pero estas fantasías son ilusión, son motivación y en muchos casos el combustible que los alimenta. Una empresa debe tener esa misma fantasía, centrada en sus posibilidades, pero desmesurada en cierto grado. Hablo de fantasía, no de objetivo estratégico. Porque de la fantasía es mucho más fácil participar, es mucho más fácil transmitir, y es más clara de interpretar.

Un Cuento. Un cuento, para un niño es un recuerdo, y el niño lo recuerda ¡Qué fácil sería transmitir con un cuento, con una vivencia, con una experiencia, y no con mensajes rebuscados y psicoanalizados hasta el extremo!

Preparados-Listos-Ya. No es una errata, el orden es el correcto en la estructura de un niño en crecimiento. La impaciencia conlleva curiosidad, vitalidad, ganas de hacer, y sobre todo, fantasía y ausencia de miedo.

Juegos. ¿Qué es lo que más le divierte a su pequeño? Con certeza, jugar. No concebimos la vida laboral como divertida, es más, el concepto está más cercano al tedio y sufrimiento. Pero, si cambiamos de nuevo la visión, y tratamos de construir un puesto de trabajo divertido, un equipo divertido, un proyecto ilusionante y retador, con gran carga de diversión la perspectiva cambia radicalmente, y serán mucho más productivos, y el retorno a casa al anochecer será infinitamente más satisfactorio para su núcleo familiar. Demasiado a menudo olvidamos divertirnos, demasiado a menudo.

Dibujar. Un dibujo es una representación con una enorme carga asociativa, una acción que determina cómo un retoño ve las cosas y su entorno. En ocasiones, no siempre, un dibujo es el medio de comunicación más directo, más emotivo, y se puede interpretar desde la fantasía, sin miedo a equivocarse y es divertido. Puede ser un juego.

Adaptado de www.revista capitallibre.com, diciembre 2012.

1. Real Academia Española.

Preguntas

- Explica el significado del título.
- Busca en el texto la frase que mejor define la palabra empresa.
- ¿Con qué compara el autor a la empresa?
- ¿Estás de acuerdo con las ideas del artículo? Da tu opinión.

De cerca

Pascual: Empresa líder en alimentación de capital 100% español

"Grupo Leche Pascual, empresa de capital cien por cien familiar, líder de la calidad e innovación en alimentación, inició su andadura en 1969 y cuenta ya con una gama de más de 200 productos, 8 plantas, 20 delegaciones y 2.500 empleados. Su principal actividad es la preparación y el envasado de leche, yogures y otros derivados lácteos, zumos, agua mineral, bebidas y otros productos a base de soja, huevo líquido ultra-pasteurizado y tortillas. A la actividad que desarrolla en España, se suma su presencia internacional en más de 60 países, a través de la exportación de sus productos.

La historia de Leche Pascual es una continua pasión por la calidad, que empieza en la recogida de la materia prima y termina en el punto de venta. En el caso de la leche destacamos la importancia de nuestra recogida diaria, el método de tratamiento térmico (uperisación), la trazabilidad absoluta sobre el origen de la materia prima que envasamos, la calidad y la seguridad alimentaria en origen más allá de los requisitos legales, los envases más útiles para el consumidor que proponen nuestros tecnólogos...

Como hitos destacados cabe señalar que, en 1994, Leche Pascual se convirtió en la primera empresa certificada por la CEE para la comercialización de leche en todo el territorio de la Unión Europea, adelantándose cuatro años al obligado cumplimiento de la legislación comunitaria en España. Por otro lado, en 1999 el Grupo Leche Pascual obtuvo la homologación "Grado A" concedida por la FDA (Food & Drug Administration) norteamericana para la exportación de yogures pasteurizados a Estados Unidos, convirtiéndose en la primera empresa fuera de territorio estadounidense en conseguir la máxima certificación de calidad de aquella administración.

Desde la aparición de la leche uperisada en brik, la historia de Leche Pascual ha sido una continua apuesta por la innovación en el sector de la alimentación. Ha pasado en pocos años de ser una empresa monoproducto a la diversificación del negocio, manteniendo siempre su objetivo: la producción de alimentos de valor añadido para la salud a través de una continua inversión en tecnología.

En los últimos años, Grupo Leche Pascual ha invertido más de 500 millones de euros en bienes productivos, financiados con los recursos generados por la compañía. Además, hemos invertido 15,1 millones de euros en temas relacionados con la Investigación, Desarrollo e Innovación. Muchos de los productos de Grupo Leche Pascual son únicos en el mercado.

El desarrollo de su I+D ha convertido a Leche Pascual en la primera compañía en:
- comercializar leche uperizada de larga vida;
- utilizar el envasado en brik;
- lanzar el primer alimento funcional gracias a la leche descremada;
- apostar por los yogures de larga vida;
- desarrollar el mercado de zumo directo;
- crear nuevos mercados de bebidas funcionales: Bifrutas de Pascual, entre otros.

Para llegar a tan importante número de clientes, Leche Pascual cuenta con una estructura comercial propia de más de 800 personas, 22 delegaciones comerciales, más de 300 camiones de reparto y alrededor de 350 distribuidores. Esta red, considerada como la más completa del país, permite a Grupo Leche Pascual, por un lado, acceder directamente al mercado minorista y, por otro, mantener un contacto continuo y creciente con los establecimientos de hostelería y alimentación tradicional.

Anualmente, nuestros 300 trailers transportan 1.700.000 palets, y los más de 320 vehículos de reparto de corta distancia otros 390.000 palets, a los que se suman los 275 contenedores trasladados vía ferrocarril. Todo ello con un servicio de pedido inferior a 48 horas."

Adaptado de www.pascual.es

Preguntas

- Presenta la historia de Grupo Leche Pascual y su sector de actividad.
- Pascual ha optado por la calidad, aunque eso entrañe un aumento en los costes de producción. ¿Qué consecuencias comerciales puede tener?
- ¿De qué manera ha innovado y lo hace en la actualidad?
- ¿En qué consiste su estrategia comercial?
- Comenta el juego de palabras en: "Cuidamos lo natural porque lo llevamos dentro."

BTS Industriel

1 Évaluation de la compréhension de l'oral

Vas a escuchar tres veces el documento con una pausa de dos minutos. CD n°1 Pista n°16

¿Cómo crear una empresa de rápido crecimiento?

Adaptado de www.emprendedores.es, abril 2012.

Compte-rendu en français

Après avoir écouté attentivement l'article, vous en dégagerez les idées essentielles. Entraînez-vous à l'oral et à l'écrit.

Pour aller plus loin

a) Las empresas "gacela" necesitan invertir buena parte de sus beneficios. ¿En qué medida puede ser esto un inconveniente?
b) ¿Estás de acuerdo con la frase que se dice a menudo de que "quien sube rápido baja rápido también"?
c) ¿Son la mayoría de este tipo de empresas especulativas? Di a qué sectores pueden pertenecer. ¿Conoces algún ejemplo?

2 Évaluation de la production orale en continu et de l'interaction

Empresas españolas a la conquista del mundo

La exportación se convierte en un motor de esperanza para España. Hay empresas españolas que gestionan aeropuertos londinenses -como Ferrovial, a través de BAA-, que cuentan con hoteles -NH o Melià-, controlan compañías eléctricas -Scottish Power, de Iberdrola-, de agua -Bristol Water, Agbar-, de telefonía -O2, Telefónica-, y grandes bancos -como el Abbey, Santander. También puede uno vestirse en cualquier Zara de la ciudad, comprarse zapatos en una tienda de Camper o hacerse con alguna de esas zapatillas de la marca Munich, fabricadas por una empresa ubicada nada más y nada menos en un pueblo de Barcelona que se llama Capellades. El salto exterior de la empresa española arroja buena cifras: el número de empresas exportadoras ha crecido, hasta rozar las 110.000. Hoy, la reactivación de la economía española depende de ellas. Todo este dinamismo se debe a las exportaciones y el turismo. La dualidad entre la gran empresa española -esas Telefónicas y Zaras de turno- y la pymes es cada vez mayor. Pol Antràs, catedrático de Economía de la Universidad de Harvard, hace un paralelismo entre la internacionalización de la empresa española y la Liga de Fútbol Profesional: "Se dice que el fútbol español está en su mejor momento, pero son dos grandes clubes, el Real Madrid y el Barça, los que más ingresan y compran a los mejores jugadores, pero la liga española es muy aburrida, y la situación es un peligro para los clubes pequeños medianos", apunta. Algo así ocurre entre la gran empresa y la pyme. El salto de España al exterior, en definitiva, se debe a las grandes.

Adaptado de *El País*, octubre 2007.

Presencia de la empresa española en el extranjero
(15 primeros países con presencia empresarial española, en 2007)

Países	Filiales y empresas participadas	Países	Filiales y empresas participadas
Argentina	233	Francia	437
Chile	161	Reino Unido	235
Brasil	307	Holanda	122
Colombia	90	Alemania	247
México	470	Polonia	114
Estados Unidos	371	Italia	243
Marruecos	142	China	104
Portugal	725		

Fuente: ESADE, INE y Ministerio de Industria, 2007

Présentation structurée en espagnol

Après avoir lu attentivement les deux documents, faites une présentation structurée (3 à 4 minutes) mettant en évidence les points importants et les détails pertinents.

BTS Tertiaires

1 Évaluation de la compréhension écrite

Vámonos al pueblo

¿Qué atractivo puede tener para un joven matrimonio con dos niños un pequeño pueblo perdido en la provincia de Soria como Valdenegro? Situado al pie de una peña y rodeado de tierras de secano, en él apenas viven 120 habitantes, no hay colegio para los niños y un solo bar. Pero Valdenebro les ofreció algo que no tiene precio: una oportunidad para volver a empezar. Dos años en el paro fueron el empujón necesario para que Mónica Sánchez y su marido hicieran las maletas dispuestos a buscarse las habichuelas. "Estábamos mentalizados en cambiar de vida. En Barcelona intentamos montar un negocio pero no encontramos ayuda y los alquileres eran muy altos. Aquí lo hemos podido hacer, el pueblo nos gustó, es muy acogedor por los niños", declara Mónica. El matrimonio se instaló en su nuevo hogar en marzo de 2011 y este año abrió su negocio: una pescadería en Burgo de Osma, una localidad vecina algo más grande y a la que van los niños al cole. En Barcelona dejaron su casa hipotecada, que ahora tienen alquilada, un dinero que da para cubrir el pago con el banco y el nuevo alquiler, una casa de dos plantas con patio que cuesta 220 euros. ¡Podría decirse que el cambio ha sido redondo! Los pueblos viven una segunda oportunidad, tras el abandono masivo que sufrieron en los años 50. La gente ya no huye de estas localidades, algunos retornan a sus orígenes e incluso hay neorrurales como Mónica que los eligen para cambiar de vida. Un cambio significativo es que el mundo rural ha dejado de perder población para ganarla. En los pueblos la vida y la vivienda son más baratas lo que hace que la gente opte por quedarse en ellos, aunque trabaje fuera. Las nuevas tecnologías van a marcar el futuro de estas localidades y les abren nuevas oportunidades. Ser de pueblo ya no tiene el estigma negativo de antaño. Y aunque los neorrurales no constituyen un movimiento masivo, organizaciones como Abraza la tierra sí han detectado un fenómeno en auge: el pueblo como refugio. "El número de llamadas que recibimos de gente buscando una oportunidad porque ya no tienen empleo crece de manera abrumadora", constata Eva González, coordinadora de esta asociación que agrupa a 18 grupos de acción local contra la despoblación en tierras de Aragón.

Adaptado de *Capital*, septiembre 2012.

Compte-rendu en français

Après avoir présenté le changement de vie de Mónica et sa famille, vous en préciserez les atouts (200 mots, +/- 10 %).

Expression écrite

Répondez en espagnol à l'une des questions suivantes (300 mots +/- 10 %) :
- Enumera las ventajas e inconvenientes de instalarse en la ciudad o en zona rural.
- Comenta el siguiente fragmento: "Los pueblos viven una segunda oportunidad, tras el abandono masivo que sufrieron en los años 50. La gente ya no huye de estas localidades, algunos retornan a sus orígenes e incluso hay neorrurales como Mónica que los eligen para cambiar de vida. Un cambio significativo es que el mundo rural ha dejado de perder población para ganarla."

Lettre commerciale

À partir des éléments indiqués ci-dessous, vous rédigerez une lettre commerciale en espagnol, en respectant les normes de présentation.
Le Maire de Valdenegro veut encourager l'installation de familles dans sa commune et écrit une lettre qui paraîtra dans la presse locale :
- il expose les nombreux avantages que présente son village pour les familles ;
- il signale que la mairie offrira des possibilités de logement gratuit les deux premières années ;
- il déclare que l'offre est réservée aux familles avec enfants ;
- il souligne le fait que les banques proposeront des prêts avantageux ;
- il termine par les formules de politesse usuelles.

2 Évaluation de la compréhension de l'oral

Vas a escuchar dos veces el documento con una pausa de dos minutos. CD n°1 Pista n°17

Hacer un queso es un proceso creativo

Adaptado de *Capital*, noviembre 2012.

Compte-rendu en espagnol

Après avoir écouté attentivement l'article, vous en dégagerez les idées essentielles.

Entretien

1. Questions sur l'audio.
a) ¿Cuántos años llevan trabajando en la industria del cine?
b) ¿Por qué eligen Cedillo de la Torre?
c) ¿De dónde sacan la materia prima?

2. Questions générales.
a) ¿Qué puede aportar a Joaquín y su mujer una iniciativa de esta clase?
b) Presenta las condiciones laborales en este sector.
c) ¿Crees que hay un verdadero proceso creativo en la elaboración de queso?

2 | Empresas

En CCF ou épreuve ponctuelle

1 Évaluation de la compréhension de l'oral (AG U22)

Vas a visionar dos veces el documento con una pausa de dos minutos.

MUNDOPAN

http://www.youtube.com/watch?v=mX33Mu1Vf_o

Restituye **en español** a continuación todo lo que comprendas.

2 Communication professionnelle en français et en langue étrangère (AM E4)

Animer un travail collaboratif (Véase *Herramientas* n°5)

a) Descarga la ficha del site compagnon de tu manual www.nathan.fr/textos-y-metodos y complétala con la siguiente situación:

b) Trabajas en Roquefort. Tu empresa está buscando posibles distribuidores del queso en países de habla hispana. Tu manager te pide que lideres un grupo para realizar un estudio de mercado. Cada persona o grupo elegirá un país diferente y hará un informe de probables distribuidores del producto. Por último, tendrás que elaborar un informe final que reúna todas las colaboraciones.

c) Convoca una reunión en la que expliques a cada uno su tarea. Deberás hacer una segunda para mostrar el trabajo final a todos y dar cuenta a tu manager de los resultados.

3 Négociation vente en langue étrangère (NRC/CI U52)

a) Descarga la ficha del site compagnon de tu manual www.nathan.fr/textos-y-metodos y complétala con el siguiente contexto:

b) Vas a realizar una venta bajo estas condiciones. El alumno (A) es el vendedor y el (B) simula ser el cliente.

c) Contexto comercial: Trabajas en el departamento de ventas de empresa de carpintería metálica de fabricación e instalación de cerramientos: ventanas, verandas y puertas. La empresa cuenta con mucha experiencia y está implantada desde hace mucho tiempo. Es conocida su calidad tanto en la ejecución de materiales como en los acabados.

d) Contexto de la negociación: Visitas a un cliente que ha pedido presupuesto para cambio de ventanas en su domicilio.

e) Oferta de la empresa: Insistes en la historia de la empresa y en cómo su historia da confianza.

f) Herramientas de ayuda a la venta utilizadas: Folletos y muestras de calidades de las ventanas.

3

Trabajo

Mundo laboral proteiforme

En esta unidad vas a aprender a:

- Hablar de las ventajas e inconvenientes al buscar trabajo en Internet
- Conocer los estatutos de una fundación de una pyme
- Ver los trámites para la creación de una fundación
- Sacar las ventajas e inconvenientes de la enseñanza online

LLUVIA DE IDEAS

Saca provecho de tu red de contactos profesionales LinkedIn.

Vuélvete a conectar

Encuentra a antiguos colegas de trabajo y compañeros de clase. LinkedIn te simplifica la comunicación con tus contactos profesionales.

Impulsa tu carrera

Encuentra contactos directos cuando busques un trabajo o una nueva oportunidad comercial.

Pregunta a expertos

Tu red está repleta de expertos del sector deseosos de ofrecerte ayuda. ¿Quieres preguntar a algunos de ellos? Haz la prueba.

Palabras

Sustantivos
Una red: *un réseau*
La prueba: *la preuve*
Adjetivos
Antiguo: *ancien*
Repleta: *pleine*
Verbos y colocaciones
Conectar: *connecter*
Sacar provecho: *tirer profit*
Impulsar una carrera: *doper une carrière*

Preguntas

- ¿Te parece útil una herramienta así?
- Explica con tus palabras las tres funcionalidades del documento.
- ¿En un futuro, sustituirá Internet a las agencias físicas de empleo?

TODO OÍDOS

CD n°1 Pista n°18

1. ¿En España se usan las herramientas de las redes sociales para buscar empleo?
2. Explica lo que significa "autogooglearse."
3. ¿Cuál es la red social más usada?

1 • A BUEN ENTENDEDOR...

La llamada social

¿Por qué le interesa a una pyme crear una fundación? Aunque no hay datos, desde la AEF[1] reconocen que cada vez son más las pymes que apuestan por esta fórmula. Las hay de diferentes tipos y nacen por distintas causas.

Canalizar la acción social de la compañía. Es el caso de la fundación CyO[2], impulsada por Construcciones y obras, que aglutina todas las iniciativas sociales de la compañía.

Perseguir un fin cultural o ahondar en el estudio o en la investigación. Es el origen de la fundación Vilaseca, impulsada por la pyme Vet Set para difundir la industria del género de punto. Sea lo que fuera lo que aconsejan los expertos es que la fundación esté relacionada con el sector, porque así tendrá un peso importante del *know how*[3] de la empresa y puede facilitar su gestión. Tras consultar a diferentes fundaciones de pymes éstas son las ventajas más evidentes: aunque la fundación tiene vida propia e independiente de la empresa que la crea, es innegable que a la pyme que está detrás le ofrece un plus de prestigio a través de las iniciativas que se llevan a cabo. Es un mensaje de responsabilidad y compromiso social que llega directamente a los *stakeholders* (personas de interés) sin necesidades de grandes acciones de márketing. Este beneficio es evidente cuando las fundaciones reciben el mismo nombre que las empresas y es menos evidente cuando lo cambian.

Adaptado de *Emprendedores*, agosto 2012.

1. Asociación Española de Fundaciones.
2. Contratas y Obras.
3. Destreza, habilidad.

a) Cita los motivos por los que más a menudo las empresas crean fundaciones.
b) ¿En qué sentido las fundaciones benefician a las pymes que las crean?
c) ¿Por qué es importante que una Fundación lleve el mismo nombre que la empresa que la crea?

2 • TODO OÍDOS

CD n°1 Pista n°19

Escucha *Los trámites para crear una fundación* y ordena los pasos para la creación de una fundación:

- Redacción de estatutos.
- Apertura de una cuenta bancaria.
- Escritura pública en el notario.
- Solicitud del NIF (Número de Identificación Fiscal).
- Inscripción de la escritura en el Registro.

3 • CON BUENA LETRA

Escribe una carta para solicitar la inscripción de tu nueva fundación en el registro:

- Señala a qué se dedica;
- Di en qué banco has realizado el ingreso y la dotación efectuada;
- Señala que ya has realizado la escritura pública en el notario;
- Di quién es su gerente y cuál es su función;
- Recuerda que adjuntas los documentos necesarios: la escritura pública y los estatutos.

Fecha : ...

A la atención de: ...

Dirección del destinatario : ...

Muy estimado señor:

Me dirijo ante usted con el fin de.../Por medio de esta carta, solicito...

Le informo de que...

Adjunto a esta carta...

Atentamente,

Firma: ...

Anexo(s): ...

4 • HABLAR POR LOS CODOS

Quieres convencer a alguien de hacerse socio de la fundación MAPFRE o Telefónica. Explica las razones de por qué es conveniente hacerlo: ventajas fiscales, solidaridad, imagen, etc.

5 • HABLANDO SE ENTIENDE LA GENTE

a) **Lee el comentario:**

"Es un mensaje de responsabilidad y compromiso social que llega directamente a los *stakeholders* (personas de interés) sin necesidades de grandes acciones de márketing. Este beneficio es evidente cuando las fundaciones reciben el mismo nombre que las empresas y es menos evidente cuando lo cambian." (l.17-22)

b) **Basándoos en este comentario, debatid.**

ANTICIPA

¿En qué profesiones u oficios es más fácil encontrar ofertas de empleo?

El éxodo de médicos y enfermeras se duplica

La organización médica colegial, la entidad que agrupa a todos los colegios de España, ha emitido 948 certificados de idoneidad[1] en los primeros seis meses de este año. Este documento es necesario para trabajar en la Unión Europea. En 2011, se expidieron 1.435 certificados y en 2010 1.248. Lo mismo ocurre con las enfermeras: en 2011, 914 hicieron las maletas. El paro entre médicos y enfermeros, colectivos poco acostumbrados a tener que recurrir al Inem[2], está subiendo. Tanto que se ha más que doblado. HCL Nursing es una agencia de colocación especializada en reclutar enfermeros europeos para trabajar en hospitales públicos británicos.

"Ayudamos a los profesionales a conseguir alojamiento, pagamos el primer mes de renta y aseguramos un mínimo de 300 libras a la semana, horarios flexibles, uniformes y formación", explica María Pineros, una de sus responsables de recursos humanos.

Adaptado de *El País*, agosto 2012.

1. Reunión de condiciones necesarias para desempeñar una función. 2. Instituto Nacional de Empleo.

El paro de los matemáticos tiende a cero

"Estudiar matemáticas ha sido una de las decisiones más acertadas de mi vida", afirma Macarena Estévez que a sus 46 años no conoce el desempleo. Ha sido profesora en la Universidad Carlos III, directora de investigación de Sofres y Mindshare, además de consejera delegada para España y Latino-América de Group Business Science. En 2007 decidió crear Conento, que en cinco años se ha convertido en un referente a la hora de ejecutar, mediante modelos matemáticos, campañas de márketing, publicidad y comunicación. Los discípulos de Pitágoras ya no se dedican sólo a dar clases. Dirigen empresas, gestionan *Hedge Funds*[1], diseñan aviones, calculan las primas de los seguros y hasta investigan tumores cancerígenos. Empresas de todos los sectores se vuelven locas para ficharles. A nivel científico los matemáticos españoles gozan de un excelente prestigio internacional, escriben en las revistas más prestigiosas, se les invita a congresos, dan clases en universidades extranjeras e incluso trabajan estrechamente con matemáticos internacionales de la talla de la medalla Fields, el equivalente a los Nobel en este campo.

Adaptado de *Capital*, septiembre 2012.

1. Fondos de gestión alternativa.

Las palabras no están solas

1. Busca sinónimos.
reclutar – un alojamiento – sobresale – prácticas – el entorno – la colaboración – el asesoramiento – una renta

2. Encuentra antónimos.
el paro – loco – internacional – acertado

3. Dilo en español.
se dérouler – donner des cours – se consacrer à – améliorer – essayer de

4. Veo, veo una palabra que empieza por... y significa...
Ejemplo:
– Veo, veo... una palabra que empieza por P y significa desempleo.
– Paro.
– Eso es, correcto.

4. Cada oveja con su pareja.

hacer las maletas •	• colaborar activamente
volverse loco para trabajar •	• contar con buena reputación
estrechamente •	• hacer cualquier cosa para
gozar de prestigio •	• marcharse

El título

1. ¿En qué medida son complementarios los dos títulos?
2. Inventa otros dos títulos.
3. ¿Cuál serían sus subtítulos?

Localiza en el texto...

1. Texto 1: Para qué sirve el certificado de idoneidad. Qué hace la agencia de colocación.
2. Texto 2: Qué hacen aparte de dar clase los que estudian matemáticas.

Comprensión del texto

1. ¿Existe una relación entre los dos textos?
2. Explica a qué puede deberse el paro en el sector sanitario y la gran demanda de matemáticos.
3. ¿Por qué cualquier empresa se interesa por los matemáticos?
4. ¿Están los matemáticos españoles bien cotizados?

Defiende tu postura

Los diplomas medios de enseñanza superior, de dos años, están más cercanos al mundo laboral y ofrecen más posibilidades.
(Véase *Herramientas* n°2)

Con mucho oficio

Por parejas: (A) viaja a España para trabajar. Acude a una oficina bancaria para abrir una cuenta. El empleado de banca (B) le pide el contrato y las condiciones para ofrecerle el producto que mejor se adecua a su perfil.

Método

Le compte-rendu

1. Divide el texto 1 en partes y subraya las frases más significativas.
2. Resume lo esencial de cada parte en una, dos o tres frases. Cuidado con la paráfrasis.
3. Redacta una introducción.
4. Elabora una conclusión que contenga los puntos tratados. (Véase *Herramientas* n°2)

Expresión escrita

1. ¿Cómo se puede explicar el hecho de que los trabajadores cualificados se resisten a cambiar su lugar de residencia?
2. Comenta la siguiente afirmación: "No es cierto que cuantos más estudios hacemos, más posibilidades hay de encontrar fácilmente un empleo." (Véase *Herramientas* n°5)

Expresión oral

1. ¿Te parece que es mejor tener una formación específica versátil que una generalista?
2. El personal sanitario es uno de los más demandados en el mundo. ¿Piensas que con la llegada de médicos extranjeros el sistema sanitario puede cambiar?

Comunicación oral

CD n°1 Pista n°20

Escucha y responde

1. Escucha la experiencia de Luis Serván en el texto *¿Buscas trabajo?*
2. Haz un resumen en francés.
3. Responde en español.
a) Cita los destinos más recomendados a los españoles.
b) ¿Cuáles son las profesiones más demandadas?
c) ¿Se aconseja viajar al país y buscar trabajo allí?
d) ¿Es suficiente saber inglés para ubicarse en el extranjero?

Analiza y opina

1. Presenta las estadísticas. (*Herramientas* n°3)
2. ¿Dónde se puede encontrar un documento así?
3. Explica su utilidad.

Médicos españoles que emigran, 1er semestre 2012	
Reino Unido	504
Francia	77
Portugal	66
Alemania	58
Enfermeras españolas que emigran, 1er semestre 2012	
Reino Unido	149
Italia	112
Francia	85
Alemania	37

Fuente: El País, *7 de agosto de 2012.*

PRACTICA • TEXTO

3 | Trabajo

1 • Buenas formas

a. Busca en los dos textos los números cardinales y recítalos en voz alta.
b. Escríbelos en letra.
c. Di números cardinales. Tu compañero debe escribirlos correctamente.

2 • Dilo de otra forma

a. En 2011 se expidieron 1.435 certificados y en 2010 1.248.
b. La organización médica colegial, la entidad que agrupa a todos los colegios de España, ha emitido 948 certificados de idoneidad en los primeros seis meses de este año.
c. Lo mismo ocurre con las enfermeras, en 2011 914 hicieron las maletas.
d. Este documento es necesario para trabajar en los 27 países de la Unión europea.

3 • Emplea la forma correcta

Escribe los números cardinales siguientes.
Ejemplo: 1.527 = mil quinientos veintisiete
83 / 47 / 98 / 56 / 234 / 546 / 198 / 765 / 1.254 / 9.876 / 5.666 / 50.583 / 345.321 / 456.654 / 876.219 / 9.876.564 / 19.567.323

4 • Traduce

a. "Ayudamos a los profesionales a conseguir alojamiento, pagamos el primer mes de renta y aseguramos un mínimo de 300 libras a la semana, horarios flexibles, uniformes y formación", explica María Pineros, una de sus responsables de recursos humanos. "Estudiar matemáticas ha sido una de las decisiones más acertadas de mi vida", afirma Macarena Estévez que a sus 46 años no conoce el desempleo.
b. Dirigen empresas, gestionan Hedge Funds, diseñan aviones, calculan las primas de los seguros y hasta investigan tumores cancerígenos. Empresas de todos los sectores se vuelven locas para ficharles. A nivel científico los matemáticos españoles gozan de un excelente prestigio internacional, escriben en las revistas más prestigiosas, dan clases en universidades extranjeras e incluso trabajan estrechamente con matemáticos internacionales de la talla de la medalla Fields, el equivalente a los Nobel en este campo.

Las formas de la lengua

Los números cardinales

1: uno 2: dos 3: tres 4: cuatro 5: cinco 6: seis 7: siete 8: ocho 9: nueve	10: diez 11: once 12: doce 13: trece 14: catorce 15: quince 16: dieciséis 17: diecisiete 18: dieciocho 19: diecinueve	20: veinte 21: veintiuno 22: veintidós 23: veintitrés 24: veinticuatro 25: veinticinco 26: veintiséis 27: veintisiete 28: veintiocho 29: veintinueve	30: treinta 40: cuarenta 50: cincuenta 60: sesenta 70: setenta 80: ochenta 90: noventa 100: cien 101: ciento uno 200: doscientos (as) 300: trescientos (as) 400: cuatrocientos (as) 500: quinientos (as) 600: seiscientos (as) 700: setecientos (as) 800: ochocientos (as) 900: novecientos (as)	1.000: mil 1.001: mil uno 10.000: diez mil 100.000: cien mil 1.000.000: un millón 100.000.000: cien millones

ANTICIPA

¿Sin una estrecha relación entre formación y empresa es muy difícil crear empleo?

La cuna del saber mira la empresa

La Universidad Alfonso X el Sabio mira directamente a los alumnos y a la empresa. No en vano esta cuna del saber, ubicada en Villanueva de la Cañada, se define como "la Universidad de la empresa" y lo avalan los 7.500 convenios de colaboración con instituciones así como también sus entornos colaborativos en modalidad de *Cloud computing* para la comunidad universitaria, que utiliza diariamente la versión para educación de Google Apps.

Estos sistemas, integrados en el Campus Virtual UAX, permiten al estudiante estar interconectado con profesores, tutores o compañeros las 24 horas del día. En esta Universidad destaca un departamento específico de asesoramiento hacia el mundo empresarial, denominado gabinete de apoyo a la orientación profesional y ayuda al empleo (GAOP) y es encargado de gestionar las relaciones con las empresas y de ponerlas en contacto con los estudiantes, para que éstos desarrollen sus prácticas o encuentren empleo. Además esta Universidad participa en foros de empleabilidad y también se organizan en el campus encuentros y jornadas con representantes de empresas de todos los sectores, con el objetivo de que los alumnos conozcan sus salidas profesionales.

Otro dato significativo es el número de estudiantes extranjeros que eligen a la UAX para cursar sus carreras, lo que la convierte en la Universidad privada española con mayor número de alumnos europeos en sus aulas. A todo eso se suma el éxito alcanzado en el área de Investigación, Desarrollo e innovación (I+D+i). Cediant y Vector Software Factory son dos empresas tecnológicas ubicadas dentro del propio campus, que desarrollan, investigan y aplican soluciones tecnológicas a las principales compañías del país. La fundación Universidad Alfonso X el sabio lidera importantes proyectos, que de forma autónoma o en colaboración con otras instituciones públicas y privadas, se han materializado en patentes tecnológicas, centros especializados y nuevas líneas de investigación.

El presidente destaca la profesionalidad de la directiva, el equipo docente o del personal de administración y servicios de la UAX. Por estos motivos, el consejo editorial y los lectores de *Dirigentes*[1] le han otorgado el premio de liderazgo.

Adaptado de *Dirigentes*, agosto 2012.

1. Revista de finanzas para dirigentes y directivos.

PRACTICA • TEXTO

Las palabras no están solas

1. Busca sinónimos.
entidades – a diario – sobresale – prácticas – el entorno – la colaboración – el asesoramiento

2. Encuentra antónimos.
el empleo – la ayuda – de forma autónoma – ubicada

3. Dilo en español.
un berceau – garantir – tous les jours – un conseil – devenir – un débouché – le brevet

4. Cada oveja con su pareja.

no en vano •	• realizar estudios
la cuna del saber •	• añadirse
poner en contacto •	• no sin importancia
cursar una carrera •	• el origen del conocimiento
sumarse a algo •	• relacionar

5. Veo, veo una palabra que empieza por... y significa...
Ejemplo:
– Veo, veo... una palabra que empieza por U y significa centro de enseñanza superior.
– Universidad.
– Eso es, correcto.

El título

1. Explica con otras palabras el título.
2. Inventa otro título.
3. ¿Cuál sería el subtítulo del texto?

Localiza en el texto...

1. Párrafo 1: Quién gestiona la orientación en la "Universidad de la empresa".
2. Párrafo 2: El nombre de las empresas de base tecnológica.

3. Párrafo 3: Los motivos por los que *Dirigentes* ha otorgado un premio a la UAX.

Comprensión del texto

1. ¿Dónde está situada esta Universidad?
2. ¿Por qué se llama la "Universidad de la empresa"?
3. ¿Cuáles son las ventajas de esta Universidad para los estudiantes?
4. ¿Qué significa (I+D+i)?

Defiende tu postura

Eres estudiante en la Universidad Alfonso X.
Has visto una oferta de empleo para ser Técnico comercial.
Escribe tu carta de motivación para el puesto de Técnico comercial. (Véase *Herramientas* n°5)
– Dirige la carta al Jefe de Personal.
– Explica tu interés por trabajar en esa empresa.
– Destaca la calidad de tu formación.

Con mucho oficio

Por parejas: Uno (A) es el candidato al trabajo. El otro (B) es el entrevistador. Antes de simular la entrevista, preparad vuestras preguntas y posibles respuestas. (Véase *Herramientas* n°8)

Método

Le compte-rendu

1. Divide el texto en partes y subraya las frases más significativas.
2. Resume lo esencial de cada parte en una, dos o tres frases. Cuidado con la paráfrasis.
3. Redacta una introducción.
4. Elabora una conclusión que contenga los puntos tratados. (Véase *Herramientas* n°2)

Expresión escrita

1. La colaboración entre universidad y empresas, ¿tiene inconvenientes o sólo todos son ventajas?
2. Comenta esta afirmación: "Las florecientes empresas start-up crearán una burbuja que se terminará con el cierre masivo y el despido de muchos trabajadores." (Véase *Herramientas* n°5)

Expresión oral

1. ¿Crees que en tiempos de crisis económica seguir ligado al lugar de su formación es un buen antídoto contra el desempleo?
2. En tu opinión, ¿sólo es eficaz la creación de empleo si viene del sector empresarial privado sin ayudas ni subvenciones?

Comunicación oral

CD n°1 Pista n°21

Escucha y responde

1. Escucha el texto *El camino hacia el éxito reside en el talento*.
2. Haz un resumen en francés.
3. Responde en español.

a) ¿Pimentel cree que España es competitiva en mano de obra con respecto a otros países?
b) ¿Por qué la consultoría es el gran socio del talento?
c) ¿Se trata de mejorar la competitividad o de que generen empleo?

Analiza y opina

1. Presenta la oferta de empleo. (*Herramientas* n°3)
2. ¿Dónde se puede encontrar un documento así?
3. Explica su utilidad.
4. Comenta si te parece un sector en auge.
5. ¿Qué remuneración y condiciones buscarías en este tipo de ofertas?

IMPORTANTE GRUPO EDUCATIVO precisa
Técnico comercial de venta de plataformas educativas online

Se requiere
Diplomado en técnico comercial
Dominio de entornos virtuales
Inglés y español B2
Buena presencia

Se ofrece
Incorporación inmediata
Contrato de un año
Posibilidades de promoción
Remuneración según experiencia

Remitir CV urgentemente al
Apartado de Correos 94 / 28005 Madrid

1• Buenas formas

a. Señala en las siguientes frases si son complemento directo (CD) o indirecto (CI).
Ejemplo: Te lo llevo a casa.
"Te": CI/"lo": CD

- ¿Me dejas tu bolígrafo?
- ¿Lo sabes?
- ¿Te las mando por correo certificado?
- No se lo voy a comprar por Internet.
- ¿Y tu falda nueva? ¿Te la has puesto ya?

b. Observa el cuadro explicativo con los pronombres y haz frases de complemento directo e indirecto.

2 • Dilo de otra forma

a. Otro dato significativo es el número de estudiantes extranjeros que eligen a la UAX para cursar sus carreras.
b. El presidente destaca la profesionalidad de la directiva, el equipo docente o del personal de administración y servicios de la UAX.
c. Por estos motivos, el consejo editorial y los lectores de Dirigentes le han otorgado el premio de liderazgo.
d. Además esta Universidad participa en foros de empleabilidad y también se organizan en el campus encuentros y jornadas con representantes de empresas de todos los sectores.

3 • Emplea la forma correcta

Transforma las frases con sus correspondientes pronombres.
Ejemplo: Da el cuaderno a él = dáselo.

Ve tú a la Facultad.
Manda el sobre de la matrícula.
Mandaron el sobre ayer a Pedro.
Da una conferencia.
Gana el premio de liderazgo.
Aplica soluciones a las empresas.
Llama al profesor.
¿Puedes pedir una cita al profesor de español?

4 • Traduce

a. No en vano esta cuna del saber, ubicada en Villanueva de la Cañada, se define como "la Universidad de la empresa" y lo avalan los 7.500 convenios de colaboración con instituciones así como también sus entornos colaborativos en modalidad del Cloud computing para la comunidad universitaria, que utiliza diariamente la versión para educación de Google Apps.
b. En esta Universidad destaca un departamento específico de asesoramiento hacia el mundo empresarial, denominado gabinete de apoyo a la orientación profesional y ayuda al empleo (GAOP) y es el encargado de gestionar las relaciones con las empresas y de ponerlas en contacto con los estudiantes para que éstos desarrollen sus prácticas o encuentren empleo.

PRACTICA • TEXTO

Las formas de la lengua

Los pronombres

Singular			Plural		
Sujeto	**Complemento directo**	**Complemento indirecto**	**Sujeto**	**Complemento directo**	**Complemento directo**
Yo	me	me	Nosotros/as	nos	nos
Tú	te	te	Vosotros/as	os	os
Él/ella/ Usted	lo/la	le	Ellos/ellas/ Ustedes	los/las	les
Reflexivo 3ª persona singular	se	se	Reflexivo 3ª persona plural	se	se

Al oral...

ANTES DE ESCUCHAR

¿Desarrollan los militares capacidades útiles que los hacen más aptos para algunos departamentos?

CD n°1 Pista n°22

¡A sus órdenes!

Revista *Capital*, septiembre 2012.

Las palabras no están solas

1. Cada oveja con su pareja.

pertenecer a un entorno •	• sacar provecho de
aprovechar la cosecha de •	• un deseo por
afán por •	• ser de un ambiente

2. Dilo de otra forma.
un almacén – un directivo – un liderazgo – una vocación

El título

Explica el título. ¿En qué contexto se dice?

Di de qué trata el audio

1. Da el nombre de la compañía que contrata este tipo de personal.
2. Encuentra el puesto que desempeñaba Clancey en el ejército.
3. ¿Qué porcentaje de nuevos contratados en Amazon habían pasado por una formación militar?

Comprensión del audio

1. ¿Cuál es el interés de Amazon por contratar a antiguos militares?
2. ¿Por qué se sienten atraídos los militares por este tipo de propuestas?

Analiza y opina

El liderazgo es una cuestión de personalidad, no de formación. No se puede aprender, sólo corregir en parte.

Con mucho oficio

En la empresa en la que trabajas se necesita una persona para el departamento de logística. Convence – alumno (A) – a tu jefe – alumno (B) – de que un ex-militar puede ser una muy buena opción.

- El alumno (A) argumenta a favor dando las razones.
- El alumno (B) encuentra reticencias.
- Al final, se llega a un acuerdo para una entrevista de trabajo.

Defiende tu postura

A petición de tu jefe, vas a buscar un jefe de logística.
Redacta un anuncio para colocarlo en la prensa a nivel nacional.

Método

Le compte-rendu

1. Divide el audio en partes y da un título a cada parte.
2. Resume lo esencial de cada parte en una, dos o tres frases. Cuidado con la paráfrasis.
3. Redacta una introducción.
4. Elabora una conclusión que contenga los puntos tratados. (Véase *Herramientas* n°2)

Expresión escrita

1. Contrariamente a lo que piensan grandes compañías tú piensas que el personal con formación militar puede no ser bueno para las relaciones entre los empleados. Defiende tu postura.
2. ¿Se necesita en puestos de dirección más liderazgo que formación específica? Razona tu respuesta. (Véase *Herramientas* n°5)

Expresión oral

1. Si se busca para puestos de responsabilidad a militares, ¿es que algo falla en las otras formaciones? Da tu opinión al respecto.
2. Comenta esta frase "En cuanto a los militares, éstos ven en el trabajo la posibilidad de ejercer una vocación más segura."

A la vista está...

ANTES DE VER

¿Que formas conoces para mejorar el ambiente de trabajo?

A trabajar vestidos como en los Juegos Olímpicos

▸ http://www.telemadrid.es/?q=programas/madrid-directo/trabajar-vestidos-como-en-los-juegos-olimpicos

Las palabras no están solas

1. Cada oveja con su pareja.

animar a •	• proponer
hacer una propuesta •	• acercarse a
romper el hielo •	• invitar a

2. Dilo de otra forma.

el ambiente distendido – la colaboración

El título

Señala qué significa el título.

Di de qué trata el vídeo

1. Señala algunos de los uniformes deportivos que llevan los empleados.
2. ¿A qué se dedica la empresa?
3. ¿Por qué lo hacen?

Comprensión del vídeo

1. Explica cuál es la reacción del que te parezca más gracioso.
2. ¿Cómo definirías el ambiente producido?

Analiza y opina

1. Presenta el documento. (Véase *Herramientas* n°3)
2. ¿Dónde se suele encontrar un documento así?
3. ¿Añade alguna clave más?

Aspectos claves que fomentan la satisfacción del personal	
Estimular al personal para que comparta entre si sus conocimientos y destrezas	53 %
Ser respetuoso, incluso con los miembros más jóvenes del personal	25 %
Dar un reconocimiento verbal al trabajo de los demás	12 %
Ofrecer ayuda a los colegas que están obviamente sobrecargados o en apuros	10 %

Método

Le compte-rendu

1. Divide el vídeo en partes y trata de proponer un título para cada parte.
2. Resume lo esencial de cada parte en una, dos o tres frases. Cuidado con la paráfrasis.
3. Redacta una introducción.
4. Elabora una conclusión que contenga los puntos tratados. (Véase *Herramientas* n°2)

Expresión escrita

1. ¿Crees que la cercanía entre el jefe y sus empleados puede terminar siendo perjudicial?
2. ¿Te parece que es un buen intento para establecer un ambiente cordial en la empresa? (Véase *Herramientas* n°5)

Expresión oral

1. ¿Cuál ha sido al parecer el resultado de la iniciativa? Razona tu respuesta.
2. Imagina otras posibles medidas a tomar para crear un ambiente distendido en la empresa.

Defiende tu postura

Trabajas en una empresa y escribes una comunicación a tus compañeros para que vengan vestidos como en los Juegos Olímpicos.

Con mucho oficio

Por parejas: Uno (A) pide a su manager (B) permiso para hacer una invitación a todos los compañeros para que vengan disfrazados.
(A) intenta convencer a su manager de que el ambiente puede cambiar. Da tus razones.

ANTICIPA

¿Has pasado alguna entrevista de trabajo?

Los procesos de selección más duros y divertidos

Entrevistas encadenadas, test de lógica, complejos problemas matemáticos, preguntas enrevesadas... las empresas utilizan todo su armamento para acabar atrayendo a los mejores. Armas que, en ocasiones, son de lo más entretenidas.

Ahora se es mucho más exigente con los candidatos ya que hay muchas posibilidades de elección, más competencia entre ellos y muy buenos profesionales en situación de desempleo. Así lo reconocen en Microsoft España: "somos bastante exigentes en nuestro proceso de selección."

Rondas de entrevistas que se hacen eternas, presenciales, por teléfono o vía Skype, en las que se habla del curriculum, de las experiencias o de lo que puede aportar a la compañía, ejercicios matemáticos dignos del propio Pitágoras, pruebas de creatividad y personalidad que son auténticos rompecabezas. Una larga carrera de fondo en la que, en ocasiones, el candidato se encuentra con obstáculos en forma de preguntas que desarmarían al mismísimo Billy El niño. A modo de ejemplo, en Google se han planteado cuestiones como ¿Cuántas vacas hay en Canadá? ¿Cuántas pelotas de golf en un autobús escolar? ¿Cuántas veces al día se superponen las agujas de un reloj?

"Cuando me entrevisté con la directora de Recursos Humanos de Europraxis, una consultora estratégica y de negocio de origen español, me pidió que estimara el número de municipios que había en España, que calculara el número de pañales que se podían vender en Estados Unidos en un año, y que descubriera cuánto tiempo hacía falta para desalojar Madrid", recuerda Matilde. ¡De locos! En un proceso de selección todas las preguntas tienen su razón de ser. Se trata de ver si su mente es convergente o no, si son más o menos emocionales o si se bloquean.

Diferente y más divertida, es la herramienta creada por L'Oréal para seleccionar a los mejores jóvenes talentos. Bajo el nombre de Reveal (www.reveal-thegame.com), y a través de una página Web, el estudiante de entre 22 y 25 años se convierte en manager en Practicas que comienza a trabajar en la empresa y acompaña a su jefe por todo el mundo para desarrollar un nuevo producto. Se trata de un business case, que en la vida real duraría 18 meses, pero que se puede desarrollar en seis horas de juego. Casi 100.000 jóvenes de 160 países diferentes han participado en el juego desde su lanzamiento en 2010. También, Brandstorn es un juego de marketing dónde los universitarios deben presentar la mejor campaña de marca de unos productos de cosmética. Un proceso de selección que no dista mucho de un vídeojuego. Cada pantalla se supera a base de conocimiento, experiencia y de cómo eres tú.

Adaptado de *Capital*, octubre 2012.

Las palabras no están solas

1. Busca sinónimos.
un complejo – enrevesada – estimar – significativo

2. Encuentra antónimos.
entretenida – desarmar – digno

3. Dilo en español.
un entretien d'embauche – des couches-culottes – déloger – un outil

4. Cada oveja con su pareja.

acabar atrayendo a •	• ser necesario
aportar a •	• llegar a ser
hacer falta •	• contribuir
convertirse en •	• terminar por atraer

5. Veo, veo una palabra que empieza por... y significa...
Ejemplo:
– Veo, veo... una palabra que empieza por E y significa proceso de selección.
– Entrevista.
– Eso es, correcto.

El título

1. ¿En qué sentido el título está acorde con el texto? Busca frases del texto que lo justifiquen.
2. Inventa un título más corto y más llamativo. Justifica tu elección.
3. ¿Cuál sería el subtítulo del texto?

Localiza en el texto...

1. Párrafo 1: Lo que utilizan las empresas para contratar a sus empleados. Y la razón por la que hoy se es más exigente en un proceso de selección.
2. Párrafo 2: Si las entrevistas se hacen sólo presenciales.
3. Párrafo 3: Por qué en Europraxis hacen este tipo de preguntas.
4. Párrafo 5: Los años que tienen los candidatos que participan en Reveal.

Comprensión del texto

1. ¿Qué es una entrevista encadenada? Da un ejemplo.
2. Explica con tus palabras los tipos de pruebas a las que son sometidos los candidatos.
3. Intenta responder a los interrogantes del final del párrafo 3.
4. Explica en qué consiste el "juego" de L'Oréal.

Con mucho oficio

Por parejas: trabajáis en una agencia de colocación. Debéis elaborar cuestionarios para estudiantes de BTS.
Imaginad preguntas divertidas y curiosas.
Ejemplo: ¿Cuántos estudiantes consiguen su trabajo soñado al primer año de terminar?

Método

Le compte-rendu

1. Divide el texto en partes y subraya las frases más significativas.
2. Resume lo esencial de cada parte en una, dos o tres frases. Cuidado con la paráfrasis.
3. Redacta una introducción.
4. Elabora una conclusión que contenga los puntos tratados. (Véase *Herramientas* n°2)

Expresión escrita

1. ¿El tipo de entrevista se debe adecuar al puesto? Razona tu respuesta.
2. Es mejor valorar competencias que conocimientos. ¿Siempre? (Véase *Herramientas* n°5)

Expresión oral

1. ¿Cómo reaccionar si te preguntan cuántas vacas hay en Canadá?
2. ¿Te parece que existen similitudes entre los videojuegos y las entrevistas de trabajo?

Defiende tu postura

Un proceso de selección tiene que ser muy duro para ser eficaz y eficiente. ¿Estás de acuerdo?

Comunicación oral

CD n°1 Pista n°23

Escucha y responde

1. Vas a escuchar el texto *Un INEM para discapacitados que sí funciona*.
2. Haz un resumen en francés.
3. Contesta en español.
a) Di con tus palabras en qué consiste el programa de MAPFRE.
b) Cuenta la experiencia de Víctor.
c) ¿Cuál ha sido la clave para que funcione el proyecto?
d) ¿Por qué las empresas piensan que es beneficioso para sus plantillas?

Analiza y opina

1. Presenta la tabla. (Véase *Herramientas* n°3)
2. ¿Dónde se suele encontrar un documento así?
3. Explica su utilidad.

Métodos de reclutamiento	
Mercado interno	Promoción por concurso de méritos, tablón de anuncios...
Formal	Oficinas de empleo, solicitudes directas, centros de formación, asociaciones...
Informal	Amigos actuales empleados, antiguos empleados, consultores...
Empresas que prestan servicios de selección	Agencias, Headhunters, empresas consultoras...
Anuncios	En prensa, en revistas profesionales, en centros de enseñanza y formación...

Fuente: *Emprendedores*, septiembre 2012

1 • Buenas formas

a. Conjuga estos verbos en imperativo: preguntar/pedir/entrevistar/estar. Conjúgalos en las personas tú/usted/vosotros/ustedes.
b. En español sólo hay ocho formas irregulares en el imperativo de tú. Los verbos son: ir, salir, venir, hacer, poner, decir, tener, ser. Conjúgalos.
c. Escribe con un compañero todas las formas del imperativo positivo y negativo de tres verbos con un pronombre o dos. Ejemplo: Ponte aquí; dámelo

2 • Dilo de otra forma.

Reescribe las frases utilizando imperativo.
a. Se trata de ver si su mente es convergente o no, si son más o menos emocionales o si se bloquean.
b. Un proceso de selección no dista mucho de un videojuego.
c. Cada pantalla se supera a base de conocimiento, experiencia y de cómo eres tú.
d. Se trata de un business case, que en la vida real duraría 18 meses, pero que se puede desarrollar en seis horas de juego.

3 • Emplea la forma correcta

Elige la forma correcta del imperativo en las personas tú y usted. Utiliza el positivo y negativo. No olvides los pronombres cuando sea necesario.
Ejemplo: Me pidió que estimara el número de municipios que había en España.
Respuesta: estímalo (tú)/estímelo (Usted)
a. Me pidió que calculara el número de pañales que se podían vender.
b. Me pidió que descubriera cuánto tiempo hacía falta para desalojar Madrid.
c. Me ordenó que fuera a buscarlo al aeropuerto.
d. Me prohibió que pusiera los pies encima de la mesa.
e. Me impidió que saliera con él.
f. Me pide que le traiga el café.
g. Me pide que apague la tele.
h. Me pide que piense en las vacaciones.

4 • Traduce

a. Entrevistas encadenadas, test de lógica, complejos problemas matemáticos, preguntas enrevesadas... las empresas utilizan todo su armamento para acabar atrayendo a los mejores.
b. También, Brandstorn es un juego de márketing dónde los universitarios deben presentar la mejor campaña de marca de unos productos de cosmética.

Las formas de la lengua

El imperativo

El imperativo nos sirve para dar instrucciones, mandar, pedir, aconsejar, invitar, dar permiso.

■ **Imperativo positivo**
Sólo existen dos formas propias, en las personas tú y vosotros. El resto es como el presente de subjuntivo.
-ar: habla (tú)/hable (usted)/hablad (vosotros)/hablemos (nosotros)/hablen (ustedes)
-er: vende/venda/vended/vendamos/vendan
-ir: abre/abra/abrid/abramos/abran
Verbos con alteraciones vocálicas:
-ar: apuesta/apueste/apostad/apostemos/apuesten
-er: vuelve/vuelva/volved/volvamos/vuelvan
-ir: pide/pida/pedid/pidamos/pidan
Importante: Sólo hay ocho formas irregulares.
Ir → Ve; Poner → Pon; Hacer → Haz; Decir → Di; Venir → Ven; Tener → Ten; Salir → Sal; Ser → Sé

■ **Imperativo negativo**
Todas las personas son como el presente de subjuntivo.
No habléis. No pongas.

Vocabulario

Abogar por una candidatura: plaider pour une candidature
Accidente de trabajo: accident de travail
Acuerdo: accord
Ahorrar: économiser
Ahorro: économie
Autónomo: indépendant
Ayuda: aide
Ayudar: aider
Baja (estar de): arrêt maladie (être en)
Bonus: prime
Candidato: candidat
Candidatura: candidature
Carta de presentación: lettre de motivation
Cita: rendez-vous
Comida de empresa: déjeuner d'affaires
Compañero de trabajo: collègue
Compartir oficina: partager un bureau
Competencia: concurrence
Competencias: compétences
Condiciones de trabajo: conditions de travail
Condiciones favorables: conditions favorables
Contratación: embauche
Contrato temporal: contrat à durée determinée
Contrato indefinido: contrat à durée indeterminée
Correspondencia: correspondance
Corresponder: correspondre
Currículo vitae: curriculum vitae
Día de fiesta: jour de congé
Diferencia importante: écart important
Deslocalizar: délocaliser
Despedido: licencié
Despido: licenciement
Dificultades: difficultés
Discriminación: discrimination
Empleo precario: emploi précaire
Equilibrio entre vida familiar y vida profesional: équilibre entre vie professionnelle et vie familiale
Equipo de trabajo: équipe, groupe de travail
Guardería: crèche
Formación profesional: formation professionnelle
Formar: former
Horario flexible: horaire flexible
Horario de trabajo: horaire de travail
Horas extras: heures supplémentaires
Interino: intérimaire
Jubilación: retraite
Jubilarse: prendre sa retraite
Lugar de trabajo : lieu de travail
Mano de obra : main d'œuvre
Mano de obra barata: main d'œuvre bon marché
Mercado: marché
Negocios: affaires
Objetivo profesional: objectif professionnel
Observador: observateur
Observar: observer
Oficina: bureau
Oficina de empleo: Bureau d'embauche
Para llevar: à emporter
Plan: plan
Plantilla: personnel, effectif
Por hora: à l'heure
Paro: chômage
Personal: personnel
Promocionar: promouvoir
Proponer: proposer
Proyecto: projet
Publicidad: publicité
Redactar: rédiger
Reducir: réduire
Restructuración: restructuration
Sueldo, salario: salaire
Salario mínimo: salaire minimun
Sede: siège (d'une entreprise)
Servicio: service
Tareas: tâches
Tener las mismas posibilidades: avoir les mêmes possibilités
Tiempo completo: temps complet
Tiempo parcial: temps partiel
Trabajo clandestino: travail au noir
Trabajo en equipo: travail en équipe
Trabajo temporal: travail saisonnier
Ventajas: avantages
Vacaciones retribuidas: congés payés

En general

Lenguaje verbal y no verbal: recomendaciones para la entrevista

Comunicación no verbal

1. Da la mano con firmeza, pero sin exagerar.
2. Procura no fumar durante la entrevista.
3. Procura colocarte a distancia prudente de la mesa del entrevistador.
4. Busca una postura cómoda, que te evite estar continuamente en movimiento.
5. Mantén contacto visual, mira a los ojos.
6. Procura no realizar movimientos repetitivos, habitualmente denominados tics.
7. Recuerda que la sonrisa facilita la comunicación.
8. Las manos podemos utilizarlas (no de forma excesiva) como herramienta a la hora de ilustrar ideas o acciones difíciles de verbalizar.
9. Cuida tu imagen. Vístete de modo discreto.

Comunicación verbal

1. Deja que el entrevistador guíe la entrevista, no tengas prisa por hablar y no le interrumpas hasta que termine su pregunta.
2. Contesta de forma positiva transformando lo negativo en positivo (reformulación positiva).
3. Cuida tus respuestas, utilizando un lenguaje correcto sin utilizar expresiones tajantes o latiguillos (o sea, este, bueno...).
4. Contesta sin agresividad, aunque el entrevistador te lleve a ello.
5. Relaciona las respuestas con el trabajo al que optas y con tus puntos fuertes.
6. Muestra motivación y entusiasmo en las respuestas.
7. Prepárate para hablar de tus errores y tus defectos.
8. Evita preguntas inoportunas sobre el puesto y la empresa.
9. Muestra proyección de futuro.

Adaptado de www.campusyempresa.com, febrero 2012.

Un gesto risueño siempre es un buen indicador de relajación y alegría.

No mantener el contacto visual es un claro síntoma de inseguridad.

Sostenerse la cabeza o taparse la boca puede interpretarse de forma negativa.

Al inclinar la cabeza durante una entrevista, el candidato transmite su interés por el tema.

Apoyando sus argumentos con gestos el candidato aumenta la potencia de su mensaje.

De cerca ¿Quién de los siete es el entrevistador?

Tras elaborar un laberinto de formularios, y pasar diferentes pruebas, las siete personas de la imagen (pertenecientes a la película *El método Grönholm*[1]) se encuentran en una sala para realizar la última prueba de la que saldrá el elegido para cubrir un puesto de trabajo. Entre ellos, las personalidades más dispares, desde el triunfador hasta el agresivo, pasando por el crítico, el indeciso o el inseguro.

Su sorpresa es mayúscula cuando uno de ellos lee el siguiente mensaje en el ordenador: "Entre ustedes hay un miembro de nuestro departamento de selección. La primera tarea que tienen que hacer es averiguar quién de ustedes no es un auténtico candidato."

A partir de entonces, y durante un día, los aspirantes pasarán, de las bromas a discusiones, a plantear diferentes hipótesis, poniendo a prueba la personalidad de cada uno y la manera en la que se relaciona con los demás. Habrá alianzas y enfrentamientos, se destaparán secretos, se revelarán cosas del pasado. Y todo por conseguir un empleo.

Adaptado de *Capital*, octubre 2012.

1. Película de Marcelo Piñeyro estrenada en 2005.

Antes de 2008, las empresas solían contratar lo mejor que estaba disponible en el mercado asociado a su proyecto. "Entonces se medían los conocimientos técnicos, la disponibilidad y el coste", afirma Alfredo Santos, director general de búsqueda y selección de Hudson[1]. ¿Y qué pasó a partir de 2009? "Ya no se mide sólo lo que una persona sabe hacer, sino lo que es capaz de hacer. Es decir, sus competencias o habilidades", añade Alfredo. Y todo con el fin de retener y desarrollar el talento. Pero para conseguirlo, lo primero que deben hacer es identificarlo. "De ahí que las empresas afinen al máximo y sean muy minuciosas a lo largo del proceso de selección."

Contratan exactamente lo que necesitan, personas que supongan una diferencia en su organización. "Dicho de otra manera, no cubren una vacante, sino que cada euro que invierten saben que va a tener una reinversión", especifica el director de Hudson.

Adaptado de *Capital*, septiembre 2012.

1. Especialistras en búsqueda, selección y gestión de talentos.

Preguntas

- ¿Aceptarías participar en un proceso de selección como el de El método Grönholm?
- ¿Te parece una buena forma de selección?
- ¿Crees que esta práctica es una exageración o se realizará en alguna empresa?

BTS Industriel

1 Évaluation de la compréhension de l'oral

Vas a escuchar tres veces el documento con una pausa de dos minutos. CD n°1 Pista n°24

Directivo de día y estudiante de noche

Adaptado de *Capital*, octubre 2012.

Compte-rendu en français

Après avoir écouté attentivement l'article, vous en dégagerez les idées essentielles.
Entraînez-vous à l'oral et à l'écrit.

Pour aller plus loin

a) En la sociedad actual, ¿es necesario formarse a lo largo de la vida?
b) ¿Es un buen nicho de mercado para algunas universidades los profesionales?
c) Algunos piensan que la enseñanza online sustituirá pronto a la presencial. Da tu opinión al respecto.

ESTUDIANTES CON CANAS

Porcentaje de población entre 25 y 64 años que participa en educación y formación(1).

	2000	2005(2)	2009	2010
Unión Europea (27 Países)	7,1(3)	9,8	9,3	9,1 (4)
Alemania	5,2	7,7	7,8	7,7
España	4,5	10,5	10,4	10,8
Finlandia	17,5	22,5	22,1	23,0
Francia	2,8	7,1	5,7	5,0
Italia	4,8	5,8	6,0	6,2
Paises Bajos	15,5	15,9	17,0	16,5
Reino Unido	20,5	27,6	20,1	19,4
Suecia	21,6	17,4	22,2	24,5

(1) A diferencia de la EPA española. Eurostat considera que los estudiantes en vacaciones no participan en educación
(2) A partir de 2004/05, debido a una mayor cobertura, no es comparable con años anteriores.
(3) Dato estimado por Eurostat.
(4) Datos provisionales.

FUENTE: ENCUESTA EUROPEA DE POBLACIÓN ACTIVA (LABOUR FORCE SURVEY). EUROSTAT.

2 Évaluation de la production orale en continu et en interaction

Día de la oficina en casa

Microsoft Ibérica y el Ministerio de Industria han promovido la celebración de la segunda edición del Día de la Oficina en casa. Las nuevas tecnologías, y en especial el "Cloud computing", están siendo claves para que el trabajo flexible se convierta en tendencia. Los trabajadores móviles representarán en 2013 la mitad de la fuerza laboral en Europa. Favorecer el trabajo flexible incrementará la productividad laboral, ha declarado Microsoft, ya que los trabajadores podrán desempeñar sus tareas desde cualquier lugar y en cualquier momento, reduciendo los costes por desplazamiento. María Garaña, presidente de Microsoft Ibérica, se ha mostrado muy satisfecha de la respuesta al Día de la Oficina en Casa, con el que añade que han intentado "dar a conocer que facilitar un entorno de trabajo flexible es algo que repercute directamente en la productividad de las empresas, y por lo tanto, en la competitividad del país".

En este sentido, las condiciones estructurales en España muestran unos niveles que no obstaculizan el desarrollo del trabajo flexible, y sin embargo, los ratios observados son bajos en relación a la UE debido a que los empresarios españoles son reacios a la posibilidad de que los empleados trabajen fuera de la empresa. No en vano, según el informe "Cloud Computing Retos y Oportunidades" realizado por el Observatorio Nacional de las Telecomunicaciones y para la Sociedad de la Información, el 77,5% de las pymes españolas que conoce las soluciones del Cloud computing no las utiliza.

Adaptado de www.compromisorse.com, junio 2012.

Présentation structurée en espagnol

Après avoir lu attentivement les deux documents, faites une présentation structurée (3 à 4 minutes) mettant en évidence les points importants et les détails pertinents.

BTS Tertiaires

1 Évaluation de la compréhension écrite

Barcelona pone en marcha un sistema para compartir trabajo

Más de un centenar de autónomos y *freelance* del mundo de la cultura se reunieron este jueves en Barcelona para poner en marcha el nuevo espacio de *coworking* en la capital catalana. Profesionales del universo creativo, fotógrafos y gente relacionada con el arte han participado en la primera toma de contacto para crear un lugar común de trabajo, físico y virtual, donde llevar a cabo sus proyectos profesionales de forma independiente.

El espacio más grande de España en transformación creativa y *coworking*, Utopic, ha sido el encargado de extender a Barcelona un proyecto que en Madrid ya reúne a más de 200 emprendedores dentro de 2.200 metros cuadrados. En la práctica del *coworking*, a parte de compartir oficina y lugar de trabajo, se fomentan las relaciones estables entre los profesionales de diferentes sectores para favorecer el trabajo de proyectos comunes entre ellos.

Uno de los promotores del espacio, Alfonso Martínez, ha explicado que la elección de Barcelona como la próxima sede de Utopic US se justifica por "el importante componente de talento creativo" que hay en la ciudad. Según los responsables del evento, la intención de este primer encuentro ha sido crear una comunidad de profesionales en vistas a la inauguración del espacio físico en la capital catalana, prevista para el mes de febrero.

Los profesionales que participaron en el encuentro han podido asistir a los seis talleres creativos organizados a partir de diversas disciplinas – diseño, artes escénicas y sonoras, tecnología, etc. – , así como también a una sesión de *networking*, para potenciar el contacto e intercambio de ideas entre ellos. "En Utopic US se cuida mucho a las personas para que surjan proyectos e iniciativas que puedan desarrollarse de forma común", ha argumentado Martínez.

El evento también ha presentado el proyecto "Zinc Shower" para inversores creativos, una iniciativa que busca cien propuestas transformadoras de la industria cultural para presentarlas a principios de abril en un evento en Madrid.

Adaptado de *El País*, noviembre de 2012.

Compte-rendu en français

Après avoir présenté le *coworking*, vous en préciserez les atouts (200 mots, +/- 10 %).

Expression écrite

Répondez en espagnol à l'une des questions suivantes (300 mots +/- 10 %) :
– ¿Tendrá futuro el *coworking* en España?
– Comenta el siguiente fragmento: "En la práctica del *coworking*, a parte de compartir oficina y lugar de trabajo, se fomentan las relaciones estables entre los profesionales de diferentes sectores para favorecer el trabajo de proyectos comunes entre ellos."

Lettre commerciale

À partir des éléments indiqués ci-dessous, vous rédigerez une lettre commerciale en espagnol, en respectant les normes de présentation.
Alfonso Martínez demande aux professions libérales, aux entreprises et aux entrepreneurs de s'unir :
- il montre les avantages du *coworking*,
- il déclare l'importance de partager des bureaux,
- il signale que le *coworking* développe les relations entre les professionnels de différents secteurs,
- il souligne la possibilité de trouver plus facilement des investisseurs,
- il termine par des formules de politesse.

2 Évaluation de la compréhension de l'oral

Vas a escuchar dos veces el documento con una pausa de dos minutos. CD n°1 Pista n°25

Autónomos de Madrid Uníos…

Adaptado de www.elpais.com, julio 2011.

EXAMEN

Compte-rendu en espagnol

Après avoir écouté attentivement l'article, vous en dégagerez les idées essentielles.

Entretien

1. Questions sur l'audio.

a) ¿Qué es Utopic US?
b) ¿Cuál es la exigencia para poder entrar en esta empresa?
c) ¿Qué es la Utopic Shool?

2. Questions générales.

a) ¿En qué sentido estas medidas pueden fomentar el trabajo en España?
b) Explica la expresión española basándote en el texto: "la unión hace la fuerza".
c) ¿Crees que este sistema profesional se podría también aplicar a la educación?

En CCF ou épreuve ponctuelle

1 Évaluation de la compréhension de l'oral (AG U22)

Vas a visionar dos veces el documento con una pausa de dos minutos. CD n°1 Pista n°26

Las 100 mejores empresas para trabajar

www.finanzzas.com, erero 2013.

Restituye **en español** a continuación todo lo que comprendas. (Véase *Herramientas* n°3)

2 Communication professionnelle en français et en langue étrangère (AM E4)

Installer les conditions d'un climat de travail de groupe favorable

a) Descarga la ficha del site compagnon de tu manual www.nathan.fr/textos-y-metodos y complétala con la siguiente situación:

b) Tienes una relación algo deteriorada con tu compañero de despacho. Él es argentino y te sorprende mucho su forma de trabajar. Tu manager te hace llamar porque ha oído que hay roces entre los dos. Vuestra relación está afectando a los informes que le llegan tarde.

c) Explica a tu jefe cuál es la situación. Propón una solución.

3 Négociation vente en langue étrangère (NRC/CI U52)

a) Descarga la ficha del site compagnon de tu manual www.nathan.fr/textos-y-metodos y complétala con el siguiente contexto:

b) Vas a realizar una venta bajo estas condiciones. El alumno (A) es el vendedor y el (B) simula ser el cliente.

c) Contexto comercial: La empresa está dedicada a cursos de formación de lenguas para empresas. Se pueden hacer online o bien presenciales en vuestro centro de formación.

d) Contexto de la negociación: El vendedor ya ha tomado cita previamente y se desplaza a la empresa para ofrecer sus cursos.

e) Oferta de la empresa: Es una empresa reciente en la región y ofrece incentivos para hacerse una cartera de clientes. Sus formadores son nativos y con gran experiencia en la enseñanza tanto a distancia como presencial.

f) Herramientas de ayuda a la venta utilizadas: Folletos, presentación en power-point más una demo de la plataforma.

4

Marcas

¿Marca igual a ventas?

En esta unidad vas a aprender a:

- Reconocer las marcas españolas y hablar de ellas
- Opinar sobre la imagen de marca
- Crear una marca de ropa relacionada con uno de los deportes más populares de tu país
- Escribir una carta para agradecerle algo a alguien

LLUVIA DE IDEAS

Palabras

Sustantivos

Una joyería: *une bijouterie*
Una peluquería: *un salon de coiffure*
El calzado: *les chaussures*
Un logotipo: *un logo*

Verbos y colocaciones

Buscar: *chercher*
Asociarse: *s'associer*

Preguntas

- Asocia cada logotipo a su sección correspondiente. Por ejemplo: Cuplé es una marca de calzado.
- ¿Por qué las marcas buscan asociados?
- ¿Qué ventajas les pueden aportar?

TODO OÍDOS

CD n°2 Pista n°1

1. ¿Están las marcas españolas a la altura de francesas, alemanas e inglesas?
2. ¿Cuál es el secreto del éxito de estas empresas?
3. ¿Cuáles son los consejos básicos de Interbrand para la publicidad?

4 | Marcas

1 • HABLAR POR LOS CODOS

Lee la descripción de esta marca y asóciala a uno de los logos que tienes a continuación:
"Soñó con una marca argentina que representara la pasión por un deporte. La fuerza de los caballos. La emoción del taqueo de los polistas -a 50 km por hora- sobre una bocha que se pierde en aire."

LA MARTINA

RALPH LAUREN

2 • TODO OÍDOS

CD n°2 Pista n°2

Vas a escuchar el texto *Lando Simonetti habla de sus inicios*.

a) Explica cuál es la relación entre Lando Simonetti y el polo.

b) ¿Cómo introdujo su marca en el mercado?

c) ¿En las revistas de qué países europeos salían las publicidades de su marca?

d) ¿Con qué objetivo creó esta marca?

3 • A BUEN ENTENDEDOR...

La Martina, la marca argentina de ropa con mayor proyección internacional

Lando Simonetti, creador de La Martina, no sólo hizo una buena jugada de márketing sino que también retrató una pasión argentina.

Y se convirtió en un fenómeno que hasta a él mismo le cuesta explicar. Su firma es un éxito en el mundo. Sus camisetas se venden como una exclusividad en Madrid, Saint-Tropez, Puerto Banús... A pesar de este boom, Simonetti se detiene y repiensa su estrategia. El próximo desafío: volver a sus orígenes, al material más noble, el cuero. Sus próximas aperturas, en Milán, París y Londres, en locales que ronden entre los 800 y 1.000 m^2 replicarán la casa La Martina en Belgrano. Nacido en Roma, Lando Simonetti vivió 14 años en Boston como director internacional de una marca de jeans donde aprendió mucho de lo que sabe, de micro y macrotendencias, marcas, globalización. Es invitado a exponer el fenómeno La Martina en muchas universidades, incluso internacionales. Sin embargo Simonetti no heredó de su familia la pasión por este deporte. De chico jugaba al fútbol. Se casó con Gachi Ferrari, ex conductora de programas infantiles. Ella es su coequiper y se ocupa del diseño. Hoy cuenta con 13 locales propios y 20 franquicias. "Todo empresario que pone pasión en lo que hace, siempre ve buenos resultados. 'El polo de alguna manera te atrapa. Tanto que me di cuenta de la importancia de la pasión del polo, por eso el slogan de La Martina es 'Una pasión por el polo, una pasión argentina'. La última parte se la agregué cuando publicitamos fuera del país.

En casi todos los productos, técnicos y semitécnicos está siempre la bandera argentina, porque quiero deliberadamente mantener la asociación del deporte con el país".

Adaptado de *Emprendedores*, agosto 2012.

a) ¿Cómo se ve en el texto que esta marca ha sido un boom?
b) ¿Cuáles son sus ideas de futuro?
c) ¿Cuáles son los orígenes del director de la Martina?
d) ¿Cuántos negocios tiene (locales y franquicias)?

4 • CON BUENA LETRA

Trabajas en un periódico de perfil económico. Debes escribir un artículo que tiene como título:

LA MARTINA: el secreto está en el márketing

Cuéntanos cuáles son las bases de su márketing en unas 10 líneas.

5 • HABLANDO SE ENTIENDE LA GENTE

Crea una marca de ropa. En el logotipo tiene que aparecer un deporte representativo de tu país. ¿Cuál elegirías?
Ponte de acuerdo con tus compañeros. ¿Y para España cuál elegirías? Haced varias propuestas.

ANTICIPA

¿Utilizas siempre productos de cosmética de grandes marcas?

La cosmética ecológica despierta en España

Los usuarios cada vez están más concienciados con lo que se aplican sobre la piel, de manera que no paran de proliferar nuevos establecimientos especializados en esta belleza sostenible. Lo novedoso en este sector es que numerosas marcas españolas han optado por la cosmética y sus productos compiten con grandes marcas extranjeras. La producción nacional de belleza y tratamientos bio está creciendo, sin prisa pero sin pausa. Cada vez hay más marcas españolas que se dedican a la cosmética ecológica; son pequeñas y muchas veces artesanas pero elaboran productos de gran calidad. En España hay una firma pionera en el campo de la cosmética ecológica que lleva casi 30 años en el mercado y que podría servir de ejemplo a otras menores. Es la gerundense Alqvimia, fundada en 1984. Su éxito sosegado se debe a que siempre se han diferenciado de otras marcas del mercado al tener ingredientes naturales.

Adaptado de *El País*, septiembre 2012.

La marca blanca impulsa al sector de la cosmética en el supermercado

La cosmética gana terreno en las estanterías del supermercado. Y no sólo los productos habituales, como el gel de baño o los champús familiares, en gran formato y a precios económicos en el nivel más básico de la marca blanca.

La gama de productos que las propias cadenas de distribución ofrecen en el súper es interminable y se extiende desde tratamientos faciales con caviar a sofisticados serums para las puntas abiertas, desde pintalabios hasta cremas de Aloe Vera puro. Una avalancha de propuestas que responden a la nueva actitud del consumidor, que en la cosmética también ha roto una barrera psicológica y compra en el supermercado productos que hace un par de años sólo adquiría en perfumerías especializadas. Eroski, por su parte, lanzó su marca Belle en el 2009, "como una evolución lógica de la marca Eroski, centrada en productos más básicos como geles o champú. Con Belle hemos desarrollado una gama de productos de cosmética específicos, que van desde faciales de tratamiento a cera depilatoria y, recientemente, maquillaje. En total tenemos más de 270 referencias de Belle repartidas en varias líneas", explica Virginia Matesanz, responsable de la línea Belle.

Adaptado de *La Vanguardia*, septiembre 2012.

Las palabras no están solas

1. Busca sinónimos.
expandirse – reposado – un estante – rebuscado – ponerse – cesar de – encargado – primordiales

2. Encuentra antónimos.
caros – la lentitud – la producción extranjera

3. Dilo en español.
durable – un rouge à lèvres – une avalanche – le traitement

4. Cada oveja con su pareja.

sin prisa pero sin pausa •	• aumentar
ser pionero en •	• ser consciente de
ganar terreno •	• ser el primero en
estar concienciado •	• paulatinamente

5. Veo, veo una palabra que empieza por... y significa...
Ejemplo:
– Veo, veo... una palabra que empieza por U y significa consumidor.
– Usuario.
– Eso es, correcto.

El título

1. ¿En qué sentido son complementarios los dos títulos?
2. Inventa otros dos títulos.
3. ¿Cuál serían sus subtítulos?

Localiza en el texto...

1. Texto1: En qué sentido el consumo de cosméticos en España ha cambiado.
2. Texto 2: Cómo la cosmética de marcas blancas gana terreno.

Comprensión del texto

1. ¿Existe una relación entre los dos textos?
2. Explica a qué puede deberse el aumento de las ventas de marcas blancas.
3. ¿Qué diferencia hay entre un producto ecológico y uno de marca blanca?

Defiende tu postura

Trabajas para el Ministerio de Medio ambiente. Escribe una carta a todas las marcas españolas de cosmética para fomentar los productos ecológicos que no dañen al medio ambiente.
Especifica que los productos no podrán probarse en animales.

Con mucho oficio

Por parejas: Trabajas en una gran firma de cosmética en la que buscan al candidato idóneo para representar sus productos al extranjero, en Francia. Debes convencer al responsable de recursos humanos de que el candidato idóneo eres tú.

Método

Le compte-rendu

1. Divide el texto 2 en partes y subraya las frases más significativas.
2. Resume lo esencial de cada parte en una, dos o tres frases. Cuidado con la paráfrasis.
3. Redacta una introducción.
4. Elabora una conclusión que contenga los puntos tratados. (Véase *Herramientas* n°2)

Expresión escrita

1. Aclara los motivos por los que las marcas españolas apuestan ahora por los productos bio.
2. En el texto 2, se comenta que las marcas blancas ocupan un sitio importante en el mercado de los cosméticos. ¿Crees que estos tipos de productos pueden competir con las grandes casas? (Véase *Herramientas* n°5)

Expresión oral

1. En el segundo texto, se evoca "la nueva actitud del consumidor" que, frente a la avalancha de propuestas en la cosmética de marca blanca, ya no vacila en comprar en supermercado productos que antes solía comprar en perfumerías espacializadas. ¿Cómo explicarías este cambio de actitud?
2. Vemos a través de los dos textos que, por una parte, los consumidores son cada vez más exigentes en cuanto a productos de belleza, pero, por otra un aumento en la venta de productos de cosmética en supermercados. Analiza esta paradoja.

Comunicación oral

CD n°2 Pista n°3

Escucha y responde

1. Vas a escuchar el texto *De perfumerías por España*.
2. Haz un resumen en francés.
3. Responde en español.
a) Cita el nombre de las dos firmas que se dedican a hacer talleres.
b) ¿En qué ciudad española se encuentra la firma: "los jabones de mi mujer"?
c) Cita el nombre de las empresas.

Analiza y opina

1. Presenta esta publicidad.
2. ¿Dónde se puede encontrar un documento así?
3. Explica su utilidad.
4. Explica cómo Paco Rabanne a caballo entre las dos culturas, la francesa y la española, ha sabido encontrar un hueco en el mundo de la moda.

DIAMANTE PULIDO
Inspirado en la silueta facetada del diamante Le Régent, une joya histórica. *Lady Million Absolutely Gold* (114,25 €) es pura desmesura. Un perfume exquisito, extravagante y con una chispa de insolencia. 100% Paco Rabanne.

4 | Marcas

1• Buenas formas

a. Señala las diferencias entre Dejar de + infinitivo/ Dejar + participio.
b. Haz frases con:
– Llevar + participio
– Estar + participio
– Traer + participio
c. Traduce estas perífrasis en tu lengua.

2 • Dilo de otra forma

a. Los usuarios cada vez están más concienciados con lo que se aplican sobre la piel.
b. No paran de proliferar nuevos establecimientos especializados en esta belleza sostenible.
c. Su éxito sosegado se debe a que siempre se han diferenciado de otras marcas del mercado al tener ingredientes naturales.

3 • Emplea la forma correcta

Elige una de entre las dos perífrasis.
El mercado de la cosmética no ______________ (dejar de/llevar) crecer desde hace muchos años. Este ritmo frenético de crecimiento se debe a dos principales razones: la primera, es que muchas empresas no ______________ (llegar a/parar de) interesarse por el desarrollo de la cosmética ecológica como ____________ (terminar de/ quedar de) manifiesto en el aumento de las ventas de estos productos cada vez más demandados por el público femenino. En segundo lugar, las mujeres son más exigentes con su imagen y ______________ (tener/estar) muy influenciadas por los medios de comunicación que las bombardean constantemente. En resumen, es un mercado floreciente que no__________ (parar de/ quedar) crecer y que _____________ (tener/llegar a) obsesionar a muchas mujeres presas de gustarse a sí mismas y aceptadas por una sociedad moderna muy exigente.

4 • Traduce

a. Lo novedoso en este sector es que numerosas marcas españolas han optado por la cosmética y sus productos compiten con grandes marcas extranjeras.
b. La gama de productos que las propias cadenas de distribución ofrecen en el súper es interminable y se extiende desde tratamientos faciales con caviar a sofisticados serums para las puntas abiertas, desde pintalabios hasta cremas de Aloe Vera puro.

Las formas de la lengua

Perífrasis 1

■ **Para señalar el fin o la interrupción de la acción**
• **Dejar de + infinitivo:** *El mercado de la cosmética ecológica **ha dejado de** ser privilegio de las grandes marcas.*
• **Acabar de + infinitivo:** *Belle **acaba de** lanzar una nueva gama de productos.*
• **Terminar de:** *Algunas empresas **terminaron de** realizar sus ventas.*
• **Parar de:** *No **paran de** proliferar nuevos establecimientos especializados en esta belleza sostenible.*

■ **Para señalar el resultado de un proceso previo**
• **Tener + participio:** *Alqvimia **tiene puestas** todas sus esperanzas en la cosmética ecológica.*
• **Dejar + participio**
• **Llevar + participio**
• **Estar + participio:** *Los usuarios cada vez **están** más **concienciados** con lo que se aplican sobre la piel.*
• **Quedar + participio**
• **Traer + participio**
• **Llegar a + infinitivo:** ***Han llegado a pensar** en potenciar productos más ecónomicos.*

ANTICIPA

Cita las marcas que conoces de América Latina. ¿Qué comercializan?

Con el mundo por montera

México y Brasil acaparan más de la mitad de las marcas más valiosas presentes en Latinoamérica, según el ranking "50 Marcas Latinoamericanas Más Valiosas" de la consultora Millward Brown. El país de la samba y México con 14 marcas cada uno, conjuntan más de la mitad de las marcas presentes en el ranking y el 60% del valor total de las 50 marcas valoradas. Sin embargo, la brasileña Petrobras tiene la primera posición, que tiene un valor de marcado de 10,560 millones de dólares, seguido por Telcel del mexicano Carlos Slim, con un valor de 8,449 millones de dólares. Después de Telcel, en el top 10 destacan algunas firmas mexicanas como la cervecera Corona con un valor de mercado de 5,114 millones de dólares en el séptimo lugar y Claro, que pertenece a Grupo Carso, con un valor de mercado de 4,336 millones de dólares. Aunque ésta última no tiene presencia en México, su capital es de origen mexicano.

Una petrolera, tres empresas de comunicación, tres instituciones financieras, dos marcas de cerveza y una de comercio al detalle ocupan el top 10 del ranking. Tres de éstas son mexicanas (dos de comunicación y una de cerveza) y las restantes son pertenecientes a Brasil, Colombia y Chile. Las 50 marcas latinoamericanas más valiosas están valuadas en 135,700 millones de dólares.

El estudio, que combina datos financieros de Bloomberg y de Kantar World Panel, fue elaborado en México, Brasil, Chile, Colombia y Argentina, a través de entrevistas a más de 25.000 consumidores latinoamericanos sobre 800 marcas, de las cuales 170 son mexicanas. Para participar en la evaluación, las marcas deben ser de origen latinoamericano, que al menos dos terceras partes de sus ventas se lleven a cabo en la región y que pertenezcan a empresas públicas que hayan reportado utilidades.

Adaptado de *Eleconomista*, agosto 2012.

Las palabras no están solas

1. Busca sinónimos.
una lista – englobar – clasificada – no obstante – el valor – reportado

2. Encuentra antónimos.
el público – una venta – el comercio al detalle – valiosa

3. Dilo en español.
réunir – marché – la bière – un entretien – deux tiers

4. Cada oveja con su pareja.

estar presente en •	• realizar
llevar a cabo •	• estar clasificado entre los 10
ocupar el top 10 •	• tener presencia en

5. Veo, veo una palabra que empieza por... y significa...
Ejemplo:
– Veo, veo... una palabra que empieza por R y significa clasificación.
– Ranking.
– Eso es, correcto.

El título

1. Explica con otras palabras el título.
2. Inventa otro título.
3. ¿Cuál sería el subtítulo del texto?

Localiza en el texto...

1. Párrafo 1: El total que tienen México y Brasil entre las 50 marcas.
2. Párrafo 2: En cuánto están valoradas las marcas de ambos países.
3. Párrafo 3: Los países de dónde provienen las marcas.

Comprensión del texto

1. ¿Cuáles son los países latinoamericanos mejor situados en el ranking de las marcas?
2. ¿Cuál era el requisito para participar en el ranking?
3. ¿Cómo se elaboró el estudio?

4 | Marcas

Con mucho oficio

El dueño de Telcel quiere adoptar medidas, intenta convencerlo de:
– no deslocalizar su empresa, para obtener más ganancias,
– no dejar de comprar material a proveedores de México.

Defiende tu postura

Basándote en las marcas españolas y latinoamericanas que conoces, ¿crees que las marcas españolas tienen su sitio en el ranking europeo? Puedes hacer una comparación con la importancia de las marcas de tu país.
¿Qué marcas españolas o latinas son conocidas en tu país? ¿Qué marcas francesas les gustan a los españoles?

Método

Le compte-rendu

1. Divide el texto en partes y subraya las frases más significativas.
2. Resume lo esencial de cada parte en una, dos o tres frases. Cuidado con la paráfrasis.
3. Redacta una introducción.
4. Elabora una conclusión que contenga los puntos tratados. (Véase *Herramientas* n°2)

Expresión escrita

1. ¿Te parece que la posición de la marca depende en buen parte de la comunicación que hace la empresa?
2. "No es posible cuantificar con un número el valor de una marca en el mercado". Da tu opinión al respecto. (Véase *Herramientas* n°5)

Expresión oral

1. Los países emergentes de América Latina cuentan con marcas igual de importantes que en Europa o EEUU.
2. Explica en qué puede consistir que una marca esté arriba en el ranking: ¿calidad, márketing, ventas, tradición?

Comunicación oral

CD n°2 Pista n°4

Escucha y responde

Vas a escuchar los datos más importantes de las marcas latinoamericanas en 7 puntos. Rellena los datos que faltan.

1. El …… mexicano Carlos Slim Helú y el …… Luis Carlos Sarmiento, poseen las marcas más importantes de América Latina. **2.** Las …… mejores marcas mexicanas son: Telcel, Telmex, Sanborns, Inbursa, Condumex e IDEAL. **3.** La previsión de …… de estas marcas es alta, debido a que están en proceso de expansión y en algunos casos de internacionalización. **4.** Una marca en términos …… es un almacén de ganancias futuras y su valor proviene de la profundidad de relación que el …… tiene con ella. **5.** El valor de las marcas mexicanas más valiosas ocuparía la posición actual de Facebook es decir, la marca número 19 del …… global de las más valiosas. **6.** Telcel es la …… más valiosa de la región y la …… para México, con un valor de 8.449 millones de dólares, y sólo es superada por la brasileña Petrobras.

7. Mantener el …… para las marcas …… ha implicado esfuerzos importantes para adaptarse a las nuevas condiciones de mercado y mantener una imagen fresca y actual entre sus consumidores.

Analiza y opina

1. **Describe el documento.** (Véase *Herramientas* n°3)
2. **¿Conoces esta marca?**
3. **¿Sabes a qué país representa?**
4. **¿Cuál es la imagen de marca que tienes de los productos de América Latina?**

1• Buenas formas

a. Señala en las diferencias entre Deber + infinitivo/Deber de + infinitivo.
b. Haz frases con:
- Deber + de
- Poder + infinitivo
- Puede ser que + forma personal
- Puede que + forma personal
- Venir a + infinitivo

c. Traduce estas perífrasis en tu lengua.

2• Dilo de otra forma

a. México y Brasil acaparan más de la mitad de las marcas más valiosas presentes en Latinoamérica.
b. No paran de proliferar nuevos establecimientos especializados en esta belleza sostenible.
c. Aunque ésta última no tiene presencia en nuestro país, su capital es de origen mexicano.
d. Para participar en la evaluación, las marcas deben ser de origen latinoamericano.

3 • Emplea la forma correcta

Elige una de entre las dos perífrasis.
Brasil y México ______________ (puede ser que/poder) liderar la imagen de marca de los países latinoamericanos. Las recomendaciones de la Organización Mundial de Comercio van en esa dirección. Lo primero que aconsejan es que__________ (deber de/deber) unir fuerzas para liderar una imagen global de marca del continente. Los dos países cuentan con grandes compañías de prestigio en el mundo. _______________ (puede que/puede ser que) esta unión empujara a otros países a seguirlos en un afán de potenciar las exportaciones. Para ello, ____________ (hay que/ tener que) promover reuniones al más alto nivel.

4 • Traduce

a. México y Brasil acaparan más de la mitad de las marcas más valiosas presentes en Latinoamérica, según el ranking "50 Marcas Latinoamericanas Más Valiosas" de la consultora Millward Brown. El país de la samba y México, con 14 marcas cada uno, conjuntan más de la mitad de las marcas presentes en el ranking y el 60% del valor total de las 50 marcas valoradas.
b. Una petrolera, tres empresas de comunicación, tres instituciones financieras, dos marcas de cerveza y una de comercio al detalle ocupan el top 10 del ranking. Tres de éstas son mexicanas, dos de comunicación y una de cerveza, y las restantes son pertenecientes a Brasil, Colombia y Chile. Las 50 marcas latinoamericanas más valiosas están valuadas en 135,700 millones de dólares.

PRACTICA • TEXTO

Las formas de la lengua

Perífrasis 2

Para señalar la obligación
Tener que + infinitivo: *Las marcas* ***tienen que ser*** *de origen latinoamericano.*
Deber + infinitivo: *Las marcas* ***deben ser*** *de origen latinoamericano.*
Haber de + infinitivo: *Para ser evaluadas* ***han de ser*** *marcas de origen latinoamericano.*
Hay que + infinitivo: ***Hay que confiar*** *en una mayor promoción.*

Para señalar la probabilidad
Deber + infinitivo: *A pesar de sus grandes logros, México y Brasil* ***debieron apostar*** *más por la promoción de sus marcas.*
Poder + infinitivo: ***Puede*** *ayudar a mejorar su imagen exterior.*
Puede ser que + forma personal: ***Puede ser que*** *sea la mejor forma de promocionar un continente.*
Puede que + forma personal: ***Puede que*** *el estudio no llegue a resultados concluyentes.*
Venir a + infinitivo: *Esto* ***viene a probar*** *la importancia de la promoción.*

ANTES DE ESCUCHAR

¿Las televisiones se deben involucrar en promover la imagen de un país?

Al oral…

CD n°2
Pista n°5

Telecinco y Cuatro dedicarán espacios a promover la 'marca España'

www.elmundo.es, mayo 2012.

Las palabras no están solas

1. Cada oveja con su pareja.

píldoras informativas •	• apoyar
impulsar a •	• promover
fomentar •	• avances de información

2. Dilo de otra forma.

los días alternos – los éxitos – un suministro

El título

Explica el título. ¿En qué contexto se dice?

Di de qué trata el audio

1. ¿Qué van a incluir los informativos de Telecinco y Cuatro?
2. ¿Cuál es la finalidad?
3. ¿Cuándo tendrán lugar las emisiones?

Comprensión del audio

1. ¿Qué sectores se verán involucrados?
2. ¿Se podrá seguir en Internet también la promoción? ¿Dónde?

Analiza y opina

¿Ya te has fijado en la imagen que transmiten algunas de las cadenas de televisión en tu país?

Defiende tu postura

Escribid por parejas el guión de una de las "píldoras informativas" en la que se promueve la marca España.

Con mucho oficio

Una vez escritas las "píldoras informativas", uno hace de locutor y la representa en un telediario.

Método

Le compte-rendu

1. Divide el audio en partes.
2. Resume lo esencial de cada parte en una, dos o tres frases. Cuidado con la paráfrasis.
3. Redacta una introducción.
4. Elabora una conclusión que contenga los puntos tratados. (Véase *Herramientas* n°2)

Expresión escrita

1. ¿Cuáles son las ventajas que puede sacar una cadena televisiva al promover este tipo de información?
2. ¿Es verdaderamente eficaz este tipo de iniciativas? Razona tu respuesta. (Véase *Herramientas* n°5)

Expresión oral

Comenta esta frase: "Noticias Cuatro y de Informativos Telecinco, en días alternos, se convertirán en los principales vehículos de difusión de los éxitos españoles en siete importantes sectores: telefonía e Internet, moda, actividad bancaria, infraestructuras, energías renovables, turismo y exportación de productos alimenticios, suministro de electricidad y tecnología punta."

En Internet

- Entra en la página http://marcaespana.es/es/economia-empresa/empresas-lideres
- Busca las marcas españolas que son referentes de éxito internacional.
- Elige tres marcas y preséntalas a tus compañeros.

A la vista está...

ANTES DE VER

¿Qué crees que puede ser la marca España?

El fútbol y la 'marca España'

▸ http://www.telemadrid.es/?q=programas/youtube/la-marca-espana

Las palabras no están solas

1. Cada oveja con su pareja.

propiciar • • realzar
poner de manifiesto • • fomentar

2. Dilo de otra forma.

generar – la proyección – trasladar – la petición

El título

Explica la relación entre el fútbol y la marca España.

Di de qué trata el vídeo

1. ¿Dónde se ha hablado de esto?
2. ¿Qué el lo que piensa que se ha recuperado según Josep Piqué?
3. ¿Cuál es la petición que hace Javier Ruipérez a Vicente del Bosque, seleccionador nacional?
4. ¿Cuál es el objetivo fundamental de la marca España según Espinosa de los Monteros?

Comprensión del vídeo

1. ¿Qué consecuencias económicas tuvo el día de la final?
2. ¿Cuáles son los posibles impactos para el futuro?

Analiza y opina

1. Presenta el reportaje. (Véase *Herramientas* n°3)
2. ¿Dónde se suele encontrar un documento así?
3. ¿Te parece eficaz este tipo de emisiones?
4. ¿Cuál es tu imagen de la marca España?

Defiende tu postura

Intenta explicar la idea de marca que existe en tu región. ¿Cuál es la idea que tiene el resto del país de ella? ¿Se corresponde con tu visión?

Método

Le compte-rendu

1. Divide el audio en partes.
2. Resume lo esencial de cada parte en una, dos o tres frases. Cuidado con la paráfrasis.
3. Redacta una introducción.
4. Elabora una conclusión que contenga los puntos tratados. (Véase *Herramientas* n°2)

Expresión escrita

1. ¿En qué medida el ejemplo de esfuerzo y coraje de los jugadores sirve de aliciente al resto de la sociedad?
2. ¿Qué otros deportes aparte el fútbol pueden servir para promocionar la imagen de un país? (Véase *Herramientas* n°5)

Expresión oral

1. ¿Te parece acertado asociar el deporte con la imagen de un país?
2. Los futbolistas y sus vidas de dinero y éxito no son un buen ejemplo para la juventud. ¿Compartes este punto de vista?

Con mucho oficio

Por parejas: Los dos sois trabajadores de una tienda de deportes. Discutid de las posibles medidas a tomar con el fin de aumentar las ventas después de los éxitos de la selección española.

ANTICIPA

¿Qué sabes de las disputas comerciales entre Cuba y EEUU?

El ron, otro punto de discordia entre Cuba y EEUU

Cuba se resiste a dar por perdida una de sus múltiples "batallas" con Estados Unidos: el ron Havana Club, objeto de un largo litigio por la comercialización de esa marca en el país norteamericano. Ante la decisión de la Corte Suprema estadounidense de denegar a la cubana Cubaexport y la francesa Pernod Ricard la renovación del derecho para vender ese ron en EEUU, Cuba ha advertido a Washington de que esa actitud "irrespetuosa" pone en riesgo las 6.000 marcas y patentes estadounidenses que se comercializan en la isla.

El litigio de Pernod Ricard y la empresa Cubaexport, comenzó en 2006, cuando el Departamento del Tesoro no renovó la licencia comercial a la compañía francesa. El motivo de aquella decisión fue una ley de 1998 que prohibió la renovación de ciertas marcas comerciales cubanas asociadas a propiedades nacionalizadas tras la revolución de 1959 y que, según La Habana, fue aprobada por maniobras de "la mafia anticubana de Miami" y de la compañía Bacardí.

La familia Arechabala, quien creó ese ron en 1935 y luego vendió los derechos a Bacardí, había exportado la bebida alcohólica a Estados Unidos hasta que en 1960 el Gobierno cubano nacionalizó la planta y la marca. Ayer, la directora jurídica de Havana Club Internacional S.A., Olivia Lagache, afirmó en una videoconferencia celebrada entre La Habana y París que actualmente el grupo estudia "posibles acciones" tras el veredicto de mayo pasado. Sin embargo, Lagache señaló que el fallo no tiene consecuencias sobre la estrategia global de Havana Club, que en 2011 vendió unos cuatro millones de cajas en más de 120 países y que según sus directivos constituye la segunda marca de ron más vendida del mundo.

Por su parte, el Gobierno cubano acusa a Washington de "robar" la marca, de violar convenios internacionales y normas de la Organización Mundial del Comercio, y ha sugerido que no se quedará de brazos cruzados.

La Cancillería cubana asevera que envió en los últimos dos años "un grupo importante de notas diplomáticas a las autoridades norteamericanas interesándose por la inscripción" de Havana Club. Cuba dice que "seguirá luchando" con Pernord Ricard para denunciar la "arbitrariedad" cometida contra la marca y se reserva el derecho de "acometer todas aquellas acciones y medidas que consideremos pertinentes en un momento dado".

Agencia EFE[1], junio 2012.

1. EFE: primera agencia de noticias multimedia en español. Fue fundada en 1939 en España.

Las palabras no están solas

1. Busca sinónimos.
múltiples – un litigio – un fallo – luchar – denunciar

2. Encuentra antónimos.
denegar – un veredicto – aseverar interesándose

3. Dilo en español.
un brevet – des droits – approuver – envoyer

4. Cada oveja con su pareja.

dar por perdida •	• no hacer nada
poner en riesgo •	• realizar
quedarse de brazos cruzados •	• peligrar
acometer acciones y medidas •	• abandonar

5. Veo, veo una palabra que empieza por... y significa...
Ejemplo:
– Veo, veo... una palabra que empieza por E y significa táctica.
– Estrategia.
– Eso es, correcto.

El título

1. ¿En qué sentido el título está acorde con el texto? Busca frases del texto que lo justifiquen.
2. Inventa un título más corto y más llamativo. Justifica tu elección.
3. ¿Cuál sería el subtítulo del texto?

Localiza en el texto...

1. Párrafo 1: Lo que pone en peligro los EEUU con la postura que han adoptado.
2. Párrafo 2: La razón del litigio y cuándo empezó.
3. Párrafo 3: Si se comercializaba el ron en los EEUU antes de la llegada de Fidel Castro.
4. Párrafo 4: La actitud del Gobierno cubano.
5. Párrafo 5: Si el Gobierno cubano ha tomado contacto con las autoridades norteamericanas.

Comprensión del texto

1. Resume en un corto párrafo el contencioso que enfrenta a las dos partes.
2. Explica quién creó la marca y de quién es la propiedad hoy día.
3. ¿Te parece que tras esta decisión la empresa que comercializa Havana Club cambiará de estrategia?
4. ¿Qué medidas está pensando tomar Havana Club International para contrar las autoridades estadounidenses?

@ En Internet

• Entra en la página Web www.desdecuba.com/generaciony del blog de Yoani Sánchez.
• Di cuáles son los recursos que se utilizan en Cuba para luchar contra el castrismo.

Método

Le compte-rendu

1. Divide el texto en partes y subraya las frases más significativas.
2. Resume lo esencial de cada parte en una, dos o tres frases. Cuidado con la paráfrasis.
3. Redacta una introducción.
4. Elabora una conclusión que contenga los puntos tratados. (Véase *Herramientas* n°2)

Expresión escrita

1. Comenta la actitud paradójica de EEUU que, aunque presumen de libre comercio, no dudan en mostrarse bastanbte proteccionistas en sus importaciones.
2. ¿Te parece que las marcas nacionales pierden su identidad con la globalización?

Expresión oral

1. Explica en qué medido el embargo de los EEUU a Cuba ha permitido que las grandes compañías norteamericanas se apropien de la imagen de marca de productos cubanos.
2. Parece que la normativa de la Organización Mundial del Comercio beneficia a los países con un mayor peso económico. Da ejemplos.

Defiende tu postura

En tu opinión, ¿qué pueden hacer los países con menos peso comercial para defender sus marcas frente a las grandes multinacionales?

Comunicación oral

CD n°2 Pista n°6

Escucha y responde

1. Vas a escuchar el texto *Una tienda para el espectador*.
2. Haz un resumen en francés.
3. Contesta en español.

a) ¿Qué permite al televidente la Web "El armario de la tele"?
b) ¿Son artículos de temporada?
c) ¿Cuáles son las claves del éxito de esta tienda virtual?
d) ¿Cuál es la principal ventaja al comprar con EAT?

Analiza y opina

1. ¿Qué opinas de "El armario de la tele"?
2. ¿Comprarías este tipo de ropa? ¿Piensas que las personas que salen en series o informativos televisivos van siempre bien vestidos? Para ilustrar tu propósito piensa en algún personaje de una serie francesa que vista bien o en alguna presentadora de informativo que sepa lucir la ropa de marca que lleva.

1 • Buenas formas

a. Señala las diferencias entre estar + gerundio y seguir + gerundio.
b. Haz frases con:
- Ir a + infinitivo
- Estar para + infinitivo
- Empezar a + infinitivo
- Estar+ gerundio
- Venir + gerundio
- Seguir + gerundio

c. Traduce estas perífrasis en tu lengua.

2 • Dilo de otra forma

a. Cuba ha advertido a Washington de que esa actitud "irrespetuosa" pone en riesgo las 6.000 marcas y patentes estadounidenses que se comercializan en la isla.
b. Por su parte, el Gobierno cubano acusa a Washington de "robar" la marca, de violar convenios internacionales y normas de la Organización Mundial del Comercio.
c. Cuba dice que "seguirá luchando" con Pernod Ricard para denunciar la "arbitrariedad" cometida contra la marca.
d. Se reserva el derecho de "acometer todas aquellas acciones y medidas que consideremos pertinentes en un momento dado".

3 • Emplea la forma correcta

Elige entre las dos perífrasis.
Cuba y los EEUU ____________ (ponerse a/venir) litigar de nuevo en los foros internacionales. La Corte Suprema norteamericana ____________ (continuar/echarse a) poniendo trabas para la renovación de la patente del ron Havana Club en ese país. Las autoridades, por su parte, ____________ (seguir/empezar a) calificándolo de robo de marca. El pleito ____________ (empezar a/estar) gestarse en los años noventa cuando la compañía Puertorriqueña Bacardí solicitó un permiso a las autoridades estadounidenses para registrar la marca, las autoridades cubanas reclamaron ante la Organización Mundial del Comercio, la cual les dio la razón. La marca ____________ (venir/pasar a) ser registrada, aunque sin explotación, pero en 2006 el Departamento del Tesoro no prolongó la licencia comercial a Pernod Ricard, aplicando así una ley de 1998 que prohibía la renovación de marcas comerciales cubanas que estuvieran vinculadas a propiedades nacionalizadas tras el triunfo revolucionario de 1959.

Las formas de la lengua

Perífrasis 3

Para señalar una acción que está a punto de empezar
Ir a + infinitivo: *Cuba **va a** ir a la OMC para denunciar la conducta abusiva de los EEUU.*
Estar para + infinitivo: *Todo **está para** ir a los tribunales.*
Pasar a + infinitivo: ***Han pasado a** negociar.*
Estar a punto de: *El gobierno cubano **está a punto de** acudir a la justicia.*

Para señalar el inicio de la acción
Ponerse a + infinitivo: ***Se han puesto** a negociar tras años de litigio.*
Empezar a + infinitivo: *Se prevé que **empezarán a** negociar muy pronto.*
Comenzar a + infinitivo: *La realidad es que este conflicto **comenzó a** fraguarse después de la Revolución cubana.*

Para señalar la acción realizándose
Estar + gerundio: *Las dos partes **están** dando sus argumentos.*
Venir + gerundio: *Se calcula que esta mala praxis de los EEUU **viene** costando muy caro a la maltrecha economía cubana.*
Ir + gerundio: *Y todo esto **irá** produciendo un enfriamiento mayor, si cabe, en las relaciones, entre Cuba y los EEUU.*
Seguir + gerundio: *Cuba dice que **seguirá** luchando por sus derechos comerciales.*
Continuar + gerundio: *Eso pone de manifiesto lo que **continúa** siendo una lucha más política que económica.*

Vocabulario

Accionista: accionnaire
Aglutinar: agglutiner
Alcanzar: atteindre
Alcanzar a alguien: rattraper quelqu'un
Añadir: ajouter
Apostar por: miser sur
Apuesta: mise
Apuntarse: s´inscrire
Aumentar: augmenter
Aumento: augmentation
Beneficiario: bénéficiaire
Beneficio: bénéfice
Bolsa: Bourse
Cambiar: changer
Cambio: changement
Campo: domaine
Compartir: partager
Compañía: compagnie, société, entreprise
Competir en: concurrencer
Convertirseen: devenir
Crecer: croître, augmenter
Crecimiento: croissance
Cuota: cotisation
Cuota de mercado: part de marché
Defectuoso: défectueux
Desarrollar: développer
Desarrollo: développement
Destacar: souligner
Disponibilidad: disponibilité
Eficacia: efficacité
Empresa: entreprise
Empresa multinacional: entreprise multinationale
Empresario: entrepreneur
En todo el mundo: dans le monde entier
Evento: événement
Esfuerzo: effort
Espera: attente
Estar de moda: être à la mode
Estrategia: stratégie
Factura: facture
Facturación: chiffre d'affaire
Facturar: facturer, enregistrer
Fidelidad: fidélité
Fidelizar al cliente: fidéliser le client
Fin: objectif
Firma: entreprise, firme
Funcionamiento: fonctionnement
Funcionar: fonctionner
Garantía: garantie
Gama: gamme
Gastos e ingresos: dépenses et recettes
Gusto: goût
Impulsor: promoteur
Incremento: développement
Incremento de salario: augmentation de revenu
Ingresos: recettes, revenus
Inversión: investissement
Invertir: investir
Junto a la marca: avec la marque
Lanzamiento: lancement
Lanzar un producto: lancer un produit
Lograr: réussir
Marca: marque
Marca de lujo: marque de luxe
Meta: objectif
Metas empresariales: objectifs patronaux
Negocio: affaire
Normas de calidad: normes de qualité
Planta: usine
Permitir + inf: permettre de + inf.
Personalizar: personnaliser
Primar: primer, récompenser
Potencia: puissance
Propietario: propriétaire
Recursos: ressources
Reinvertir: réinvestir
Relevante: pertinent, remarquable
Rentabilidad: rentabilité
Resultado financiero: résultats financiers
Saber hacer: savoir faire
Tendencia: tendance
Triplicar: tripler
Único: unique
Valor: valeur

En general

Amor de marca

Un buen producto, un nombre, un logo y una estrategia comercial. Eso necesita una marca. Pero si quiere triunfar, la clave está en transmitir emoción. Solo si llega al corazón de los consumidores, se convertirá en una lovemark.

"¿Puedes cambiar el Dodotis[1] al niño mientras yo preparo un sándwich de pan Bimbo[2] y lo envuelvo en papel Albal[3]?" En esta frase, que puede pronunciar cualquiera de nosotros y que refleja la cotidianidad de una familia, hay referencia a tres marcas tan relevantes que han terminado por designar a productos genéricos. Son lo que Kevin Roberts, consejero delegado de Saatchi & saatchi, denomina como Lovemarks, marcas amadas como Coca-Cola, el Corte Inglés o Apple.

¿Por qué ellas, y no otras, han llegado al corazón de los consumidores? ¿Cuál es el secreto? "En primer lugar un gran producto, diferente, único", explica Christian Sarracco, director de Allegro234, agencia de márketing estratégico y Branding. El iPad de Apple o las zapatillas de Nike son grandes ejemplos, pero hay un caso cercano: las pastillas de caldo Avecrem de Gallina Blanca. Un producto que revolucionó las cocinas españolas cuando salió al mercado en 1954, y que además ha sabido conectar con sus consumidores y transmitir el calor del hogar con eslóganes como "chup-chup" y "cueces y enriqueces". Este caso es un ejemplo de la evolución de las marcas: ya no son simples nombres, son significados emocionales. "Ahora la marca vende la experiencia de consumo. La emoción. Y debe enganchar a cada persona a través de los sentidos, los deseos y los sentimientos", opina el diseñador Alberto Corazón, creador de los logos de Paradores, la Once, Mapfre o Casa del libro, entre otros muchos.

Esta conexión entre las marcas y las emociones ha sido estudiada por el neuromárketing. El primer experimento en este campo se realizó en 2003 en EEUU. Se dio a probar a una muestra de gente dos refrescos de cola anónimos: en su mayoría elegía por calidad y sabor el de Pepsi, pero cambiaron su elección al darse cuenta de que el otro refresco era Coca-cola. Así se demostró la importancia de una marca. Cristina Balanzó, directora de Neurociencia de la consultora TNS, asegura que el 95% de las decisiones de compra está en el subconsciente y en menos de un 2% influye el precio. Al contrario, un producto caro, como un bolso de Loewe, por el mero hecho de costar más, predispone al cerebro del comprador al placer.

Muchas de las lovemarks actuales nacieron en la segunda mitad del siglo XX cuando se produjo la masificación de los productos de consumo: las máquinas de coser Singer, el jabón Sunlight, las películas Kodak, las judías tostadas Heinz... Pero no fue hasta 1931 cuando el joven ejecutivo Neil McElroy, de Procter & Gamble, inventó el concepto de brand (marca).

A partir de ese momento hubo una explosión de marcas que reflejaban la filosofía, el estilo y la imagen de cada compañía. Con el tiempo, la marca se ha convertido en uno de los principales activos empresariales y supone el 38% del valor de una compañía, según la consultora Interband...

Adaptado de la revista *Paradores*, verano 2012.

---

1. Marca de pañales. 2. Pan de molde.
3. Papel para envolver.

Preguntas

- ¿Qué es lo que necesita una marca para triunfar?
- ¿Qué es una lovemark? ¿Conoces algunas?
- ¿Por qué se dice que una marca es un significado emocional?
- ¿Estás de acuerdo en que el valor de una compañía está ligado a su imagen de marca?

De cerca Las marcas y sus logos: Paradores

Para aprovechar este gran activo, las empresas deben cuidar todos los detalles. El nombre es uno de ellos. En Estados Unidos, al fenómeno de la designación exacta de cada cosa se le denomina *naming*. Beltrán, fundador de El nombre de las Cosas y creador de más de 300 nombres de marcas, como Amena, nos da las claves de un buen nombre: "Debe ser breve, eufórico, sugerente, fácil, internacional... Aunque, a veces, el mercado te da sorpresas y triunfan nombres como Schweppes, porque son distintos a cualquier otro."

El diseño es otra de las claves. Alberto Corazón explica que "debe reflejar la esencia de la marca, sus valores, sus objetivos. El color y la tipografía son esenciales, pero es más importante la capacidad de transmitir y conectar. Más que un logo, debes diseñar una estrategia." El artista toma como ejemplo el logo de Paradores: "hubo una reflexión estratégica previa sobre el camino que debía emprender la empresa. De ella nació un logo con proyección de futuro, más moderno pero que reflejaba los dos activos esenciales de Paradores: la solidez del patrimonio histórico que respalda la marca: por un lado, y la riqueza de los enclaves naturales en los que están situados los edificios, por otro. Hiedra y Piedra que resumían el alma de la marca de Paradores." Corazón alaba el diseño de logos como el de Apple y su tentadora manzana, idea original de Steve Jobs.

En esta era de la economía de la atención y de las redes sociales, la marca debe ser estéticamente estimulante, funcionalmente eficaz, y sobre todo, dialogante. Las empresas deben asumir que la marca ha dejado de pertenecerles: ahora es de sus consumidores. Si no cuentan con ellos, les sucederá lo que a GAP. Tras 20 años con la misma imagen, el grupo presentó su nuevo logo más moderno. Una semana después la marca recuperó su vieja identidad corporativa. ¿El motivo? Una agresiva campaña de sus clientes en Facebook. Es la prueba de que el siglo XXI será de las marcas que conversen con sus clientes y ofrezcan un mundo a medida de sus deseos. De las marcas que enamoran.

Adaptado de *El País*, junio 2006.

La evolución del logo de Paradores desde 1964 hasta la actualidad. El diseño de Alberto Corazón, realizado en 1989, marcó la entrada en la modernidad.

The evolution of the Paradores logo since 1964 to date. The design by Alberto Corazón, produced in 1989, marked the brands entry into modern times.

Preguntas

- ¿Por qué es importante el *naming*?
- ¿Cómo debe ser el diseño de una marca?
- ¿Cómo se concibió el logo de Paradores?
- ¿Qué pasó con el nuevo logo de GAP?
- Explica la frase: "Es la prueba de que el siglo XXI será de las marcas que conversen con sus clientes y ofrezcan un mundo a medida de sus deseos."

BTS Industriel

1 Évaluation de la compréhension de l'oral

Vas a escuchar tres veces el documento con una pausa de dos minutos. CD n°2 Pista n°7

Así nace y se hace un bolso

Adaptado de *Elle*, abril 2012.

Compte-rendu en français

Après avoir écouté attentivement l'article, vous en dégagerez les idées essentielles. Entraînez-vous à l'oral et à l'écrit.

Pour aller plus loin

a) Las marcas bien posicionadas suelen ampliar su oferta con otras gamas de artículos como hizo Tous. ¿Crees que las ventas se deben a los artículos mismos o a la marca ya consagrada?
b) Gracias al uso de las redes sociales y las nuevas tecnologías, una marca desconocida puede de la noche a la mañana convertirse en un fenómeno social. ¿Crees que mantenerse en el mercado es posible si la ayuda de una buena política de márketing?
c) Comenta esta frase: "Aunque una marca logre crear y posicionar una nueva gama de productos, sólo sobrevivirá si es capaz de insuflar una nueva alma a éstos. La marca aquí sólo será una rampa de lanzamiento".

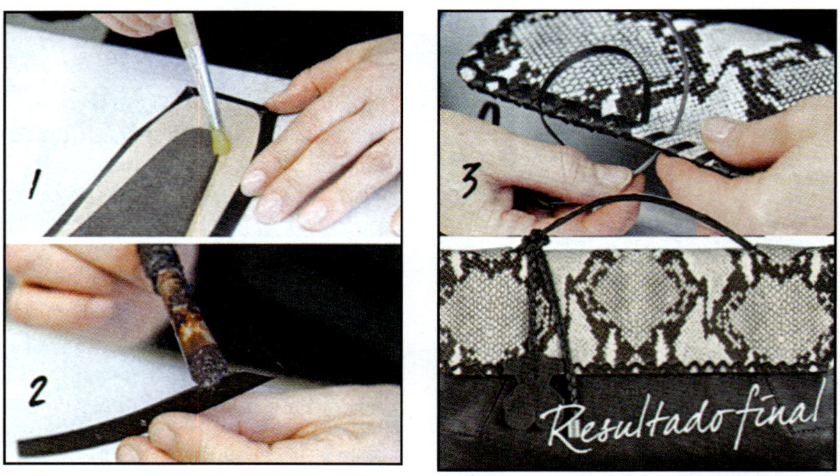

2 Évaluation de la production orale en continu et de l'interaction

Desigual: La alegría de ser diferente

Las ventas de la marca Desigual crecieron un 80% el año pasado. "Nacimos como marca sin nada en los bolsillos, teníamos un despacho con una mesa hecha una puerta y dos caballetes. En el piso no había ni electricidad." Pronto trasladarán sus oficinas a un edificio de 11.000 metros cuadrados diseñado por el estudio de Ricardo Bofill. "Nuestro lema es 'la vida es chula', y no lo decimos sólo para ponerlo en una camiseta. La gente lo percibe". Su reto fue la internacionalización. Para eso tenían un plan: "Tratamos Europa como nuestro mercado local. Gracias, en parte, a esto, ahora tenemos trabajando en Desigual a gente de 30 países. Esta oficina es la ONU". Lo cierto es que Desigual, con su patchwork, sus estampados, su optimismo endémico y su vocación por ser diferente, es un fenómeno extraño. Josep Lluis Micó, profesor en la Universidad de Barcelona y especialista en moda, piensa que esta marca ha roto la barrera de las edades y el tallaje. La ecuación del éxito de Desigual se explica desde unas tiendas abiertas a la calle, donde la ropa está desparramada como en la habitación de un estudiante, hasta una serie de estrategias de márketing: cientos de tipos desnudos ante la puerta de una tienda esperando entrar para vestirse gratis con las prendas de la marca, la idea de la conexión emocional con el cliente como una de las claves para que Desigual multiplicara entre 2002 y 2008 su volumen de negocio por 18 y fuera la empresa española con mayor crecimiento. Desigual ha ganado un MAPIC EG Award (algo así como un Óscar) como la marca con mejor concepto del planeta, por delante de Disney.

Adaptado de *El País*, agosto 2010.

Présentation structurée en espagnol

Après avoir lu et étudié attentivement les deux documents, faites une présentation structurée (3 à 4 minutes) mettant en évidence les points importants et les détails pertinents.

BTS Tertiaires

1 Évaluation de la compréhension écrite

'Bimba & Lola' es la firma de más rápido crecimiento en España

Abrió su primera tienda en 2007 en Bilbao. Esta semana inauguró el establecimiento número 58 y en septiembre alcanzará las 70 tiendas. La compañía Bimba & Lola personaliza el nuevo auge de la moda gallega y se ha convertido en la empresa española de confección de más rápido crecimiento. "Somos un equipo muy joven, empezamos todos juntos y tenemos muchas ganas de triunfar", explica Uxía Domínguez, presidenta y propietaria, junto con su hermana María, de la empresa Bimba & Lola. Ambas son sobrinas de Adolfo Domínguez e hijas de Jesús Domínguez, socio fundador de la Sociedad Textil Lonia (STL), la tercera mayor empresa de moda de Galicia.

Las impulsoras de Bimba & Lola aprendieron el negocio dentro de la propia STL, empresa orensana que a su vez protagonizó un vertiginoso crecimiento bajo la marca Purificación García. Con conocimiento del sector y capacidad para obtener financiación, la compañía de la segunda generación de los Domínguez ya factura 18 millones de euros y emplea a 225 trabajadores. El cerebro de la empresa está integrado por un equipo de 20 jóvenes, entre gestores y diseñadores, que trabajan en las oficinas centrales de Mos, en el cinturón industrial de Vigo. La empresa se dirige exclusivamente a mujeres jóvenes, con una moda desenfadada que está triunfando en toda España y Portugal, donde prevé alcanzar las 12 tiendas. Su próxima escala es París. El fenómeno de Bimba & Lola es el último episodio de una de las familias más exitosas en el mundo de la moda española. Adolfo Domínguez SA es, tras Inditex, la segunda empresa textil gallega, con 182 millones de euros en ventas y 1.617 trabajadores. Sociedad Textil Lonia SA es la número 3, con 118 millones de euros en ventas y 1.119 empleados; y Bimba & Lola ha pasado, de la nada, a ser la décima del sector. Las compañías llevan años, sin éxito, intentando crear un Cluster Textil que dé mayor visibilidad internacional a la moda gallega, al tiempo que les permita compartir inversiones en innovación y compras.

Adaptado de *El País*, junio 2007.

Compte-rendu en français

Après avoir présenté Bimba & Lola, vous en préciserez les atouts (200 mots, +/- 10 %).

Expression écrite

Répondez en espagnol à l'une des questions suivantes (300 mots +/- 10 %) :
- Enumera los puntos fuertes que la marca Bimba & Lola.
- Comenta el siguiente fragmento: "El cerebro de la empresa está integrado por un equipo de 20 jóvenes, entre gestores y diseñadores, que trabajan en las oficinas centrales de Mos, en el cinturón industrial de Vigo. La empresa se dirige exclusivamente a mujeres jóvenes, con una moda desenfadada que está triunfando en toda España y Portugal, donde prevé alcanzar las 12 tiendas."

Lettre commerciale

À partir des éléments indiqués ci-dessous, vous rédigerez une lettre commerciale **en espagnol**, en respectant les normes de présentation.
La firme Bimba & Lola répond à une demande d'information d'une personne souhaitant ouvrir un magasin franchisé :
– Elle la remercie de son intérêt pour l'enseigne ;
– Elle lui prie de bien vouloir trouver ci-joint l'information nécessaire : conditions, catalogues, bilan de l'entreprise de l'année précédente ;
– Elle souligne qu'elle reste à son entière disposition dans le cas où elle souhaiterait plus de données ;
– Elle lui communique ses disponibilités pour une possible rencontre afin d'approfondir les détails du fonctionnement de la franchise ;
– Elle termine par des formules de politesse.

2 Évaluation de la compréhension de l'oral

Vas a escuchar dos veces el documento con una pausa de dos minutos. CD n°2 Pista n°8

Custo Barcelona

Adaptado de *Capital*, abril 2012.

Compte-rendu en espagnol

Après avoir écouté attentivement l'article, vous en dégagerez les idées essentielles.

Entretien

1. Questions sur l'audio.
a) ¿Cómo les surgió la idea a los hermanos Dalmau?
b) ¿Cuándo nacieron, hacían ropa de hombre o de mujer?
c) ¿Cuál es el proyecto internacional de hoy en día?

2. Questions générales.
a) ¿Crees que la clave está en tener un producto que no tiene la competencia?
b) ¿Te parece que el posicionamiento es más importante que el producto?
c) Piensa en una marca que conozcas e imagina el porqué de su éxito.

EXAMEN

En CCF ou épreuve ponctuelle

1 Évaluation de la compréhension de l'oral (AG U22)

Vas a escuchar dos veces el documento con una pausa de dos minutos. CD n°2 Pista n°9

El fenómeno Domínguez

Adaptado de www.elpais.es, junio 2007.

En un párrafo organizado, restituye a continuación **en español** todo lo que comprendas. (Véase *Herramientas* n°3)

2 Communication professionnelle en français et en langue étrangère (AM E4)

Gérer une réunion (Véase *Herramientas* n°3)

a) Descarga la ficha del site compagnon de tu manual www.nathan.fr/textos-y-metodos y complétala con la siguiente situación:
b) Trabajas en una empresa de cosmética y van a lanzar una nueva marca de perfume para Antonio Banderas llamado *Pasión*. Después de la presentación del producto por parte de tu manager, te pide que animes la reunión.
c) Establece un plan para gestionar coherentemente los turnos de palabra. Intenta que el hilo conductor sea coherente y se lleguen a conclusiones. Tendrás que tomar nota de todo.

3 Négociation vente en langue étrangère (NRC/CI U52)

a) Descarga la ficha del site compagnon de tu manual www.nathan.fr/textos-y-metodos y complétala con el siguiente contexto:
b) Vas a realizar una venta bajo estas condiciones. El alumno (A) es el vendedor y el (B) simula ser el cliente.
c) Contexto comercial: La empresa se dedica a la distribución de productos cosméticos naturales. Quiere introducir una nueva línea de productos antiedad y rejuvenecimiento.
d) Contexto de la negociación: El director comercial ha quedado con el responsable de una cadena de perfumerías para mostrar los productos.
e) Oferta de la empresa: El vendedor se ofrece para hacer una demostración en la perfumería. Con el fin de formar a los empleados se ofrece igualmente a aconsejar a los clientes durante dos días. En este periodo la oferta de lanzamiento cuenta con un 20% de reducción en todos los productos más el obsequio de muestras a todos los que lo soliciten.
f) Herramientas de ayuda a la venta utilizadas: Stand con publicidad, productos de muestra y folletos explicativos de la promoción.

Márketing

¿Producto = venta?

En esta unidad vas a aprender a:

- Hablar de las diferentes estrategias de márketing
- Preparar y realizar una venta
- Proponer y vender un producto
- Analizar las fortalezas y debilidades de un producto

LLUVIA DE IDEAS

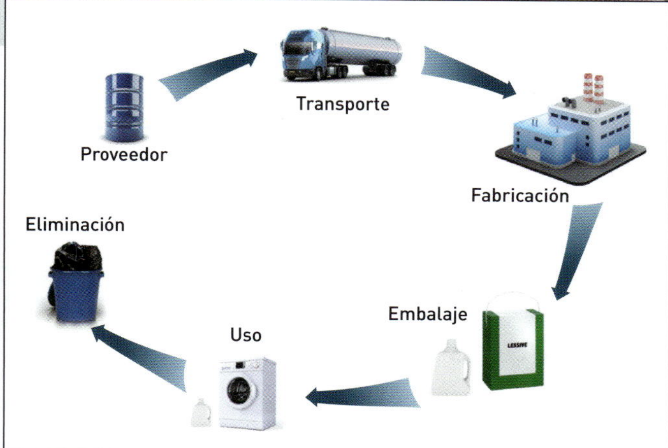

Palabras

Sustantivos

Un proveedor: *un fournisseur*
El uso: *l'utilisation*

Verbos y colocaciones

Proveer: *fournir*
Fabricar: *fabriquer*
Embalar: *emballer*
Nacer/Morir: *naître/mourir*

Preguntas

- Explica el ciclo de vida de un producto desde el proveedor hasta su eliminación.
- ¿Dónde introducirías el lanzamiento del producto en el esquema?
- Cita las empresas que se ven indirectamente implicadas en el ciclo de vida de un producto.

TODO OÍDOS

CD n°2 Pista n°10

1. ¿Cuántos productos nuevos a la semana nacen en España?
2. ¿Cuál es el 90% del éxito de un producto?
3. Di cuáles son las diferentes fases de fabricación un producto.
4. ¿Cuál es la duración de vida de un producto?

5 | Márketing

1 • TODO OÍDOS

CD n°2 Pista n°11

Escucha el texto *Reglas de oro* y contesta las preguntas.

a) ¿Qué hay que hacer para preservar la protección de datos de los clientes?
b) ¿Cómo se puede dar uno de baja?
c) ¿Cada cuánto tiempo se recomienda mandar un mensaje?
d) ¿Cómo deben ser los mensajes por SMS? ¿Qué tipos de palabras se deben usar?

2 • A BUEN ENTENDEDOR

La campaña más rentable, pásalo

Bip Bip. Tu móvil te anuncia que te ha llegado un mensaje… Y lo abres. Esa es la clave del márketing móvil: está demostrado, el 97% de los usuarios leen sus mensajes. ¿Conoces a alguien que borre un SMS sin echarle un vistazo? Podemos utilizarlo para fidelizar a nuestros clientes. Como herramienta publicitaria, tiene una ventaja y es que te permite recuperar parte de la inversión, ya que puedes establecer un importe para cada mensaje que te envíen, que revierte directamente en tus finanzas. Existen tres tipos de campañas de márketing. Campañas push: son aquellas en las que el empresario envía el mensaje a su base de datos. Son en una única dirección y son muy adecuadas para fidelizar, dar información y promocionar. Se hacen por medio de SMS o MMS. Campañas pull: exigen la intervención del usuario enviando un mensaje a un número corto que aparece en carteles, en Internet o en campañas de prensa. También se realizan mayoritariamente vía SMS. Son perfectas para generar bases de datos. Campañas de diálogo continuo o multipasos: aquellas en las que se da feedback o bidireccionalidad absoluta. Son fundamentalmente las que se hacen vía bluetooth en las que mandamos un mensaje del tipo: "Si quieres que seamos tu entrenador personal, envía Sí". Cuando el usuario nos envía el mensaje, le mandamos otro. Es el márketing por excelencia pero en el caso de diálogos extensos resulta demasiado caro para una pyme.

www.emprendedores.es

a) ¿De qué tipo de márketing se habla en el texto?
b) ¿Por qué es interesante este tipo de márketing?
c) ¿Cuáles son los diferentes tipos de campañas?
d) ¿Cómo explicarías la palabra "bidireccionalidad"?

3 • CON BUENA LETRA

Escribe mensajes publicitarios a varias personas para ofrecerles el tipo de producto que necesitan:

a) Una adolescente que depende económicamente de sus padres;
b) Una empresaria que acaba de abrir una tienda;
c) Una mujer que acaba de tener un niño;
d) Una pareja que acaba de comprarse su primera vivienda.

4 • HABLAR POR LOS CODOS

a) **Da tu opinión acerca del márketing vía teléfono.**
b) **Analiza las opiniones de estos empresarios que usan este sistema de márketing:**
– Javier Merino, mecánico: "Utilizamos los SMS para recordar las citas a nuestros clientes. Hemos comprobado que los fallos en citas disminuyeron un 25%";
– Marta Toledo, propietaria de una tienda de decoración La casa de Mila: "Les hacemos llegar descuentos vía teléfono. Permite fidelizar clientes";
– David Hernández, jefe de una discoteca: "Al principio lo utilicé para anunciar las fiestas y luego le vi otra utilidad, hay momentos en los que hay menos aforos en la discoteca, entonces mando un mensaje de 2 por 1 para atraer a gente".
c) **Cita otras empresas que usen este tipo de publicidad y con qué fin.**

5 • HABLANDO SE ENTIENDE LA GENTE

Trabajas en una empresa de telefonía móvil. Presenta las diferentes opciones a una empresa para que desarrolle su márketing vía móvil. Presenta las diferentes modalidades, sus beneficios, sus costes, etc.

Diferentes precios para diferentes objetivos

1. SMS: el sistema más sencillo y más rentable. Consiste en comprar paquetes de SMS. El coste puede rondar los 20 euros/mes: cuanto más envíos más barato. Los precios de los SMS pueden oscilar entre 10 céntimos el mensaje hasta los 15. Enviar 1.000 mensajes personalizados te puede costar 100 euros.

2. MMS: escaso desarrollo. Su envío tiene un coste más elevado, puede llegar hasta los 60 céntimos/mensaje, y al usuario también le cuesta abrirlos o descargarlos.

3. Agregadores de contenido: destinado a incentivar la participación. Para conseguir que tu mensaje tenga un gancho, no olvides incluir un incentivo en forma de oferta, servicio gratuito, descuento, regalo... Éstos pueden ser inherentes a tu negocio -"Si vienes al restaurante a las 13.30, te regalamos una botella de vino"- o agregadores de contenidos móviles -se regalan descargas, tonos, juegos o alertas. Estos agregadores de contenidos móviles pueden contratarse mensualmente por unos 300 euros.

4. Márketing de proximidad con bluetooth: con este dispositivo podrás enviar un mensaje promocional a todo aquel que pase por delante de tu tienda. Es posible que tu mensaje le esté llegando a mil personas al día. Alquilar el dispositivo de bluetooth oscila entre los 300 euros del modelo más básico hasta los 600 euros del más complejo. Los mensajes de bluetooth tienen un ratio de respuesta de entre el 70% y el 90%.

5. Portal WAP: la estrategia final del Márketing móvil es redireccionar al usuario a un link, a una página Internet y, especialmente, a un portal WAP, específico del móvil, donde puedan consultar otras ofertas o ver el catálogo. Tener tu propio portal móvil ronda los 1.000 euros.

6. Número corto y publicidad pagada por el cliente: puedes alquilar números cortos en exclusiva o compartidos. Esta partida varía entre unos 300 euros al mes de mantenimiento hasta los 2.000 euros. Tiene una ventaja y es que te permite recuperar parte de la inversión, ya que puedes establecer un importe para cada mensaje que te envíen, que revierte directamente tus finanzas.

Adaptado de www.marketingacapella.com

ANTICIPA

Piensa en un comercio atractivo. ¿Qué hace que lo sea?

Luces que invitarán a comprar

Si se trabaja la luz, la iluminación jugará un papel fundamental en la decoración de escaparates. Tanto la natural como la artificial. Deberás valorar factores como la época del año, cuándo anochece, la incidencia del sol… Y luego optar por la iluminación que mejor te ayude a recrear el ambiente que buscas. Como norma general, las luces frías o azuladas irán bien para composiciones tecnológicas o futuristas, mientras que las más amarillas o anaranjadas contribuyen a recrear ambientes más cálidos. De cómo esté iluminado tu local y los productos que vendes en su interior dependerá parte del éxito comercial de tu negocio. Los productos, la fachada, los probadores... Está reconocido científicamente que la luz percibida por los ojos puede influir sobre la psicología, humor, comportamiento y actitud de las personas. "En el éxito de ventas tendrá una gran influencia la acertada presentación de la mercancía mediante una buena iluminación", sostiene Miguel Tey, presidente de Anfalum (Asociación Española de Fabricantes de Iluminación).

Adaptado de *El País*, agosto 2012.

Atrae clientes con un escaparate de alto impacto

Impactar a un viandante con prisas no es tarea fácil. Conseguir que se detenga delante de tu negocio, muy difícil. Pero si logras crear un escaparate especial, no será imposible. Que hablen de ti aunque sea mal. Aceptada esta premisa, ¿cuál será la mejor manera de que hablen de nuestro negocio? Cuando está a pie de calle, impactando con nuestra peculiar tarjeta de visita que es el escaparate. Crear una huella en cada persona que mire, introducir el asombro en cada objeto y que la singularidad sea algo que forme parte de un recuerdo grato. Un consejo: instala rieles o carriles en el techo para que puedas colgar luces u otros elementos. El número de objetos que aparecen tras el cristal deben ser impares, siempre causan más impacto visual los artículos dispuestos en número de tres, cinco, siete… que en número par. Y cuanto más elitista pretendas ser, más debe primar la decoración sobre el producto y, al revés, si lo que quieres es incidir en el precio, da más prioridad al artículo que a la decoración. Los colores por sí solos imprimirán un sello diferente según su utilización: los escaparates monocromos o con pocos colores inciden en la elegancia y la exclusividad, mientras que la policromía contribuirá a transmitir originalidad, novedad y atrevimiento. Como regla general, impactarán más las composiciones con un máximo de tres colores que las que tienen más.

Adaptado de *Capital*, septiembre 2012.

Las palabras no están solas

1. Busca sinónimos.
mientras que – una premisa – lograr – un viandante

2. Encuentra antónimos.
natural – el anochecer – cálido – grato – una exclusividad

3. Dilo en español.
une vitrine – l'éclairage – l'ambiance – au contraire – transmettre

4. Cada oveja con su pareja.

jugar un papel •	• pararse enfrente de
optar por •	• cumplir una función
detenerse delante de •	• influir en
incidir en •	• elegir a

5. Veo, veo una palabra que empieza por... y significa...

Ejemplo:
– Veo, veo... una palabra que empieza por T y significa un local.
– Tienda.
– Eso es, correcto.

El título

1. ¿En qué sentido son complementarios los dos títulos?
2. Inventa otros dos títulos.
3. ¿Cuál serían sus subtítulos?

Localiza en el texto...

1. Texto1: Cómo influye la percepción de la luz.
2. Texto 2: El consejo que da el articulista en cuanto a la iluminación de la tienda.

Comprensión del texto

1. ¿Cuál es el papel del color de los objetos de un escaparate?
2. ¿Es importante el número de objetos que aparece detrás del cristal?

Defiende tu postura

Las mujeres se sienten más atraídas por un bonito escaparate que los hombres.

Con mucho oficio

Por parejas: En la joyería donde trabajáis se procede a cambiar el escaparate para el Día de la Madre. Seguid los consejos del texto "Atrae clientes con un escaparate de alto impacto" y haced un dibujo. Explicad al resto de la clase vuestra propuesta.

Método

Le compte-rendu

1. Divide el texto 2 en partes y subraya las frases más significativas.
2. Resume lo esencial de cada parte en una, dos o tres frases. Cuidado con la paráfrasis.
3. Redacta una introducción.
4. Elabora una conclusión que contenga los puntos tratados. (Véase *Herramientas* n°2)

Expresión escrita

1. La luz no hace aumentar las ventas, lo importante es el producto y su precio. ¿Qué opinas al respecto?
2. ¿Crees que si el escaparate es fundamental para el pequeño comercio, en cambio, resulta irrelevante en las grandes superficies? (Véase *Herramientas* n°5)

Expresión oral

1. Piensa en tu propia experiencia de consumidor y di si te parece acertada esta afirmación: Está demostrado que en momentos señalados como la Navidad o fiestas como el Día de la Madre la decoración empuja al consumo. El resto del año las compras por impulso no son frecuentes.
2. Di con qué colores asociarías una tienda de:
   1. libros 2. pescadería 3. electrodomésticos 4. zapatos 5. perfumería 6. juguetes 7. ferretería 8. carpintería 9. tienda de animales

PRACTICA • TEXTO

Comunicación oral

CD n°2 Pista n°12

Escucha y responde

1. Escucha los resultados del estudio *¿Qué tipo de olor nos anima a consumir más?* sobre olor y compras.
2. Haz un resumen en francés.
3. Responde en español.

a) ¿Qué olores nos empujan a comprar más, los complejos o sencillos?
b) ¿Cómo llevaron a cabo los investigadores las pruebas para llegar a esta conclusión?
c) ¿A qué tipo de prueba sometieron también a universitarios y con qué fin?
d) Piensa en tiendas que conozcas y di qué tipo de olores serían los adecuados para éstas.

Analiza y opina

1. Analiza esta tabla.
2. Intenta definir el márketing sensorial. ¿Para qué sirve?

El márketing sensorial y la música	
Tipo de música	Influencia en el cliente
Música clásica (o instrumental)	Relaja y da una sensación de confort y libertad El cliente camina más lento y pasa más tiempo en el punto de venta
Música más rítmica	Motiva o satura los sentidos del cliente El cliente medita menos sus decisiones y realiza compras de tipo compulsivo

1 • Buenas formas

a. Señala los futuros de los dos textos. Conjúgalos.
b. ¿Hay algún verbo irregular en el tiempo futuro simple? Señala cuáles.
c. Busca otros verbos de los textos y ponlos en futuro.

2 • Dilo de otra forma

a. Si se trabaja la luz, la iluminación jugará un papel fundamental en la decoración de escaparates.
b. Deberás valorar factores como la época del año, cuándo anochece, la incidencia del sol...
c. Pero si logras crear un escaparate especial, no será imposible.
d. Como regla general, impactarán más las composiciones con un máximo de tres colores que las que tienen más.

3 • Emplea la forma correcta

Elige la forma correcta del futuro simple.
El escaparate ________ (ser) la llamada más importante de un local comercial, y así se ____________ (conseguir) el necesario reclamo. Los análisis de mercado dicen que el comprador ____________(salir) a la calle a ver lo que encuentra, ________(ser) oportunista y nada fiel. ________ (recorrer) tiendas y galerías y sólo ________ (detener) allí donde ________ (lograr) llamar su atención. El escaparate _________ (jugar) por lo tanto un papel importantísimo en el proceso de la venta, y la iluminación _______ (resultar) una herramienta básica a la hora de captar las miradas. Su capacidad de percepción ______ (ser) limitada. Por eso se _______ (deber) resaltar y diferenciar algunos elementos, y la luz tiene esta capacidad.

4 • Traduce

a. Los colores por sí solos imprimirán un sello diferente según su utilización: los escaparates monocromos o con pocos colores inciden en la elegancia y la exclusividad, mientras que la policromía contribuirá a transmitir originalidad, novedad y atrevimiento.
b. Como norma general, las luces frías o azuladas irán bien para composiciones tecnológicas o futuristas, mientras que las más amarillas o anaranjadas contribuyen a recrear ambientes más cálidos.

Las formas de la lengua

Futuro simple

- **Para formar el futuro con los verbos regulares usamos el infinitivo más las terminaciones: é, ás, á, emos, éis, án**
  Hablar: hablar**é**/hablar**ás**/hablar**á**/ hablar**emos**/ hablar**éis**/hablar**án**
  Vender: vender**é**/vender**ás**/vender**á**/vender**éis**/vender**án**
  Prohibir: prohibir**é**/prohibir**ás**/prohibir**á**/prohibir**emos**/prohibir**éis**/prohibir**án**
- **Las irregularidades en el futuro afectan siempre a la primera parte del verbo, a la raíz. He aquí algunas de las raíces más comunes:**
  Decir → dir- ; Hacer → har- ; Querer → querr- ; Haber → habr- ; Poder → podr- ; Saber → sabr- ; Tener → tendr- ; Poner → pondr- ; Venir → vendr- ; Salir → saldr- ; Valer → valdr-
- **El futuro tiene dos usos fundamentales:**
  – Señalar cómo será el futuro: *Si se trabaja la luz, la iluminación **jugará** un papel fundamental en la decoración de escaparates.*
  – Hacer una hipótesis de un momento presente: *No sé cómo está el escaparate, pero imagino que **estará** muy bonito como siempre en Navidad.*

Mi precio no se negocia

Existen argumentos de peso para defender el precio de tu producto y/o servicio cuando los clientes te piden una oferta o una rebaja porque la competencia lo está haciendo. En un entorno tan agresivamente competitivo como el actual, donde el precio sería el principal arma de destrucción masiva de muchas empresas para captar nuevos compradores, tú podrías defender el tuyo, frente a las injerencias de los clientes, con argumentos sobre calidad, servicio, compromiso, valor uso. Andrés ha pedido varios presupuestos para pintar su piso. Hay dos que le convencen, pero la diferencia de precio entre ambos es muy significativa. Le pregunta al más caro de los dos y le dice: "utilizamos pinturas ecológicas, y ofrecemos un seguro de un año". ¿Por cuál te decantarías tú? Andrés opta por la oferta más cara porque ha decidido valorar aspectos como calidad, servicio, compromiso. Los expertos coincidirían en decir que no debes centrar tus argumentos de venta en el precio.

El precio tiene sentido para el cliente siempre y cuando esté relacionado con el valor que él percibe de nuestra oferta. Ante la objeción muy habitual del cliente que dice: esto es muy caro, o la competencia me lo da más barato, no es un problema de precio sino de percepción, sostiene Jaime Castelló, profesor asociado del departamento de márketing de Esade[1]. Por eso habría que encauzar la conversación hacia cuál es el valor que le proporciona nuestro producto o servicio y qué precio le pondría a esa mejora que estamos haciendo en su vida. Y en este sentido el trabajo del equipo comercial sería sacar a la luz todo lo que aporta tu producto. No tendríamos que hablar tanto de características cómo de qué forma mejora la vida de las personas. Debes estar muy convencido de cuál es la diferencia que tu producto tiene en relación a otros que haya en el mercado. Y cuando la descubras, concéntrate en aquellos clientes que más la valoren. Los expertos también recomiendan centrar tus argumentos en la confianza que tu empresa puede transmitir a los clientes.

Javier Oubiña, de la Facultad de Ciencias Económicas de la Universidad Autónoma de Madrid, recomienda profundizar en el clásico: "lo barato sale caro. Muchas veces un descenso de precio estaría acompañado con una bajada de calidad. Defiende tu precio porque defiendes la calidad, el servicio, la fiabilidad, el branding. Lo barato podría salir caro. Transmite al cliente que debe tener una visión global a medio y largo plazo del proceso de compra y no plantearlo desde el punto de vista del corto plazo y más con la coyuntura actual dónde el factor precio está siendo decisivo."

Adaptado de *Emprendedores*, agosto 2012.

1. Institución académica universitaria en Barcelona, Madrid y Buenos Aires.

Las palabras no están solas

1. Busca sinónimos.
el entorno – ambos – encauzar – proporcionar – la coyuntura

2. Encuentra antónimos.
la oferta – la rebaja – valorar – un cliente

3. Dilo en español.
un devis – concurrentiel – l'engagement – l'assurance

4. Cada oveja con su pareja.

decantarse por •	• dentro de poco tiempo
tener relación con •	• elegir
corto plazo •	• estar ligado a
largo plazo •	• fijarse bien en
concentrarse en •	• a condición de que
siempre y cuando •	• en mucho tiempo

5. Veo, veo una palabra que empieza por... y significa...
Ejemplo:
– Veo, veo... una palabra que empieza por P y significa evaluación.
– Presupuesto.
– Eso es, correcto.

El título

1. Explica con otras palabras el título.
2. Inventa otro título.
3. ¿Cuál sería el subtítulo del texto?

Localiza en el texto...

1. Párrafo 1: El porqué de la decisión de Andrés.
2. Párrafo 2: El mejor argumento que se puede dar para valorar un producto que el cliente ve demasiado caro.
3. Párrafo 3: La razón de porqué lo barato puede salir caro.

Comprensión del texto

1. ¿Por qué el precio es tan decisivo?
2. ¿Es verdad que el argumento fundamental para la venta es el precio de los productos?
3. ¿Se necesita saber la diferencia de calidad de los productos con respecto a la competencia?

Con mucho oficio

Por parejas:

• Uno (A) quiere pintar las habitaciones de su casa y (B) es pintor.

• (B) intenta convencer a (A) de que la elección de una pintura de mayor calidad, aunque el presupuesto sea más elevado, sale más barato al final.

Método

Le compte-rendu

1. Divide el texto en partes y subraya las frases más significativas.
2. Resume lo esencial de cada parte en una, dos o tres frases. Cuidado con la paráfrasis.
3. Redacta una introducción.
4. Elabora una conclusión que contenga los puntos tratados. (Véase *Herramientas* n°2)

Expresión escrita

1. ¿Compartes la opinión de que el precio en un entorno agresivo y competitivo como el actual es un arma de destrucción masiva?
2. ¿Crees que el cliente asocia siempre el precio a la calidad? (Véase *Herramientas* n°5)

Expresión oral

1. ¿Cómo transmitirías a un cliente que es mejor optar por calidad que por precio?
2. ¿Te parece que es una mala política para una empresa bajar los precios y reducir así la calidad de sus productos?

Defiende tu postura

Comenta la frase: "Lo barato sale caro. Muchas veces un descenso de precio está acompañado con una bajada de calidad. Defiende tu precio porque defiendes la calidad, el servicio, la fiabilidad, el branding."

Comunicación oral

CD n°2 Pista n°13

Escucha y responde

1. Escucha el texto *10 consejos para comprar en rebajas y optimizar las compras*.
2. Haz un resumen en francés.
3. Responde en español.

a) ¿Qué compensan las rebajas de enero, según el documento?

b) ¿Se aconseja comprar ropa para utilizarla al invierno próximo?

c) Cuenta qué compras en rebajas y a qué tiendas vas.

d) ¿Crees que las rebajas benefician sobre todo a los grandes grupos en detrimento del pequeño comercio?

Analiza y opina

1. Presenta el cartel de rebajas.
2. ¿Dónde se puede encontrar un documento así?
3. ¿Te parece atractiva la publicidad? Razona tu respuesta.

1 • Buenas formas

a. Busca los condicionales que veas en el texto.
b. ¿Puedes sustituir alguno por otro tiempo sin que varíe mucho el significado?
c. El condicional simple puede indicar probabilidad o no. Señala en qué casos lo hace.

2 • Dilo de otra forma

a. Lo barato podría salir caro.
b. ¿Por cuál te decantarías tú?
c. Los expertos coincidirían en decir que no debes centrar tus argumentos de venta en el precio.
d. No tendríamos que hablar tanto de características cómo de qué forma mejora la vida de las personas.

3 • Emplea la forma correcta

Elige la forma del condicional simple.
Iberdrola ________ (negociar) con las otras grandes empresas eléctricas y el Gobierno los precios para el año próximo. La propuesta inicial ________ (consistir) en un aumento por debajo del IPC, que según estimaciones ________ (estar) en el 2,5 para este año. La OCU (Organización de Consumidores) ha declarado, por su parte, que esta subida _______ (ser) un golpe duro para los maltrechos hogares españoles que llevan sufriendo la crisis y aumentos muy por encima de sus aumentos de salario. Por tanto, esta medida _______ (suponer) una rebaja del poder adquisitivo una vez más de las familias. El Gobierno _________ (intentar) reducir al máximo el aumento, aunque el déficit tarifario que arrastran las empresas eléctricas desde hace años no _______ (permitir) que fuera sustancial.

4 • Traduce

a. En un entorno tan agresivamente competitivo como el actual, donde el precio sería el principal arma de destrucción masiva de muchas empresas para captar nuevos compradores, tú podrías defender el tuyo, frente a las injerencias de los clientes, con argumentos sobre calidad, servicio, compromiso, valor y uso.
b. Por eso habría que encauzar la conversación hacia cuál es el valor que le proporciona nuestro producto o servicio y qué precio le pondría a esa mejora que estamos haciendo en su vida.

PRACTICA • TEXTO

Las formas de la lengua

Condicional simple

Con el condicional hablamos de suposiciones sobre el pasado, el presente y el futuro.

■ **Para formar el condicional usamos el infinitivo más las terminaciones: ía, ías, ía, íamos, íais, ían.**
Hablar: habla**ría**/habla**rías**/habla**ría**/habla**ríais**/habla**ríamos**/habla**rían**
Vender: vende**ría**/ vende**rías**/vende**ría**/vende**ríamos**/vende**ríais**/vende**rían**
Prohibir: prohibi**ría**/ prohibi**rías**/prohibi**ría**/prohibi**ríamos**/prohibi**ríais**/prohibi**rían**

■ **El condicional sirve para señalar situaciones hipotéticas en:**
– el presente: *En un entorno tan agresivamente competitivo como el actual, donde el precio* ***sería*** *el principal arma de destrucción masiva de muchas empresas...*
– el pasado: *No vi la cotización de la Bolsa ayer, pero por la tendencia de esta semana seguro que* ***bajaría*** *bastante.*
– el futuro: *¿Por cuál* ***te decantarías*** *tú en el póximo mes de abril?*

■ **Las irregularidades en el condicional simple son las mismas que en el futuro simple.**

ANTES DE ESCUCHAR

¿Internet es una buena herramienta para la publicidad?

Al oral...

CD n°2
Pista n°14

La comunicación a través de la red

Adaptado de Revista *Franquicias y emprendedores*, julio-agosto 2012.

Las palabras no están solas

1. Cada oveja con su pareja.

hacerse con •	• considerar
convertir en •	• colocar
posicionar •	• transformar en
tener en cuenta •	• poseer

2. Dilo de otra forma.

la clave – brindar – el buzoneo – la reputación – perseguir

El título

Explica el título. ¿Existen varios tipos de comunicación en Internet?

Di de qué trata el audio

Escucha de nuevo y escribe las respuestas.

1. ¿La sorpresa al público es una de las claves de la comunicación en Internet?
2. ¿A qué se dedica la empresa Bottini?
3. ¿Qué objetivos se persigue con la comunicación online?

Comprensión del audio

1. ¿Hay una diferencia entre informar y comunicar?
2. ¿Cómo puede hacerse la comunicación empresarial online por internet?

Analiza y opina

1. Presenta con tus palabras el documento.
2. ¿Dónde se suele encontrar un documento así?
3. ¿Compartes la opinión de la empresa Bottini sobre la comunicación empresarial?

Con mucho oficio

En la empresa de comunicación en la que trabajas se va a hacer una campaña de publicidad para una empresa de fabricación y venta de muebles. Se quiere optar por eliminar los catálogos en papel. Intenta convencer a tu jefe de la opción intermedia, mantener el papel pero reduciendo la cantidad e introducir la comunicación online.
El alumno (A) argumenta a favor dando las razones.
El alumno (B) encuentra reticencias.
Al final, se llega a un acuerdo para una campaña en ambos soportes.

Método

Le compte-rendu

1. Divide el audio en partes.
2. Resume lo esencial de cada parte en una, dos o tres frases. Cuidado con la paráfrasis.
3. Redacta una introducción.
4. Elabora una conclusión que contenga los puntos tratados. (Véase *Herramientas* n°2)

Expresión escrita

1. Defiende esta postura: "La comunicación del futuro es una mezcla entre la online y la tradicional."
2. Crees que el posicionamiento de una marca es más relevante para sus ventas que la calidad de sus productos. (Véase *Herramientas* n°5)

Expresión oral

1. La excesiva publicidad invasiva puede ser negativa para la imagen de una empresa.
2. Comenta cuáles pueden ser las formas de publicidad en Internet: "A la hora de diseñar una campaña publicitaria, hay que tenerlo en cuenta y utilizar de manera transversal todas las oportunidades que nos brinda la red."

Defiende tu postura

Trabajas en Bottini. Escribe un folleto destinado a empresas ofreciendo vuestros servicios.

A la vista está...

ANTES DE VER

Di cuáles son las cualidades que debe tener un asesor de márketing.

Asesores de márketing

▸ http://www.telemadrid.es/?q=programas/buenos-dias-madrid/empleo-asesores-de-Márketing

Las palabras no están solas

1. Cada oveja con su pareja.

ayudar a captar •	• supone una formación en ventas
implica una orientación comercial •	• realización correcta
desempeño adecuado •	• puesto permanente en el personal
fijo en plantilla •	• colaborar en encontrar

2. Dilo de otra forma.

la sede – contratar – exitosa – unos descuentos

El título

Explica el título. ¿En qué consiste el trabajo?

Di de qué trata el vídeo

Visiona de nuevo y escribe las respuestas.

1. ¿Qué busca Groupon?
2. ¿En cuántos países trabajan?
3. ¿Para qué zona se necesitan asesores?

Comprensión del vídeo

1. ¿Qué ofrece la empresa?
2. Explica con tus palabras a lo que se dedica la empresa.
3. ¿Qué tareas deben desempeñar los asesores?
4. ¿Cuáles son los requisitos para ser un asesor?

Analiza y opina

1. Presenta con tus palabras el documento.
2. ¿Dónde se suele encontrar un documento así? ¿Cuál es su utilidad?

En Internet

Redacta una publicidad de una oferta de algún producto de www.groupon.es

Método

Le compte-rendu

1. Divide el vídeo en partes.
2. Resume lo esencial de cada parte en una, dos o tres frases. Cuidado con la paráfrasis.
3. Redacta una introducción.
4. Elabora una conclusión que contenga los puntos tratados. (Véase *Herramientas* n°2)

Expresión escrita

1. Las empresas de descuentos con una buena red comercial representan un gran oportunidad para las ventas de pequeñas y medianas empresas.
2. El departamento de ventas es el más importante en una empresa. (Véase *Herramientas* n°5)

Expresión oral

1. Defiende esta postura: La venta online es una moda. Los consumidores prefieren ir a las tiendas tradicionales para ver los productos.
2. No cualquier persona puede desempeñar el puesto de asesor de márketing. Más que formación se necesita un carácter especial. ¿Qué opinas?
3. ¿Qué canales utiliza una empresa de descuentos para captar clientes?

Con mucho oficio

• El alumno (A) trabaja en la empresa Groupon y establece los requisitos que debería tener el candidato.

• El alumno (B) es un candidato para el trabajo. Responde a las preguntas e intenta demostrar que eres el candidato ideal. Expón tus conocimientos sobre venta con descuentos.

ANTICIPA

¿La publicidad es la misma en la tele o en Internet?

El spot virtual se pone de moda

Las marcas buscan llegar a sus potenciales clientes en todos los dispositivos. Entre ellos, también a los más innovadores, como la televisión conectada a Internet y los smartphones. El vídeo es el formato preferido por los anunciantes. Uno de los ejemplos de la fiebre por las campañas de publicidad multipantalla ha podido verse en el recién estreno de la película *Battleship*, de Universal Pictures. La productora y Minshare, eligieron la red de vídeo multipantalla de Smartclip, líder europeo en publicidad de vídeo online, para emitir la campaña simultáneamente en ordenadores, dispositivos móviles, consolas de vídeojuegos y televisiones conectadas a Internet en España. Se emitieron veinte millones de impactos, que alcanzaron a 6 millones de individuos. La creatividad usada en medios digitales fue un vídeo de veinte segundos con el tráiler de la película. Smartclip lo adaptó a cada pantalla. El consumo multipantalla es una realidad que gana peso cada día. Según la consultora Forrester, ya hay cerca de 19 millones de consumidores multipantalla en Europa. El número se ha duplicado el último año. Para Nuria López, directora de Invention Mindshare, la eficacia de este tipo de campañas está clara. Las soluciones de publicidad multipantalla permiten a las marcas llegar a su público objetivo, sin importar dónde estén o a través de qué dispositivo acceden logrando un efecto global. No es de extrañar que las marcas se interesen cada vez más por este tipo de publicidad. El 55% del vídeo online no se consume en PC, sino en otros dispositivos como el Smart tv. Smartclip trabaja el branding de las marcas y la difusión del vídeo publicitario digital en diferentes pantallas.

Adaptado de *Capital*, octubre 2012.

Las palabras no están solas

1. Busca sinónimos.
la publicidad – el futuro – el consumo – optimizar

2. Encuentra antónimos.
un corto plazo – recientemente – la creatividad – alcanzar

3. Dilo en español.
branché – un écran – aucun – l'avenir

4. Cada oveja con su pareja.

duplicarse •	• tomar importancia
ganar peso •	• proporcionar el porvenir
deparar el futuro •	• concretarse

5. Veo, veo una palabra que empieza por... y significa...

Ejemplo:
– Veo, veo... una palabra que empieza por P y significa superficie donde aparecen imágenes.
– Pantalla.
– Eso es, correcto.

El título

1. Explica con otras palabras el título.
2. Inventa otro título.
3. ¿Cuál sería el subtítulo del texto?

Localiza en el texto...

1. Párrafo 1: Si las empresas publicitarán sus productos en varios soportes.
2. Párrafo 2: El porcentaje del consumo que se hace por medio del vídeo.
3. Párrafo 3: Si habrá que esperar mucho tiempo para la implantación de multidispositivos.

Comprensión del texto

1. ¿Por qué las empresas se interesan por la publicidad en muchos soportes diferentes?
2. ¿Cómo fue la campaña de *Battleship*?
3. ¿Cómo la mayoría accede a los vídeos?

Con mucho oficio

Por parejas: (A) es productor de cine y quiere hacer una campaña de publicidad sobre su próxima película. (B) trabaja en una agencia de publicidad y le aconseja que tome la opción de hacerla multidispositiva y le explica sus ventajas.

Defiende tu postura

¿Estás de acuerdo con esta frase?
"El porvenir de la publicidad será multidispositivo sin ningún lugar a dudas. Y lo más llamativo es que cada potencial consumidor se verá 'bombardeado' por los mismos anuncios en todos los dispositivos que tenga."

Método

Le compte-rendu

1. Divide el texto en partes y subraya las frases más significativas.
2. Resume lo esencial de cada parte en una, dos o tres frases. Cuidado con la paráfrasis.
3. Redacta una introducción.
4. Elabora una conclusión que contenga los puntos tratados. (Véase *Herramientas* n°2)

Expresión escrita

1. El spot virtual no tiene la misma incidencia en todos los soportes. Por ejemplo, en la televisión es más efectivo que en Internet.
2. El éxito de lo multidispositivo depende del sector de actividad. Por ejemplo, no es interesante para empresas de coches.

Expresión oral

1. Este tipo de publicidad encarece mucho la inversión de las empresas en publicidad pero no repercute significativamente en las ventas.
2. ¿Aquellos que no opten por promocionar en multidispositivo verán sus ventas bajar?

Comunicación oral

CD n°2 Pista n°15

Escucha y responde

1. Escucha el texto *Vodafone España lanza la tarifa "Internet Contigo Multidispositivo"*.
2. Haz un resumen en francés.
3. Responde en español.

a) ¿Cuántas gigas ofrecen por 10 euros al mes? ¿A qué velocidad es la tarifa?
b) ¿Cuándo estará disponible la oferta?
c) ¿Qué ofrecen por 25 euros al mes?

Analiza y opina

1. Describe los diferentes dispositivos.
2. Explica las diferencias más significativas entre ellos.
3. ¿Cuáles utilizarías para una campaña de publicidad en multidispositivo?

1 • Buenas formas

a. ¿Qué diferencia observas entre los futuros y los condicionales del texto?
b. Conjuga otros verbos en condicional y futuro.
c. ¿Puedes hacer algún cambio de tiempo sin apreciar mucho cambio de significado?

2 • Dilo de otra forma

a. Las marcas buscarán llegar a sus potenciales clientes en todos los dispositivos.
b. Entre estos dispositivos se encontrarían los más innovadores como la televisión conectada a Internet y los smartphones.
c. Las soluciones de publicidad multipantalla permitirían a las marcas llegar a su público objetivo, sin importar dónde estuvieran o a través de qué dispositivo accedieran logrando un efecto global.
d. Y lo más llamativo es que cada potencial consumidor se verá "bombardeado" por los mismos anuncios en todos los dispositivos que tenga.

3 • Emplea la forma correcta

Elige entre el futuro y el condicional. Piensa si en algún caso los dos son posibles. Intenta justificar el porqué.
Parece que no _______ (ser) tan habitual el que los candidatos hagan mítines multitudinarios. Según algunos estudios los candidatos en las próximas campañas ___________ (centrarse) en las redes sociales y ________ (contar) con el apoyo de las nuevas tecnologías. Las campañas en multidispositivos _______ (ser) una realidad.

4 • Traduce

a. En total, se habrían emitido veinte millones de impactos, que habrán alcanzado a 6 millones de individuos. La creatividad usada en medios digitales fue un vídeo de veinte segundos con el tráiler de la película. Smartclip lo adaptó a cada pantalla.
b. Las soluciones de publicidad multipantalla permitirían a las marcas llegar a su público objetivo. Será, sin duda, a muy corto plazo la forma de llegar a más clientes optimizando al máximo los recursos. Habrá que esperar a lo que depare el futuro, aunque en cierta manera lo que vendrá ya está presente hoy. El porvenir de la publicidad será multidispositivo sin ningún lugar a dudas.

Las formas de la lengua

Condicional y futuro

Recuerda las diferencias entre el futuro y el condicional:

- **El futuro sólo indica hipótesis cuando trata de una realidad presente:**
Habrá que esperar a lo que depare el futuro, aunque en cierta manera lo que ***vendrá*** *ya está presente hoy.*
- **El condicional siempre indica hipótesis, sea presente, pasado o futuro:**
Presente: *Es de suponer que este tipo de márketing* ***estaría*** *teniendo una gran repercusión en los últimos tiempos y cada vez* ***habría*** *más marcas que lo* ***preferirían****.*
Futuro: *El márketing virtual* ***podría*** *dentro de poco llegar a ser una moda pasajera.*
Pasado: *El origen del spot virtual* ***podría*** *haber sido casual.*

Vocabulario

Acuerdos: accords
Apoyado por: appuyé par
Argumento: argument
Beneficios: profits
Cambiar: changer
Cargo: poste de travail
Clave: clé
Cliente: client
Comercio: commerce
Comunicación: communication
Comunicar: communiquer
Comparación: comparaison
Comprar: acheter
Conceder: octroyer
Concepto: concept
Conexión: connection
Confianza: confiance
Conseguir: atteindre, obtenir
Contactos: contacts
Convertirse en: se transformer en, devenir
Coste: coût
Creador: créateur
Creación: création
Crecer: croître, augmenter
Decadente: décadent
Dedicarse a: s'occuper de, se consacrer à
Dificultad: difficulté
Dinero: argent
Directora: directrice
Distintos: différents
Distribuidor: distributeur
Dudar: douter
Económico: économique
Elección: choix
Elegir: choisir
Empleado: employé
Emprendedor: entrepreneur
Emprender: entreprendre
Empresa: entreprise
Encargo: commande
Envio de cartas : envoi de lettres
Espíritu: esprit
Estar al frente de: diriger
Estar al mando de: être à la tête de
Éxito: succès
Exportar: exporter
Facturar: réaliser un chiffre d'affaires
Fabricar: fabriquer
Fábrica: usine
Fabricación: fabrication
Hacer: faire
Idear, inventar: inventer
Introducir: introduire
Intentar de + inf.: essayer de + inf.
Invención: invention
Investigación: recherche
Lograr: réussir, parvenir
Marca: marque
Mejor: meilleur
Meta: objectif

En general ¿Qué es el márketing?

Márketing es un concepto inglés, traducido al castellano como mercadeo o mercadotecnia. Se trata de la disciplina dedicada al análisis del comportamiento de los mercados y de los consumidores. El márketing analiza la gestión comercial de las empresas con el objetivo de captar, retener y fidelizar a los clientes a través de la satisfacción de sus necesidades.

Los especialistas en márketing suelen centrar sus actividades en el conjunto de las Cuatro P: Producto, Precio, Plaza (distribución) y Publicidad (promoción). El márketing apela a diferentes técnicas y metodologías con la intención de conquistar el mercado y conseguir otros objetivos propios de una compañía comercial.

El márketing ha sido inventado para satisfacer las necesidades del mercado a cambio de beneficio para las empresas que se sirven de ella para desarrollarse. Es una herramienta que sin lugar a dudas es estrictamente necesaria para conseguir el éxito en los mercados.

Por su parte, John A. Howard, quien trabaja en la Universidad de Columbia, asegura que está convencido de que el márketing consiste en un proceso en el que es necesario comprender las necesidades de los consumidores y encontrar qué puede producir la empresa para satisfacerlas. Y Al Ries y Jack Trout opinan que márketing es sinónimo de "guerra" donde cada competidor debe analizar a cada "participante" del mercado, comprendiendo sus fuerzas y debilidades y trazar un plan a fin de explotarlas y defenderse.

Según la American Marketing Asociation (A.M.A.), el márketing es una forma de organizar un conjunto de acciones y procesos a la hora de crear un producto "para crear, comunicar y entregar valor a los clientes y para manejar las relaciones" y su finalidad es beneficiar a la organización satisfaciendo a los clientes.

La única función que debe cumplir es alcanzar las metas que la empresa se plantea en lo que respecta a venta y distribución para que esta se mantenga vigente. Por eso es tan importante no sólo tener un conocimiento del mercado, sino saber qué cosas puede desarrollar la empresa que puedan interesar a los clientes.

Lo que hace el márketing es considerar una necesidad de la clientela y, a partir de ella, diseñar, poner en marcha y verificar cómo funciona la comercialización de los productos o servicios de la empresa. Diversas estrategias y herramientas permiten al márketing posicionar una marca o un producto en la mente del comprador.

Las acciones de márketing pueden tener una visión de rentabilidad a corto o a largo plazo, ya que su gestión también supone la realización de inversiones en la relación de la empresa con los clientes, con los proveedores y hasta con sus propios empleados, además publicidad en los medios de comunicación. Es importante no confundir márketing y publicidad, ya que la mercadotecnia abarca a la publicidad y a otras cuestiones.

Se dice que el márketing puede tener diversas orientaciones: al producto (cuando la empresa dispone del monopolio del mercado pero, de todas maneras, pretende mejorar el proceso de producción), a las ventas (destinada a aumentar la participación de la empresa en el segmento) o al mercado (se busca la adaptación del producto a los gustos del consumidor).

Hoy en día existen muchos tipos de márketing, aquí presentamos algunas definiciones:

Márketing directo: consiste en un sistema interactivo que consigue seguidores y resultados en sus transacciones dándose a conocer a través de los medios publicitarios de un lugar.

Márketing relacional: Se incluye dentro del márketing directo y se basa en un principio fundamental que dice que no hay que vender, sino hacer amigos y ellos serán quienes compren. Conseguir beneficio a cambio de la satisfacción del cliente.

Márketing virtual: recibe también el nombre de cibermárketing y es el que se aplica a Internet, y que se encuentra dirigido a toda persona en el mundo que tenga un ordenador y conexión a la red. En este marketing existen herramientas SEO que son las que permiten que las empresas alcancen una buena visibilidad y puedan vender mejor sus productos o servicios.

Adaptado de www.marketingdirecto.com

Preguntas

- ¿Cómo definirías tú la palabra márketing?
- Explica el significado de las cuatro P.
- ¿En qué sentido el márketing es muy importante para las empresas?
- ¿Crees que el márketing puede ser sinónimo de la palabra "guerra"?
- Cita algunos tipos de márketing.

De cerca Santander: la cultura de la excelencia

Desde julio de 2001 ocupa el cargo de director general de Comunicación, Márketing Corporativo y Estudios del Banco Santander. Por eso, Juan Manuel Cendoya conoce bien las claves de la cultura corporativa de un banco donde "se buscan resultados y siempre hay lugar para fijarse nuevas metas." Si conseguir alinear la identidad corporativa de un banco como Santander no parece una tarea fácil, sería imposible sin la implicación directa de su presidente, Emilio Botín. Lejos de ser un golpe de suerte, la apuesta meditada por el patrocinio de la Fórmula 1 ha permitido al Banco Santander conseguir una notoriedad internacional sin precedentes. Gracias a la intensa diversificación geográfica de los últimos años, el Banco ha afianzado su posición de liderazgo.

Federico Fernández De Santos: ¿Cómo describiría el estilo de gestión de Banco Santander?

Juan Manuel Cendoya: Es un estilo que presta atención a todas las facetas de la gestión. El presidente es el mejor embajador y representante del Banco como modelo de directivo y de negocio. Tenemos unos valores corporativos muy definidos (liderazgo, innovación, fortaleza, ética profesional, orientación comercial y dinamismo). Son valores que conocen todos los profesionales del banco y, con ellos, los equipos han demostrado su capacidad para conseguir muy buenos resultados, incluso en entornos difíciles para la banca.

F.F.S.: ¿Qué ha supuesto el patrocinio de la Fórmula 1 para la identidad corporativa del Banco Santander?

J.M.C.: La Fórmula 1 es una pieza muy importante de la política general de márketing corporativo, de marca única, de reputación global... Después de estos años, este patrocinio nos ha permitido ser la empresa más reconocida de la Fórmula 1 e, incluso, como nos dicen, haber insuflado aire fresco a este deporte. Es un envoltorio extraordinario para nuestra identidad corporativa y nuestra cultura. Hay que pensar que somos un banco muy exitoso en resultados, en actividad bancaria, pero no teníamos la notoriedad internacional deseada. A veces éramos poco conocidos, o conocidos con clichés, con tópicos... Creo que ahora hemos alineado nuestra identidad corporativa, bajo la dirección del presidente, utilizando unas palancas con un efecto multiplicador importantísimo. El Banco, como empresa internacional, tiene que ser conocido por la comunidad inversora mundial (que está en EEUU, en Inglaterra, en los fondos soberanos, en Asia, etc.). Hay que pensar que en Inglaterra y en Brasil hemos hecho recientemente el cambio de la marca. Hablamos de dos países donde, en el año 2005, éramos Practicamente desconocidos. La Fórmula 1 nos ha ayudado a alcanzar esa notoriedad internacional necesaria en nuestra estrategia de internacionalización. No en vano, prestigiosas agencias, como Brand Finance, nos han reconocido como la tercera marca financiera del mundo y la que más ha aumentado de valor.

Adaptado de www.excellence.executive.com

Preguntas

- Cita las tácticas de márketing del Banco Santander.
- ¿En qué ha sido beneficioso promocionar la Fórmula 1?
- ¿Qué posición financiera ocupan?
- ¿Cómo se llama el presidente de esta entidad bancaria? ¿Cuál es su función más importante en el banco?

BTS Industriel

1 Évaluation de la compréhension de l'oral

Vas a escuchar tres veces el documento con una pausa de dos minutos. CD n°2 Pista n°16

Márketing en telefonía móvil

Adaptado de *Emprendedores*, abril 2012.

Compte-rendu en français

Après avoir écouté attentivement l'article, vous en dégagerez les idées essentielles. Entraînez-vous à l'oral et à l'écrit.

Pour aller plus loin

1. ¿Cómo se realiza la captación de clientes en el sector de telefonía móvil?
2. ¿Qué hacen las empresas de telefonía para fidelizar a los clientes?
3. Comenta la frase: "Y se da la paradoja de que algunos consumidores son más fieles a los fabricantes de teléfonos que a las operadoras".
4. ¿Qué es un cliente "semi-cautivo"?

2 Évaluation de la production orale en continu et en interaction

¡Cuánto cuesta encontrar un cliente!

¿Cuánto cuesta adquirir un nuevo cliente? El gran pecado capital de la captación de clientes en el que caen muchas empresas es buscarlos de forma masiva y a corto plazo. La captación de clientes es mucho más cara que el mantenimiento de los que ya tienes. Hay que atacar la captación, pero siempre partiendo del targeting, analizando en qué clientes quieres invertir. Es lógico que se tenga en cuenta cuál va a ser su vida media como cliente y su ingreso medio, lo que vas a ganar con él a largo plazo. "Los descuentos agresivos no son recomendables porque dirigen el discurso comercial al precio y banalizan el producto", y que "con campañas más masivas, normalmente te llegan clientes de menor calidad", explica Pentana. Otro factor que debes tener muy claro es que cualquier acción de captación debe ser medible. Sea a corto o largo plazo. Incluso si se trata de publicidad o patrocinio. En estos casos podemos analizar el recuerdo de marca y otras variables. Para Revuelta, "en este tipo de acciones es más difícil cuantificar el retorno que en otras, como el sampling, por ejemplo, que provoca una respuesta más directa. Pero eso no significa que haya acciones mejores o peores para captar clientes. En función de cada segmento y de cuánto debes invertir, hay canales prioritarios y otros que lo son menos. Luego hay acciones más cuantificables que otras. Pero todo se debe medir".

Adapto de www.emprendedores.es, abril 2012.

CICLO DE VIDA DEL CLIENTE

Présentation structurée en espagnol

Après avoir lu attentivement les deux documents, faites une présentation structurée (4 minutes) mettant en évidence les points importants et les détails pertinents.

BTS Tertiaires

1 Évaluation de la compréhension écrite

Youpping revoluciona las compras con el Y-commerce

El Y-commerce nace como la nueva forma de entender el comercio, Youpping es la plataforma social y web auto gestionable que integra soluciones de márketing que ayudan al comercio a vender más. Youpping es una innovadora start up que abre la puerta al Y-commerce, un modelo que combina las posibilidades del comercio electrónico y los beneficios del comercio tradicional. Youpping ha sido galardonada recientemente con el Premio de Innovación Empresarial Región de Murcia 2012. El Y-commerce se presenta como un modelo de comercio más justo -con amplios beneficios para el negocio y para el cliente. Por un lado, el usuario disfruta de ofertas y promociones personalizadas en sus tiendas favoritas, con la oportunidad de poder conocer el comercio tradicional que hay detrás de cada escaparate virtual y beneficiarse de ello. Por su parte, el comercio, conoce a sus clientes, sus gustos y sus preferencias, y puede desarrollar campañas adaptadas a ellos, cuidando a los de siempre y consiguiendo otros nuevos. El comercio, por su parte, dispone de un amplio abanico de soluciones de márketing que harán crecer sus ventas, conocer a sus clientes y desarrollar campañas personalizadas. Los comercios del universo Youpping incluyen diferentes sectores: moda, complementos, hoteles, restaurantes, agencias de viajes; y el tipo de comercios que podemos encontrar es muy amplio y abarca desde el comercio minorista hasta grandes cuentas, franquicias y centros comerciales. Esta innovadora start up -fundada en 2011 por los ingenieros Antonio Bernal y Miguel Rodríguez- ha completado una prometedora fase de pruebas en el Levante español y ahora trabaja en un plan de expansión que contempla llegar a toda España en el plazo de un año.

Adaptado de *Capital*, octubre 2012.

Compte-rendu en français

Après avoir présenté Youpping, vous préciserez quels sont les atouts de cette entreprise (200 mots, +/- 10 %).

Expression écrite

Répondez en espagnol à l'une des questions suivantes (300 mots +/- 10 %) :
- ¿Qué es el Y-commerce?
- ¿Con qué premio ha sido galardonada la empresa Youpping?
- ¿Qué beneficios tiene el cliente? ¿Y la empresa?
- ¿Cuál es el objetivo de Youpping?
- ¿Qué sectores incluyen los comercios del universo Youpping?

2 Évaluation de la compréhension de l'oral

Vas a escuchar dos veces el documento con una pausa de dos minutos. CD n°2 Pista n°17

Creación de un plan de márketing digital

Adaptado de *Capital*, septiembre 2012.

Compte-rendu en espagnol

Après avoir écouté attentivement l'article, vous en dégagerez les idées essentielles. Aidez-vous du graphique ci-dessous.

Entretien

1. Questions sur l'audio.

a) ¿Qué clase de márketing aconsejan los expertos?
b) ¿A qué tipo de empresa interesa el márketing online?
c) ¿Cuál es la diferencia entre el márketing tradicional y el nuevo márketing?

2. Questions générales.

a) ¿Para qué sirven los estudios online?
b) Ayudándote del esquema abajo, intenta explicar la importancia de un plan de márketing.

EXAMEN

En CCF ou épreuve ponctuelle

1 Évaluation de la compréhension de l'oral (AG U22)

Vas a visionar dos veces el documento con una pausa de dos minutos. CD n°2 Pista n°18

Plan de márketing

Adaptado de www.emprendedores.es, junio 2012.

Restituye **en español** a continuación todo lo que comprendas. (Véase *Herramientas* n°2)

2 Communication professionnelle en français et en langue étrangère (AM E4)

Créer, entretenir et activer un réseau relationnel

a) Descarga la ficha del site compagnon de tu manual www.nathan.fr/textos-y-metodos y complétala con la siguiente situación:

b) La empresa Gas Natural hace poco que se ha instalado en Chile. Está en fase de expansión y prevé la instalación de infraestructuras que lleven el gas natural a barrios residenciales acomodados de la capital. Tu manager te ha pedido que realices un informe sobre una urbanización de la capital para comprobar que la inversión de las nuevas infraestructuras que se prevén será rentable.

c) Infórmate acerca de los vecinos: profesiones, poder adquisitivo, infraestructuras existentes, consumos de energía, tipos de vivienda, etc.

d) Presenta tus conclusiones a tu manager y concluye si puede ser una inversión rentable la que prevé Gas Natural.

3 Négociation vente en langue étrangère (NRC/CI U52)

a) Descarga la ficha del site compagnon de tu manual www.nathan.fr/textos-y-metodos y complétala con el siguiente contexto:

b) Vas a realizar una venta bajo estas condiciones. El alumno (A) es el vendedor y el (B) simula ser el cliente.

c) Contexto comercial: La empresa está dedicada a la comercialización de gas natural.

d) Contexto de la negociación: La empresa va a realizar en una urbanización de clase alta la instalación de las tuberías para su canalización. El vendedor hace el puerta a puerta con el fin de informar de las nuevas instalaciones y convencer a sus vecinos de cambiar las botellas de gas por el gas ciudad, más limpio, más barato y sin necesidad de trasladarse a un punto de venta de botellas.

e) Oferta de la empresa: Toda la instalación corre a cuenta de la empresa, además de una interesante promoción inicial con descuentos. Esta oferta es válida dos meses.

f) Herramientas de ayuda a la venta utilizadas: Folletos con información de la empresa Gas Natural, las nuevas instalaciones en el barrio y las ofertas.

6 Distribución

Distribuye bien y vencerás

En esta unidad vas a aprender a:

- Conocer los diferentes tipos de transporte
- Conocer los diferentes tipos de canales de ditribución
- Hablar de los costes de transporte
- Imaginar el transporte de la gran distribución
- Imaginar el transporte del futuro

LLUVIA DE IDEAS

Palabras

Sustantivos
Un móvil: *un portable*
La red : *le réseau*
Noticias : *des nouvelles*

Siglas
Renfe: Red nacional de ferrocarriles españoles
AVE : Alta Velocidad Española

Verbos y colocaciones
En cualquier parte: *partout*
Enterarse de: *s'informer, apprendre une nouvelle*

Preguntas

- ¿Qué objetos ves?
- ¿Qué objetivo tiene esta publicidad?
- Explica el significado de esta frase: "Nuestros trenes en tu móvil."
- ¿Qué es renfe.mobi?¿Para qué sirve?

TODO OÍDOS

CD n°2 Pista n°19

1. ¿Cómo se define a Talgo?
2. ¿Cuándo se creó?
3. ¿Cuál es la clave del liderazgo?
4. ¿Cuál serían las apuestas de futuro de Talgo?

6 | Distribución

1 • TODO OÍDOS

CD n°2
Pista n°20

Escucha el texto *La Magdalena de Proust, para llevarte al huerto* y contesta.

a) Anota el nombre de las dos empresas anunciadas.
b) ¿Cómo se crearon estas dos empresas?
c) ¿En qué sentido estas empresas se diferenciarían de las demás cadenas de distribución?
d) ¿Qué es un “take away”?

2 • A BUEN ENTENDEDOR...

Éstos son los nuevos súper

Dos cadenas locales de productos eco y japoneses reabren este mercado. Estos serían los nuevos súper: conceptos de nicho en el sector de la distribución nos hacen pensar que habría más vida fuera de las marcas de distribución y los formatos descuento. Lo más habitual cuando se nos dice que se querría entrar en un sector en el que, según sesudos estudios, los cinco principales operadores concentrarían el 43% de las ventas es que disuadamos para no hacerlo. Así, de primeras. Si además, ese sector lleva tres años consecutivos de caídas. Pero es en este momento cuando llega alguien por detrás y nos da una colleja. En este caso, la colleja la recibimos de los fundadores de la Magdalena de Proust y Daisuki, tres emprendedores que nos habrían demostrado que todavía existirían nichos en el sector de la distribución alimentaria. En concreto, ellos los habrán encontrado en productos 100% ecológicos y en alimentos japoneses pensados para japoneses residentes en Madrid y para amantes españoles de la comida japonesa. Las dos ofertas compartirían un mismo objetivo: convertirse en cadenas locales de supermercados, que sería a todas luces lo que les diferencia de otras propuestas que se han quedado sólo en pequeñas tiendas, y compartirían un mismo enfoque: consumidores con un poder adquisitivo medio alto.

www.emprendedores.es, agosto 2012.

a) **¿Cómo se caracteriza en este texto el sector de la distribución?**
b) **¿Qué empresas han demostrado que el sector de la distribución sigue vivo?**
c) **¿A quiénes van dirigidas estas tiendas?**
d) **¿Qué productos proponen?**

3 • CON BUENA LETRA

Escribe una carta a la revista *Emprendedores* y refuta la idea expuesta en el artículo. Explícales con ejemplos claros que el sector de la distribución sería un sector en pleno auge, un sector que necesitaría modernizarse: "Lo más habitual cuando se nos dice que se querría entrar en un sector en el que, según sesudos estudios, los cinco principales operadores concentrarían el 43% de las ventas es que disuadamos para no hacerlo. Así, de primeras. Si además, ese sector lleva tres años consecutivos de caídas."

4 • HABLAR POR LOS CODOS

¿Cuáles serían, en tu opinión, las diferencias a la hora de emprender al crear una tienda o una cadena de distribución?

5 • HABLANDO SE ENTIENDE LA GENTE

Muchos son los que piensan que asistiríamos a un escenario en el que las nuevas empresas de distribución se centrarían cada vez más en alimentos de lujo, productos artesanales, pequeños productores agrícolas especializados en alimentos ecológicos, etc.
Debatid sobre cuál será el futuro de la distribución: ¿centrarse en productos de lujo y vender poca cantidad o vender muchos productos asequibles en cantidad? ¿Los dos serían compatibles realmente?

ANTICIPA

¿Se aprende de los errores de los demás?

Dime dónde fallaste, que ya emprendo yo

Muchos negocios habrían cerrado no porque fuera mala la idea de partida, sino por una mala gestión financiera, por no darse suficiente tiempo o por no haber sido capaces de solucionar algo tan complicado como la logística. La cadena del frío continuaría siendo el caballo de batalla de las ventas online de productos de alimentación, lo que no querría decir que no hubiera negocio, sino que este tipo de ventas se vería obligado a un catálogo de productos limitado. En los últimos tiempos han cerrado varias empresas de este sector por no haber sabido gestionar la logística. En unos casos no habrían sido capaces de bajar los precios de sus productos para financiar una logística propia y, en otros, no habrían encontrado operadores logísticos externos capaces de garantizar esta cadena del frío. Hemos decidido retomar este sector para demostrarte que podría haber negocio, pero habría que ser capaz de ver dónde han fallado los demás.

Acotando los tiempos de entrega resultaría que sí es negocio. La distinción la hacen Cristina y Oscar, los emprendedores que han montado embutishop.com y que venden embutidos envasados online. "Debido a los productos tradicionales elaborados en distintas zonas geográficas de España no siempre fácilmente accesibles y a la fabricación artesanal y en muchos casos limitada, no es posible garantizar una entrega inmediata. Además para preservar las mejores condiciones de los productos y que estén el menor tiempo posible en el transporte, para evitar que queden días almacenados en lugares que no controlamos, sólo hacemos envíos de lunes a miércoles. Te podemos ofrecer un plazo de entrega de entre cuatro y diez días."

Adaptado de *El País*, agosto 2012.

Elige el canal de distribución que más conviene a tu negocio

Dispones de un producto único pero, ¿cómo harías para venderlo? El profesor Fernando Sánchez, del IE[1] Business School, resume los tres canales tradicionales de distribución: "El largo, en el que el fabricante vendería al mayorista, él al minorista y éste último al cliente final; el medio, en el que participarían fabricante, minorista y cliente; y el corto o directo, donde comercializarían directamente al consumidor." Como no todos los empresarios podrían ser Zara (fabricar, distribuir y vender al cliente final), habría otras opciones.

Los distribuidores mayoristas estarían enfocados, sobre todo, al sector alimentario (detallistas, restaurantes, compañías de catering, hosteleros...). Makro[2] España, por ejemplo, comercializa unos 250 artículos nuevos cada año. El proceso suele ser rápido. "Desde la llegada de la ficha técnica y logística hasta la entrada en los almacenes pueden pasar 15 días. Para que el producto llegue a las estanterías, Makro utiliza dos vías: el proveedor entrega los productos a cada punto de venta o bien la entrega en plataforma con flujo logístico BBXD (Break Bulk Cross Docking). "Nuestros almacenes realizan un pedido, la plataforma lo consolida y reenvía al proveedor, quien lo prepara y lo entrega en la plataforma de nuevo. Desde allí el pedido se reexpide a cada almacén", explica Poblet.

Si prefieres vender tu producto directamente a un minorista (o detallista), puedes hacerlo a través de los especializados o los no especializados.

Según un estudio de Anceco (Asociación Nacional de Centrales de Compra y Servicios), un comercio asociado a una central de compras es cinco veces más competitivo que un comerciante independiente. Además, "pertenecer a una central de compra sería la única forma de que los pequeños empresarios seamos competitivos frente a las grandes superficie", defiende Rafael Peris, presidente de la central juguetera Toy Planet.

Adaptado de *Capital*, septiembre 2012.

1. Instituto de Empresa, en Madrid.
2. Empresa líder de distribución mayorista en España.

Las palabras no están solas

1. Busca sinónimos.
complicado – garantizar – retomar – una distinción

2. Encuentra antónimos.
cerrado – capaz – un canal – una entrada – rápido – única

3. Dilo en español.
échouer – résoudre – proposer – des rayons – récemment

4. Cada oveja con su pareja

una idea de partida •	• hacer las cosas con cautela
ser el caballo de batalla •	• ser el punto principal o más importante
darse el tiempo para •	• un concepto inicial

El título

¿En qué sentido son complementarios los dos títulos?

Localiza en el texto...

1. Texto 1: Cuál suele ser el fallo en la mayoría de los negocios.
2. Texto 2: Las diferentes vías propuestas para vender un producto.

Comprensión del texto

1. ¿Cuál es el caballo de batalla de las ventas online?
2. ¿Cuánto es el tiempo estimado de comercialización de un producto de Makro España?

Método

Le compte-rendu

1. Divide el texto 1 en partes y subraya las frases más significativas.
2. Resume lo esencial de cada parte en una, dos o tres frases. Cuidado con la paráfrasis.
3. Redacta una introducción.
4. Elabora una conclusión que contenga los puntos tratados. (Véase *Herramientas* n°2)

Expresión escrita

1. Explica la frase: "Como no todos los empresarios podrían ser Zara (fabricar, distribuir y vender al cliente final), habría otras opciones." (l. 9-11)
2. ¿Qué solución han encontrado Cristina y Oscar para preservar las mejores condiciones de los productos entregados?

Expresión oral

1. Apóyate en el texto 1 y explica la importancia que tiene la gestión logística en un negocio.
2. La enseña francesa Carrefour innova proponiendo mini-boutiques en su centro comercial para proponer un trato más directo y cercano a sus clientes. Explica en qué sentido los distribuidores de alimentos han sabido innovar para complacer a unos clientes cada vez más exigentes.

Comunicación oral

CD n°2 Pista n°21

Escucha y responde

1. Escucha el texto *El dream team de la alimentación* en el que se cuenta cómo reducir el desperdicio y optimizar los excedentes alimentarios.
2. Haz un resumen en francés.
3. Responde en español.
a) ¿Qué empresas distribuidoras participan en el AECOC?
b) ¿Con qué objetivo se han unido?
c) ¿Cuál es el lema de esta asociación?
d) ¿Quién será el receptor del excedente de alimentos?

Analiza y opina

1. Presenta estos logotipos. ¿Qué relación hay entre ellos?
2. ¿Dónde se pueden encontrar?
3. Explica su utilidad.
4. Explica la creciente demanda por la cadena de frío.

1 • Buenas formas

a. Fíjate en las formas del condicional y el condicional compuesto. ¿Qué diferencia de uso aprecias?
b. Escribe frases con el uso de estos tiempos y explica su uso.

2 • Dilo de otra forma

a. En unos casos no habrían sido capaces de bajar los precios de sus productos para financiar una logística propia.
b. Como no todos los empresarios podrían ser Zara (fabricar, distribuir y vender al cliente final), habría otras opciones.
c. Dispones de un producto único pero, ¿cómo harías para venderlo?
d. Además, "pertenecer a una central de compra sería la única forma de que los pequeños empresarios seamos competitivos frente a las grandes superficie", defiende Rafael Peris, presidente de la central juguetera Toy Planet.

3 • Emplea la forma correcta

Elige la forma correcta de futuros y condicionales, simples y compuestos.
Las empresas que cerraron en los últimos años ____________ (gozar) de menos acceso al crédito. Según fuentes, otras causas ____________ (ser) no haber gestionado bien la logística, que __________ (venir a ser) algo más importante de lo que comúnmente se considera. Así, las grandes superficies la __________ (tener) siempre muy en cuenta a la hora de calcular los costes. La tendencia a venir ______________ (empujar) a un mayor control también en las empresas de menos tamaño, cosa que no ocurrió en el pasado.

4 • Traduce

a. En los últimos tiempos han cerrado varias empresas de este sector por no haber sabido gestionar la logística. En unos casos no habrían sido capaces de bajar los precios de sus productos para financiar una logística propia y, en otros, no habrían encontrado operadores logísticos externos capaces de garantizar esta cadena del frío. Hemos decidido retomar este sector para demostrarte que podría haber negocio, pero habría que ser capaz de ver dónde han fallado los demás.
b. Si prefieres vender tu producto directamente a un minorista (o detallista), puedes hacerlo a través de los especializados o los no especializados. Según un estudio de Anceco (Asociación Nacional de Centrales de Compra y Servicios), un comercio asociado a una central de compras es cinco veces más competitivo que un comerciante independiente.

Las formas de la lengua

Condicional compuesto

Con el condicional compuesto hacemos hipótesis sobre el pasado de un suceso pasado y sobre el pasado del futuro.

- **Para formar el condicional compuesto utilizamos el condicional del verbo haber:**
habría/habrías/habría/habríamos/habrían + hablado/vendido/prohibido
- **El condicional perfecto tiene dos usos fundamentales:**

a) Hacer hipótesis sobre el pasado de un suceso pasado.
*Eso significaría que ayer cuando tú llegaste, él ya **habría llegado** antes.*
b) Hacer hipótesis sobre el pasado del futuro.
*Para cuando tú llegaras, él ya **habría llegado**.*
*Si salió antes, él **habría llegado** antes de cuando tú llegaste.*
*Si sale antes, para cuando tú llegaras ya **habría llegado**.*

Granxa Familiar recibe el premio a la distribución de alimentos

Granxa Familiar recibirá en breve el premio Alimentos de España a la Distribución que concede el Ministerio de Agricultura. Con este premio se galardonará la trayectoria y el trabajo desarrollado por establecimientos de distribución minorista de alimentos y nuevos canales de comercialización, tanto en el mercado interior como en el exterior, con objeto de potenciar el conocimiento, la presentación y la difusión de alimentos de esta empresa gallega. El reto de Granxa Familiar sería desde sus orígenes impulsar el desarrollo social, económico y cultural en el medio rural gallego. Una firma colectiva y una marca que habría nacido a partir de una investigación llevada a cabo en Galicia e Irlanda entre los años 2003 y 2006, financiada por la Fundación Feiraco, y coordinada por un Grupo de Investigación de la Universidad de Santiago.

Hoy son ya 22 las granjas de toda Galicia asociadas, que comercializan sus productos bajo la marca Granxa Familiar. En estos últimos tiempos, las nuevas redes ciudadanas de consumo alternativo establecerán como pilar fundamental la eliminación de intermediarios entre el productor y el consumidor. Es una condición básica para no encarecer artificialmente el producto, a la vez que se valora y dignifica al productor. Y no sólo eso. Si se consigue implantar definitivamente, se habrán establecido también relaciones más directas entre productores y consumidores que beneficiarían a ambas partes: el productor conocerá de primera mano las preferencias de sus clientes y el consumidor podrá saber el origen y la forma en que se elabora lo que consume. La red Granxa Familiar, que agrupa a una veintena de pequeñas granjas tradicionales en Galicia, profundiza en este diálogo y busca consolidar este tipo de intercambio, tanto para la salud y el conocimiento del consumidor como para revalorizar el medio rural gallego, un rico patrimonio conseguido en siglos de equilibrio entre el mundo natural y el humano.

www.elcorreogallego.es, diciembre 2012.

Las palabras no están solas

1. Busca sinónimos.
galardonada con – las vías – el extranjero – desarrollar

2. Encuentra antónimos.
frenar – la propagación – abaratar – desprestigiar

3. Dilo en español.
des recherches – des fermes – un pilier – un intermédiaire

4. Cada oveja con su pareja.

otorgado por •	• con la intención de
con objeto de •	• todavía más cosas
llevada a cabo por •	• directamente
y no sólo eso •	• concedido por
de primera mano •	• elaborada por

5. Veo, veo una palabra que empieza por... y significa...
Ejemplo:
– Veo, veo… una palabra que empieza por R y significa tejido de empresas unidas.
– Red.
– Eso es, correcto.

El título

1. Explica con otras palabras el título.
2. Inventa otro título.
3. ¿Cuál sería el subtítulo del texto?

6 | Distribución

Localiza en el texto...

1. Párrafo 1: Por qué esta asociación habrá sido galardonada con el premio a la mejor distribución.
2. Párrafo 2: El número de granjas que comercializan sus productos bajo el nombre Granxa Familiar.

Comprensión del texto

1. ¿En qué sentido sería importante para estas granjas distribuir conjuntamente bajo el nombre Granxa Familiar?
2. ¿Cuál será la nueva relación entre productor y consumidor?
3. ¿En qué sentido se beneficiará el consumidor de este tipo de medidas?

Con mucho oficio

Por parejas: (A) es productor de Granxa Familiar y (B) es un consumidor. Imagina el diálogo basado en este comentario: "Con este tipo de distribución, el productor conoce de primera mano las preferencias de sus clientes y el consumidor puede saber el origen y la forma en que se elabora lo que consume."

Defiende tu postura

Comenta la frase: "Las nuevas redes ciudadanas de consumo alternativo establecen como pilar fundamental la eliminación de intermediarios entre el productor y el consumidor. Es una condición básica para no encarecer artificialmente el producto, a la vez que se valora y dignifica al productor."

Método

Le compte-rendu

1. Divide el texto en partes y subraya las frases más significativas.
2. Resume lo esencial de cada parte en una, dos o tres frases. Cuidado con la paráfrasis.
3. Redacta una introducción.
4. Elabora una conclusión que contenga los puntos tratados. (Véase *Herramientas* n°2)

Expresión escrita

1. Recuerda los diferentes elementos que conoces que podrían potenciar el conocimiento, la presentación y la difusión de los alimentos de un país.
2. Comenta esta frase: "La comercialización de productos online era hace unos años aconsejables, hoy en día es una obligación." ¿Es el futuro para el sector de pequeños productores?

Expresión oral

1. Piensa en otros sectores que podrían agruparse para la distribución de sus productos. ¿Qué interés tendrían en harcelo?
2. ¿Existe algo similar en tu país? Da ejemplos.

Comunicación oral

CD n°2 Pista n°22

Escucha y responde

1. Escucha el texto *La cadena de valor*.
2. Haz un resumen en francés.
3. Responde en español.

a) ¿Por qué se dice que la cadena es un proceso de dependencia mutua y que cada eslabón influye en los demás?
b) Opina sobre: "En España la distribución comercial favorece la elección del consumidor."

Analiza y opina

1. Entra en el sitio www.sergerente.net/cadena-de-valor y di lo que es una cadena de valor.
2. Da un ejemplo de productos y cómo siguen la cadena.

1 • Buenas formas

a. En la siguiente frase, justifica la utilización del futuro perfecto.
"Si se consigue implantar definitivamente, se habrán establecido también relaciones más directas entre productores y consumidores que beneficiarían a ambas partes."
b. Busca ejemplos con condicionales y futuros. Justifica su uso.

2 • Dilo de otra forma

a. Si se consigue implantar definitivamente, se habrán establecido también relaciones más directas entre productores y consumidores que beneficiarían a ambas partes.
b. El reto de Granxa Familiar habrá sido impulsar el desarrollo social, económico y cultural en el medio rural gallego.
c. Una firma colectiva y una marca que habría nacido a partir de una investigación llevada a cabo en Galicia e Irlanda entre los años 2003 y 2006, financiada por la Fundación Feiraco, y coordinada por un Grupo de Investigación de la Universidad de Santiago.
d. Con este premio se galardonará la trayectoria y el trabajo desarrollado por establecimientos de distribución minorista de alimentos y nuevos canales de comercialización, tanto en el mercado interior como en el exterior, con objeto de potenciar el conocimiento, la presentación y la difusión de alimentos de esta empresa gallega.

3 • Emplea la forma correcta

Elige entre el futuro perfecto y el futuro
La alimentación del futuro __________ (ser) una alimentación inteligente. Para ello, ____________ (necesitar) pasar por muchas etapas hasta llegar hasta allí y ___________ (sufrir) muchas transformaciones. La alimentación no solamente __________ (explicar) las características multifacéticas de los alimentos, sino también _________ (atraer) la atención de la persona sobre el hecho de que el alimento ________ (haber) que saber comerlo, no devorarlo. La alimentación del futuro no _________ (apoyarse) en las vitaminas, aminoácidos, albúminas, etc. Es decir, en todo lo generalmente que _________ (ser) dominante en la alimentación del hombre de ayer, en la que _____________ (basarse) la alimentación pasada sino en unas u otras frecuencias que capaces de generar energía.

4 • Traduce

a. Si se consigue implantar definitivamente, se habrán establecido también relaciones más directas entre productores y consumidores que beneficiarían a ambas partes: el productor conocerá de primera mano las preferencias de sus clientes y el consumidor podrá saber el origen y la forma en que se elabora lo que consume.
b. En estos últimos tiempos, las nuevas redes ciudadanas de consumo alternativo establecerán como pilar fundamental la eliminación de intermediarios entre el productor y el consumidor.

PRACTICA • TEXTO

Las formas de la lengua

El futuro perfecto

Con el futuro perfecto imaginamos hechos que han sucedido antes de otro momento futuro.
*Cuando tú llegues, yo ya **habré hecho** todo el trabajo.*
Hacer el trabajo, por tanto, es anterior a llegar.

1. El futuro perfecto se forma con:
habré/habrás/habrá/habremos/habréis/habrán + hablado/vendido/prohibido

2. El futuro perfecto tiene dos usos fundamentales:
a) Señalar cómo será el futuro antes de otro.
*La nueva plataforma de transbordo de Seur **se habrá convertido** en poco tiempo en la segunda en importancia.*
b) Hacer una hipótesis de un momento que tiene relación con el presente.
*No estoy seguro pero imagino que esta mañana **habrá llamado** a la empresa de transporte que le dije.*

ANTES DE ESCUCHAR

¿Conoces algunas marcas de cosmética españolas?

Al oral...

CD n°2
Pista n°23

Líder en distribución cosmética en España

www.germainedecapuccini.com

Las palabras no están solas

1. **Cada oveja con su pareja.**

estar al frente de •	• tener el apoyo de
contar con •	• en mucho tiempo
a largo plazo •	• dirigir

2. **Dilo de otra forma.**
a mediados – la proyección – fortalecer – el canal

El título

Explica el título. ¿En qué contexto se dice?

Di de qué trata el audio

Escucha de nuevo y escribe las respuestas.
1. El origen de esta distribuidora de cosmética.
2. El porqué de su logotipo.
3. ¿Cuál es su lema?

Comprensión del audio

1. ¿Por qué razón optaron por el canal de distribución profesional?
2. ¿Cómo se ve que es una empresa familiar?

Defiende tu postura

A petición de tu jefe vas a buscar un jefe de logística. Redacta un anuncio para colocarlo en la prensa a nivel nacional.

Analiza y opina

1. Analiza la publicidad de Avon.
2. ¿Crees que las mujeres se decantan por productos cosméticos muy caros?
3. ¿Cuáles son las marcas de cosmética que compras?

Con mucho oficio

La empresa Avon cosmética necesita distribuidores especializados en cosmética para la península ibérica: pasa una entrevista con la responsable de recursos humanos. El alumno (A) quiere ser distribuidor y el alumno (B) es responsable de Avon ibérica.

Método

Le compte-rendu
1. Divide el audio en partes.
2. Resume lo esencial de cada parte en una, dos o tres frases. Cuidado con la paráfrasis.
3. Redacta una introducción.
4. Elabora una conclusión que contenga los puntos tratados. (Véase *Herramientas* n°2)

Expresión escrita
1. Es una firma de cosmética profesional, ¿qué incidencias tiene eso en la distribución y su comercialización?
2. El símbolo es un cisne. ¿Qué te parece que simboliza para la mujer? Propón otros animales y asócialos a valores. (Véase *Herramientas* n°5)

Expresión oral
1. Comenta la elección de nombre como Germaine de Capuccini. ¿Crees que es acertado?
2. Da tu opinión sobre el eslogan: "Buscamos el equilibrio entre la belleza y la salud."

ANTES DE VER

¿Conoces el sistema de distribución de Nespresso?

A la vista está...

Distribución Nespresso

▸ http://www.youtube.com/watch?v=a4Dlphnuol4

Las palabras no están solas

1. Cada oveja con su pareja.

avalar a una empresa •	• cotidianamente
a diario •	• ser garante de algo

2. Dilo de otra forma.

la distribución – la productividad – la experiencia – un pedido

El título

Explica el título. ¿En qué contexto se dice?

Di de qué trata el vídeo

Visiona de nuevo y escribe las respuestas.

1. ¿Cómo se llama la persona entrevistada? ¿Cuál es su función dentro de la empresa?
2. ¿Cuál es su relación con Nespresso?

Comprensión del vídeo

1. ¿Cuántos años de experiencia avalan a esta empresa?
2. ¿Cuántos pedidos diarios prepara esta empresa?
3. ¿En qué sentido se ha mejorado su productividad?

Defiende tu postura

Trabajas en el departamento de márketing de Nespresso, escribe un pequeño anuncio solicitando colaboración a posibles empresas interesadas en la recepción y distribución a diario vuestros productos.

Analiza y opina

1. Presenta la publicidad del sitio www.nespresso.es.
2. ¿Cómo se asocia la idea de un actor famoso al consumo de café?

Con mucho oficio

Quieres hacer un pedido de Nespresso, llama a la empresa para informarte sobre el precio de la cápsula, si el porte está incluido, adónde tienes que ir a buscar el paquete, cuándo tardas en recibirlo, a partir de cuántas cápsulas los portes son gratuitos y dónde está la tienda más cercana para descubrir otros productos.
Información: el precio de la cápsula es de 35 céntimos; el porte es aparte; el paquete lo mandan al domicilio o se recoge en una tienda asociada; a partir de 80 euros los gastos de envío son gratuitos.

Método

Le compte-rendu

1. Divide el vídeo en partes.
2. Resume lo esencial de cada parte en una, dos o tres frases. Cuidado con la paráfrasis.
3. Redacta una introducción.
4. Elabora una conclusión que contenga los puntos tratados. (Véase *Herramientas* n°2)

Expresión escrita

1. Acabas de recibir un pedido de la casa Nespresso, estás descontento porque el paquete ha llegado con diez días de retraso. Escribe una carta de queja pidiendo que te devuelvan los 5 euros de portes que pagaste de más para un servicio rápido.
2. En tu ciudad no hay ninguna tienda Nespresso. Escribe a la casa Nespresso proponiendo tu tienda como receptora de los productos. Explica en qué sentido os puede beneficiar a los dos. (Véase *Herramientas* n°5)

Expresión oral

1. Eres un consumidor convencido de café Nespresso. Explica las razones por las cuales sueles comprar mensualmente cápsulas de café por Internet.
2. Explicable a tu amiga que la compra en la página de Internet www.nespressso.es es mucho más interesante que la compra por teléfono. Cuéntale las ofertas y cómo hacer el pedido.

ANTICIPA

¿Sabes qué es el Mercosur?

Empresas venezolanas y su participación en el Mercosur

Participar en el Mercosur es una gran oportunidad para la empresa Venezolana ya que éste es un socio económico relevante en el plano internacional, pues posee un área que es cuatro veces más grande que la Unión Europea, es un mercado potencial de 200 millones de habitantes y se ubica entre las 4 mayores economías del mundo y la principal reserva de recursos naturales del planeta. El Mercosur tiene actualmente un sector industrial importante, busca tener relaciones externas amplias y variadas. La integración del Mercosur ayudaría también a la creación de un sello cultural para promocionar la cooperación, el intercambio y la mayor facilidad en el tránsito aduanero de bienes culturales.

Se piensa cada vez más comúnmente que en un futuro muy próximo las nuevas estructuras orgánicas de las empresas se harán posibles gracias a la reducción de los costos de transporte. Dichos costos tendrían como origen los adelantos tecnológicos en las industrias de la información y las comunicaciones. De aquí entonces, que el rol de las empresas venezolanas en la participación del Mercosur resultará sin duda interesante ya que:

- Las empresas pequeñas obtendrán ventajas de la vinculación con empresas transnacionales por medio de acuerdo de licencia o de franquicia.
- A través de esta asociación de Venezuela al Mercosur la empresa podría utilizar como medio para la cooperación mundial y la transferencia de tecnología.
- Habría un intercambio cultural de las empresas venezolanas y otras empresas del exterior.
- Los objetivos comunes podrían ser coyunturales, tales como la adquisición de un volumen de materia prima, o generar una relación más estable en el tiempo como puede ser la investigación y desarrollo de tecnologías para el beneficio común o el acceso a un financiamiento que requiere garantías que son cubiertas proporcionalmente por parte de cada uno de los participantes.

Ahora bien, con relación a las amenazas y debilidades de las empresas venezolanas ante el Mercosur podrían surgir obstáculos:

- Las empresas pequeñas se verían enfrentadas a competidores internacionales.
- La elevación de los salarios reales podría erosionar sus ventajas de costos, mientras que las cuotas impuestas por los países industrializados limitarían su acceso a los mercados.
- Un desplazamiento hacia una mayor dependencia de la producción primaria y algunos servicios (turismo), causados por la pérdida de las ventajas comparativas en la manufactura debida a una actualización tecnológica inadecuada, o al cierre de industrias de sustitución de importaciones que no podrían competir en condiciones de economía abierta.

En el caso particular de Venezuela, los productos que inicialmente entran a formar parte de la cartera de ofertas al Mercosur, son los derivados de aluminio, acero, atún y sardinas; cabe destacar que los bienes y servicios que logre Venezuela colocar al Mercado común son aquellos bienes que presentarían un valor agregado, es decir materia primas procesadas y en la mayoría de las veces terminadas.

Adaptado de www.gestiopolis.com, diciembre 2012.

Las palabras no están solas

1. Busca sinónimos.
un socio – relevante – un sello

2. Encuentra antónimos limitar.
enfrentado – una dependencia – complicada – particular

3. Dilo en español.
un rôle – un échange – une menace – un moyen

4. Cada oveja con su pareja

por medio de •	• durante
mientras que •	• a través de
formar parte de •	• pertenecer a

5. Veo, veo una palabra que empieza por… y significa…
Ejemplo: – Veo, veo… una palabra que empieza por R y significa papel.
– Rol.
– Eso es, correcto.

El título

1. Explica con otras palabras el título
2. Inventa otro título
3. ¿Cuál sería el subtítulo del texto?

Localiza en el texto...

1. Párrafo 1: Si es ventajoso para un país como Venezuela formar parte de Mercosur.
2. Párrafo 2: Cita las ventajas para Venezuela.
3. Párrafo 3: Cita las amenazas para algunas empresas venezolanas.

Comprensión del texto

1. Explica qué es Mercosur con tus propias palabras.
2. ¿Cuál es la principal fuente de riqueza de Venezuela?

Con mucho oficio

Por parejas: (A) es el empresario venezolano y (B) es el manager.
Trabajas en una empresa Venezolana. Intentas convencer a tu manager para exportar vuestros productos a Mercosur.

Defiende tu postura

Comenta la frase: "La integración del Mercosur ayudaría también a la creación de un sello cultural para promocionar la cooperación, el intercambio y la mayor facilidad en el tránsito aduanero de bienes culturales."

Método

Le compte-rendu

1. Divide el texto en partes y subraya las frases más significativas.
2. Resume lo esencial de cada parte en una, dos o tres frases. Cuidado con la paráfrasis.
3. Redacta una introducción.
4. Elabora una conclusión que contenga los puntos tratados. (Véase *Herramientas* n°2)

Expresión escrita

Eres el Presidente de Colombia. Escribe una carta para que tu país Colombia pueda formar parte de Mercosur. Cita los productos que exporta tu país.
Escribe una carta al director de Mercosur quejándote de que algunos países como México o Colombia no formen parte de Mercosur, siendo para ti un poco exclusivo este sistema.

Expresión oral

1. Busca información sobre otro país de Mercosur y cita los productos que comercializa.
2. ¿Mercosur es una manera de abrir o cerrar fronteras? ¿Integrarse o excluir?

PRACTICA • TEXTO

Comunicación oral

CD n°2 Pista n°24

Escucha y responde

1. Escucha el texto *Reflexiones sobre el Mercosur*.
2. Haz un resumen en francés.
3. Responde en español.
¿Es una opinión positiva o negativa de Mercosur?

Analiza y opina

1. Visita el sitio mercosur.int y presenta el cartel de Mercosur.
2. El lema de Mercosur es: "Nuestro norte es el sur." Explica el juego de palabras.

1 • Buenas formas

a. Conjuga en futuro y condicional simples los verbos "salir" y "obtener".
b. Explica el uso del condicional compuesto en: "El Corte Inglés no habría podido mantenerse al margen."

2 • Dilo de otra forma

a. La integración del Mercosur ayudaría también a la creación de un sello cultural para promocionar la cooperación, el intercambio y la mayor facilidad en el tránsito aduanero de bienes culturales.
b. Las empresas pequeñas obtendrán ventajas de la vinculación con empresas transnacionales (ET) por medio de acuerdo de licencia o de franquicia.
c. A través de esta asociación de Venezuela al Mercosur la empresa podría utilizar como medio para la cooperación mundial y la transferencia de tecnología.
d. Las empresas pequeñas se verían enfrentadas a competidores internacionales.

3 • Emplea la forma correcta

Elige entre futuros y condicionales, simples y compuestos.

Mercosur en 20 años ____________ (suponer) una gran oportunidad de negocios para todos aquellos que ____________ (invertir). Todas las empresas interesadas en participar en él __________ (obtener) buenos beneficios porque el crecimiento _________ (preverse) muy rápido y acelerado. ________ (caber) preguntarse por la situación de las pequeñas empresas enfrentadas a las grandes. Para eso, _______ (ser) fundamental el hecho de la liberalización del precio de las materias primas, que durante las últimas décadas ____________ (estar) en manos de casi monopolios.

4 • Traduce

a. Participar en el Mercosur es una gran oportunidad para la empresa Venezolana ya que éste es un socio económico relevante en el plano internacional, pues posee un área que es cuatro veces más grande que la Unión Europea, es un mercado potencial de 200 millones de habitantes y se ubica entre las 4 mayores economías del mundo y la principal reserva de recursos naturales del planeta. El Mercosur tiene actualmente un sector industrial importante, busca tener relaciones externas amplias y variadas. La integración del Mercosur ayudaría también a la creación de un sello cultural para promocionar la cooperación, el intercambio y la mayor facilidad en el tránsito aduanero de bienes culturales.
b. En el caso particular de Venezuela, los productos que inicialmente entran a formar parte de la cartera de ofertas al Mercosur, son los derivados de aluminio, acero, atún y sardinas; cabe destacar que los bienes y servicios que logre nuestro país colocar al Mercado común son aquellos bienes que presentarían un valor agregado, es decir materia primas procesadas y en la mayoría de las veces terminadas.

Las formas de la lengua

Condicionales y futuros: simples y compuestos

El futuro tiene dos usos fundamentales:
a) Señalar cómo será el futuro.
b) Hacer una hipótesis de un momento presente.
No sé donde cómo está el escaparate, pero imagino que ***estará*** *muy bonito como siempre en Navidad.*

El futuro perfecto tiene dos usos fundamentales:
a) Señalar cómo será el futuro antes de otro.
b) Hacer una hipótesis de un momento que tiene relación con el presente.
- El futuro sólo indica hipótesis cuando trata de una realidad presente.
- El condicional siempre indica hipótesis, sea presente, pasado o futuro.

Vocabulario

Abastecedor: fournisseur
Abastecer: approvisionner
Abastecimiento: approvisionnement
Abonarse: s'abonner
Abono: s´abonner
Almacén: entrepôt
Almacenar: avoir en stock
Alta costura: haute couture
Arancel: tarif douanier
Auge: en expansion
Barato: bon marché
Calidad: qualité
Centro comercial: centre commercial
Compra: achat
Comprar: acheter
Coste: coût
Datos: données
Depósito: dépôt
Disminución: diminution
Distribución: distribution
Empleado especialista en: un employé spécialisé en
En periodo de auge: en plein essor
Envío: envoi
Entrega: livraison
Entregar: livrer
Estantería: rayonnage
Estar de moda: être à la mode
Facilitar: procurer
Fecha prevista: date prévue
Gama de productos: gamme de produits
Hacer de media: faire en moyenne
Hacer un pedido: passer une commande
Horas punta: heures de pointe
Intermediario: intermédiaire
Jefe de sección: chef de rayon
Industria: industrie
Llamar la atención: attirer l'attention
Lleno: rempli
Manufactura: manufacture
Margen: marge
Mayorista: grossiste
Mercado: marché
Montar una empresa: créer une entreprise
Muestra: échantillon
Muestrario: échantillonage
Ocio: loisir
Pagar por adelantado: payer d´avance
Pago: paiement
Pedir un producto: commander un produit
Plazo de entrega: délai de livraison
Precio aconsejado: prix conseillé
Precio de compra: prix d´achat
Producto de alta calidad: produit haut de gamme
Proporcionar: procurer
Proveedor: fournisseur
Proveer: fournir
Pymes (pequeñas y medianas empresas): PME
Relación calidad precio: rapport qualité prix
Repartidor: livreur
Representante: représentant
Sección: rayon
Subcontratar: sous-traiter
Subcontratista: sous-traitant
Suministrar: fournir
Suministro: fourniture
Surtido: achalandé
Tiempo de entrega: délai de livraison
Tienda especializada: magasin spécialisé
Tarifa: tarif
Transeúnte: piéton
Transporte: transport
Venta directa: vente directe
Venta online: vente en ligne
Volver a comprar: racheter
Volver a vender: revendre

6 | Distribución

En general

Conceptos fundamentales sobre la distribución de bienes y servicios de una microempresa

¿Cómo llegan los productos de la empresa al consumidor final? Podemos decir que la distribución es la parte del mercadeo en la que se logra que los bienes o servicios producidos por la empresa lleguen a los consumidores para satisfacer sus necesidades. Pues bien, a quien entrega sus productos, como los entrega, que medios de transporte usa para tal fin, en cuanto a empaque y almacenamiento, que necesidades presenta su empresa. Estas y otras preguntas son respondidas con lo que se llama sistema de distribución. El canal de distribución es el camino que toma el producto para ir de la empresa al consumidor, pero no siempre será el mismo ya que así como puede ser que el producto llegue directamente del productor al consumidor. Cuando hablamos de camino directo nos referimos al más corto entre el productor y el consumidor, es decir que la distribución es directa, pero al tiempo que pone al consumidor más cerca del productor también se distingue por su alta de frecuencia en las ventas pero en pocas cantidades. Un canal más complejo es el de los distribuidores, los cuales son individuos o empresas que se encargan de hacer que los bienes o servicios que produce la empresa lleguen a las manos del consumidor final, con un incremento en el costo por la intermediación. Los distribuidores son de varios tipos. Los proveedores: son las personas que se encargan de vender el producto al por mayor o al detal. Los intermediarios: característicos del sector agrícola. Las cooperativas de consumo: por lo general son almacenes que distribuyen artículos de primera necesidad. También están los canales institucionales, que están integrados por representantes de instituciones que adquieren productos para beneficio de su grupo de consumidores, entre ellos están los colegios, hospitales, etc. Cuando hablamos de otros productores, nos referimos a que si la empresa produce semi-elaborados, otros se encargan de terminar el producto para entregarlo al consumidor final. Las opciones para la microempresa se pueden reducir a dos: 1. vender directamente al consumidor final (directa) 2. vender a través de distribuidores (indirecta). Ambas opciones tienen ventajas y desventajas, según el tipo de producto, la naturaleza de las empresas, las necesidades de los consumidores, los volúmenes de venta que maneja o que necesita, los periodos de los que se este hablando, puede ser más aconsejable la una que la otra. Otra alternativa es la asociación con otros productores para disminuir los costos fijos de arrendamiento servicios y demás y aumentar la variedad y volumen de bienes, con lo cual las ventas aumentan y aplicando venta directa. Como ya hemos visto, los canales de distribución están limitados por las características de:

– los consumidores: como por ejemplo que número y ubicación geográfica de estos, lo qué repercute en los volúmenes de venta;

– los productos, ya que el tamaño, la durabilidad, el valor unitario, la estandarización exigen cualidades especiales en los distribuidores, como capacidad de almacenamiento, solvencia económica.

Adaptado de www.gestiopolis.com, 2006.

Preguntas

- ¿Qué es la distribución?
- ¿Qué tipos hay según el texto?
- Da ejemplos de empresas que produzcan y distribuyan productos semi-elaborados.

De cerca El Corte Inglés: productor y distribuidor de marcas

HISTORIA DE "EL CORTE INGLÉS"

Don Ramón Areces Rodríguez, empresario por vocación, emprende, en 1935, el negocio de la distribución en una pequeña tienda dedicada a la sastrería y confección de niños, cuyo nombre era "El Corte Inglés". Este fue el inicio del camino y de la realidad actual del Grupo de Empresas El Corte Inglés. Comenzó con siete empleados pero pronto necesitó una ampliación, y una vez superada la Guerra Civil Española (1940) se constituye en sociedad de responsabilidad limitada con un capital de un millón de pesetas[1]. En 1952 se transformó en sociedad anónima. Tras sucesivas ampliaciones se convirtió, según el concepto de tienda por departamentos, en el primer centro comercial de la empresa. Desde sus comienzos, El Corte Inglés, diseñó un estilo propio de gestión y su crecimiento se ha caracterizado por la autofinanciación, abriendo centros en casi todas las comunidades autónomas. Paralelamente a las necesidades del mercado, se fueron creando las distintas empresas que hoy conforman el Grupo de Empresas de El Corte Inglés con el deseo de adecuar la oferta de productos y servicios a las necesidades de los clientes.

CARACTERÍSTICAS

Esta empresa se encuadra dentro del sector de la distribución y la comercialización aunque también fabrica sus propios productos.Tiene una imagen de marca muy fuerte: confianza, garantía y fidelización (basada en la atención, calidad y servicio al cliente).

Esta empresa aplica el marketing teniendo en cuenta las necesidades, deseos, la demanda (la tiene en cuenta exigiendo al fabricante una serie de garantías) y los niveles de utilidad que les proporcionan los consumidores pero siempre mediante un diálogo permanente y satisfaciendo las necesidades de los mismos.

La empresa conoce perfectamente a los clientes, debido a las más de diez millones de tarjetas que tienen distribuidas por toda España. Fue la primera empresa que puso a disposición del cliente un medio de pago distinto al convencional como es la citada tarjeta.

Por ser un centro comercial y a la vez una empresa distribuidora, no se centran en un solo producto sino a segmentos de mercado, es decir, divisiones de venta de las que carecen y que deberían tener. Asimismo, también fabrican sus propios productos (porque con ellos se consiguen mayores márgenes de beneficio y también mejores condiciones de producto porque hay una venta posible) como por ejemplo, en moda: Emidio Tucci, Síntesis, Green Coast o Fórmula Joven.

Se decidió optar por estas marcas propias para rentabilizar la capacidad de producción y cubrir espacios de mercado que no han sido ocupados por otras empresas y además estos productos resultan más económicos para El Corte Inglés.

La particularidad de El Corte Inglés es su carácter distribuidor, por ello decimos que su canal de distribución es directo ya que carece de intermediarios. De este modo, sus productos van directamente de la empresa al mercado, al consumidor final y a otras empresas.

Con todas estas herramientas de promoción El Corte Inglés consigue que el entorno esté fidelizado respecto a la publicidad que emite y que no sea una publicidad institucional o de imagen, sino que se trata de informar con ella, por lo que podemos decir que se trata de una publicidad de localización. Esta citada fidelización del entorno es la que desea y necesita toda empresa.

Adaptado de www.elcorteingles.es

1. Unos 6.000 euros.

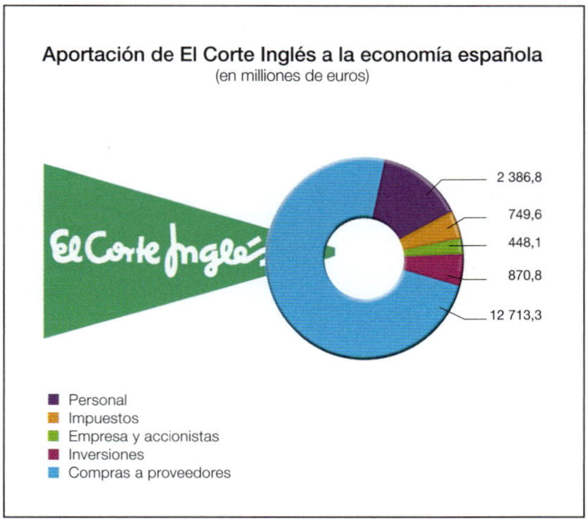

Preguntas

- Resume en 4 o 5 líneas la historia de El Corte Inglés.
- ¿Cuál son las ventajas de fabricar ciertos productos ellos mismos?
- Señala su particularidad.

BTS Industriel

1 Évaluation de la compréhension de l'oral

Vas a escuchar tres veces el documento con una pausa de dos minutos. CD n°2 Pista n°25

H&M elige Torrejón para instalar su centro logístico en la península

Adaptado de *Capital*, abril 2012.

Compte-rendu en français

Après avoir écouté attentivement l'article, vous en dégagerez les idées essentielles. Entraînez-vous à l'oral et à l'écrit.

Pour aller plus loin

a) ¿Dónde se instalará la firma H&M? Cita la ciudad y el nombre del polígono.
b) ¿Por qué eligieron esta ciudad?
c) ¿Cuánta superficie necesitaban para implantar la nave?
d) ¿Cómo se puede acceder al polígono?

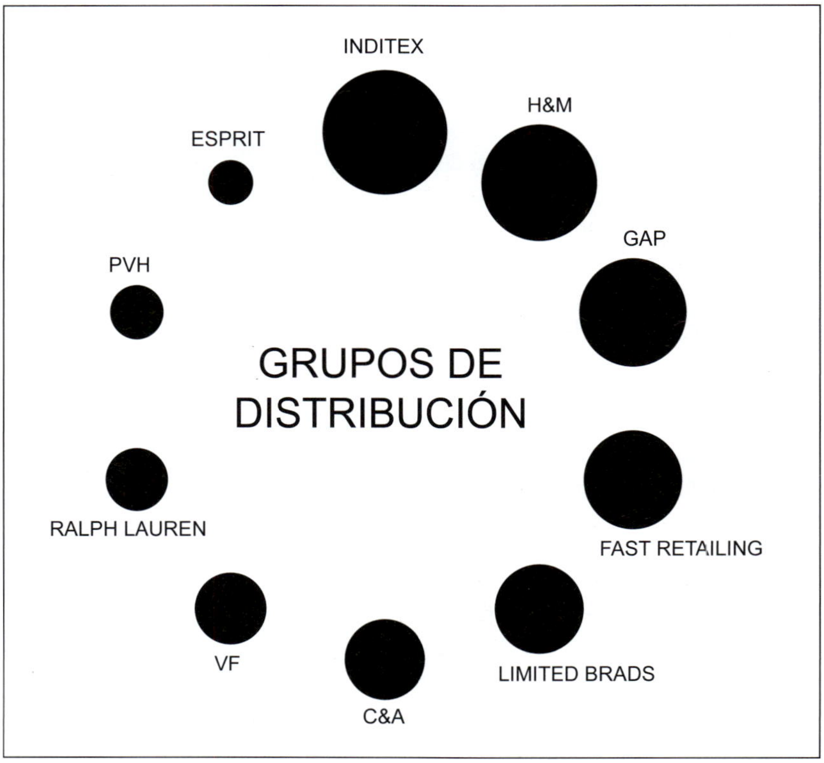

2 Évaluation de la production orale en continu et en interaction

Un viaje alrededor del mundo

España destaca en el ámbito internacional por los diseños y proyectos ferroviarios de Alta Velocidad más modernos del mundo, llevados a cabo con la tecnología más puntera y unas infraestructuras eficientes a precios competitivos. Sin duda, Renfe ha sido y es una pieza clave en todo esto. La llegada de la Alta Velocidad a España supuso un cambio radical tanto en los trenes e infraestructuras ferroviarias como en las propias y antiguas estaciones de tren repartidas por todo el país. Renfe lleva 20 años tratando de facilitar la movilidad de todos los habitantes de nuestro país mejorando la tecnología de los antiguos trenes con tecnología más puntera y moderna del mercado logrando una auténtica revolución ferroviaria por la que la fórmula de Renfe Ave incluso está implantándose en otros países.

En estos 20 años de vanguardia más de 141 millones de viajeros han utilizado los trenes Ave en España y otros 52 millones se han beneficiado de esta infraestructura ferroviaria que utiliza parcialmente la Alta velocidad. En la actualidad circulan en nuestro país dando servicio a casi 100000 viajeros diarios y llegan a 30 ciudades de forma directa extendiendo las ventajas que ofrece a otros 50 municipios españoles.

De este modo España es ya el primer país de Europa en kilómetros de Alta velocidad en servicio. Asimismo en los últimos años se ha producido la consolidación del prestigio del sistema ferroviario español de Alta Velocidad en el ámbito internacional porque el modelo de la Renfe Ave está asumiendo un nuevo papel preponderante dentro del sistema de transporte mundial. De hecho, Renfe ha firmado contratos en Arabia Saudí, EEUU e India para instalar la Alta Velocidad.

El mundo, abril 2012.

Présentation structurée en espagnol

Après avoir lu et étudié attentivement les documents, faites une présentation (de 3 à 4 minutes) mettant en évidence les points importants et les détails pertinents.

BTS Tertiaires

1 Évaluation de la compréhension écrite

¿Triunfa fuera? ¡Tráelo a España!

¿Alguna vez has visto un producto que te ha llamado la atención cuando estabas de viaje o en una feria en el extranjero? ¿Se te ha pasado por la cabeza asumir su comercialización en España? ¿Y por qué no lo has hecho? A veces, sobre todo en tiempos difíciles como éste, puede parecer que las posibilidades de negocio son escasas o que hay pocas cosas que se puedan traer a nuestro mercado y que no estén todavía. Pero eso es un error. Sólo hay que estar atento. Si logramos acceder a la distribución en exclusiva de una marca en nuestro país, lo normal es que se trate de una firma de un tamaño moderado. De lo contrario, lo habitual es que el fabricante se haga cargo directamente del mercado. Debemos elegir un producto que haya tenido éxito en otro país y realizar el preceptivo estudio de mercado para ver si también puede tener éxito en España.

Cuando ya sabemos qué queremos traer, llega el momento de ponerse en contacto con su propietario. Jaime Castelló, profesor del departamento de Márketing de ESADE[1], reseña que hay muchas maneras de iniciar el proceso (en una feria, a través de un distribuidor en otro país, dirigiéndonos directamente a la empresa...), "pero lo más importante es aproximarse a la marca extranjera con un plan de negocio para su lanzamiento en España. Para ello, habrá que hacer un pequeño estudio de mercado, de manera que podamos llevar unas cifras más o menos precisas de la oportunidad de negocio. Una vez alcanzado un acuerdo, hay que formalizarlo con un contrato". Según Castelló, "la casuística es muy diversa y se pueden pactar casi cualquier tipo de cláusulas". No obstante, Víctor Valencia, profesor de Política y Estrategia de Distribución de ESIC[2] y director general de Entorno y Estrategia y Grupo Neutral, afirma que como mínimo se ha de contemplar lo siguiente:

"**Territorios.** Hay que fijar el ámbito en el que se puede distribuir y hacer concesiones.

Sectores. Se deben delimitar aquellos a los que dirigirnos.

Canales de distribución. Hemos de acordar con el fabricante los canales a los que acudiremos.

Promoción y márketing. Tenemos que negociar quién asume este coste, si es compartido, etc.

Exclusividad. Indispensable tenerla para toda España. Si no, es difícil crear marca. A nadie le interesa hacer promoción local para que se beneficien en otras zonas. Y conviene reservarse la posibilidad de asumir la exclusividad de futuros productos o servicios del mismo fabricantes.

Control de la distribución. Es esencial controlar la distribución de forma integral, para poder tener subdistribuidores.

Objetivos de ventas. Será preferible que sea lo menor posible.

Duración del acuerdo. Lo ideal es que sea permanente y sin cláusula de revisión. Si no se puede, al menos habrá que intentar que sea a largo plazo.

Formas y condiciones de pago y moneda. Debemos fijar cómo y en cuánto tiempo se financia e intentar pagar en la moneda que más nos convenga.

Posibilidad de exportar. Puede que nos interese acordar la posibilidad de comercializar los productos en otros países además de España, especialmente nuestros vecinos.

Cambio razones y sedes sociales. Conviene recoger esta opción para evitar contratiempos.

Aspectos legales. Aquí encajan las renuncias legales de quien nos da la concesión, su aceptación de la adaptación a las normativas de nuestro país o la fijación de tribunales en caso de litigio, a ser posible escogiendo los del país donde se distribuya.

Motivos propios de cancelación unilateral. Habrá que intentar recoger el mayor número de motivos de cancelación por nuestra parte."

Adaptado de www.emprendedores.es, mayo 2012.

1. Escuela Superior de Administración y Dirección de Empresas, Barcelona.
2. Escuela de negocios y centro universitario.

Compte-rendu en français

Après avoir présenté les atouts de l'opportunité commerciale décrite dans le texte, vous préciserez les conditions contractuelles nécessaires à sa réussite (200 mots, +/- 10 %).

Expression écrite

Répondez en espagnol à l'une des questions suivantes (300 mots +/- 10 %) :
– Di qué riesgos acarrea este tipo de negocio.
– Imagina un producto extranjero que se pueda comercializar en tu país. ¿Qué condiciones se deberían respetar en un contrato para asegurarse el éxito del negocio?
– En tu opinión, ¿qué producto extranjero podría fracasar en España, Francia, países del Magreb, Rusia, China? Razona tu respuesta.

Lettre commerciale

À partir des éléments indiqués ci-dessous, vous rédigerez une lettre commerciale en espagnol, en respectant les normes de présentation. Le directeur de l'entreprise mexicaine Telcel aimerait commercialiser dans son pays les produits de la firme française d'électroménager PRO & CIE :
– Il se présente ainsi que son entreprise ;
– Il fait part de son souhait de commercialiser certains produits français au Mexique ;
– Il se renseigne sur les conditions et exprime le souhait de signer un contrat d´exclusivité au Mexique ;
– Il remercie par avance en espérant avoir une réponse fructueuse.

2 Évaluation de la compréhension de l'oral

Vas a escuchar dos veces el documento con una pausa de dos minutos. CD n°2 Pista n°26

Importación de marcas de productos de belleza

Adaptado de *Capital*, 2012.

Compte-rendu en espagnol

Après avoir écouté attentivement l'article, vous en dégagerez les idées essentielles.

Entretien

1. Questions sur l'audio.
a) ¿Cómo empezó este negocio?
b) ¿Quiénes forman parte de la empresa y qué relación tienen entre ellos?
c) ¿Qué problemas tuvieron?

2. Questions générales.
a) ¿Te parece que lanzar al mercado productos únicos garantiza el éxito?
b) ¿Cómo se pueden localizar las marcas internacionales que podrían ser interesantes paa nuestro mercado?
c) ¿Qué argumentos se podrían esgrimir en una entidad financiera para conseguir financiación para comercializar limas de uñas con diamantes?

En CCF ou épreuve ponctuelle

1 Évaluation de la compréhension de l'oral (AG U22)

Vas a visionar dos veces el documento con una pausa de dos minutos. CD n°2 Pista n°27

Una cola causada por NO VULL PAGAR ("no quiero pagar" en catalán), obliga a levantar barreras

Adaptado de *El País*, julio 2012.

2 Communication professionnelle en français et en langue étrangère (AM E4)

Créer, entretenir et activer un réseau relationnel (Véase *Herramientas* n°2)

a) Descarga la ficha del site compagnon de tu manual www.nathan.fr/textos-y-metodos y complétala con la siguiente situación.

b) Tu manager te ha pedido que hagas un informe de mercado sobre las posibilidades de distribución de los productos congelados de vuestra empresa en Mercosur.

c) Tú llegas a la conclusión que mascato.com es una buena opción. Formaliza la propuesta.

3 Négociation vente en langue étrangère (NRC/CI U52)

a) Descarga la ficha del site compagnon de tu manual www.natahn.fr/textos-y-metodos y complétala con el siguiente contexto:

b) El alumno (A) es el director comercial de Mascato y el (B) simula ser el propietario de una tienda de congelados.

c) Contexto comercial: La empresa está dedicada a la distribución de productos congelados. Visita a un posible distribuidor de zona.

d) Contexto de la negociación: El posible distribuidor escribió una carta para interesarse por la distribución en exclusiva de los productos. Ahora recibe la visita del director comercial que le expone sus condiciones para la distribución.

e) Oferta de la empresa: Sus productos son exclusivos y no tienen competencia en la zona. Los precios dependen de la cantidad vendida y la forma de pago es flexible hasta que el negocio se consolide.

f) Herramientas de ayuda a la venta utilizadas: Folletos, la página web de la empresa de congeladosmascato.com, muestras de los productos estrella.

7

Turismo

¿Está cambiando la forma de hacer turismo?

En esta unidad vas a aprender a:

- Definir paisajes turísticos
- Hablar de lugares de vacaciones
- Proponer un viaje
- Escribir una postal, rellenar un formulario
- Expresar gustos, opiniones y preferencias

LLUVIA DE IDEAS

Palabras

Sustantivos
Una regata: *une croisière*
Un ocio: *un loisir*
Adjetivos
Arriesgado: *risqué*
Apacible: *paisible, tranquille*
Verbos y colocaciones
Montar a caballo: *monter à cheval*
Bucear: *faire de la plongée*

Preguntas

- Describe las diferentes modalidades de turismo que aprecias en las imágenes.
- ¿Cuál crees que se adapta mejor a tu carácter? ¿Por qué?
- Cuenta a tu compañero tus últimas vacaciones.

TODO OÍDOS

CD n°3 Pista n°1

1. ¿De cuándo data el inicio del turismo?
2. ¿Cuál fue el primer establecimiento turístico?
3. Escribe el eslogan correspondiente a cada año a partir de los 40. Da tu opinión sobre cada uno.

1 • TODO OÍDOS

CD n°3 Pista n°2

Escucha el texto *La locomotora de la economía* y contesta.

a) ¿Qué es la feria de Fitur?
b) ¿Quiénes participan?
c) ¿Qué autoridades han acudido?
d) En el audio se habla de eventos que han tenido lugar en diferentes ciudades o países:

- La Eurocopa en Polonia y Ucrania;
- La catástrofe de Haití y Japón;
- La catástrofe en Lorca y el Hierro.

¿Sabes algo al respecto?

2 • A BUEN ENTENDEDOR...

Fitur

Fitur (Feria Internacional de Turismo en España) es la herramienta de venta más completa que existe para la industria turística, puesto que pueden combinarse todas las acciones comerciales y de márketing existentes con mejor relación coste-efectividad para llegar de la manera más rápida y directa a sus clientes.

Fitur es uno de los encuentros turísticos más importantes a nivel mundial que se celebra anualmente en Madrid en los nueve pabellones del recinto ferial de IFEMA[1]. Allí, se desarrollan numerosas actividades como reuniones, conferencias, asambleas y festivales sobre la tradición de diferentes regiones.

Los participantes que acuden al evento, que van desde instituciones españolas y europeas de carácter oficial hasta turoperadores y minoristas, suelen ser muy numerosos; alcanzando en 2011 una participación de 119.661 profesionales, 62.446 visitantes, 57.215 expositores y 89.599 de público. Además, en la feria estuvieron representados más de 166 países y acudieron a cubrirla 7.726 periodistas acreditados procedentes de 59 países distintos.

En 2012, contando ya con su trigésimo segunda edición, la fecha prevista para su celebración va del 18 al 22 de enero, siendo los tres primeros días los dedicados a los profesionales y los dos últimos al público en general.

www.fitur.es

1. Institución Ferial de Madrid.

a) ¿Qué tipo de cliente se interesa por la feria?
b) ¿Crees que hay una diferencia entre los visitantes y el público que visita el evento? Comenta las cifras asociadas a los participantes.
c) En 2012, ¿qué edición se celebró?

3 • CON BUENA LETRA

Vas a visitar Fitur en una fecha próxima y escribes un email pidiendo información sobre horarios, precios, condiciones de acceso, etc.
Tu compañero trabaja en Fitur y contesta a tu petición de información.

Salamanca

4 • HABLAR POR LOS CODOS

a) Trabajas en Fitur en un stand dedicado a las ciudades patrimonio. Presenta una ciudad a los visitantes.
b) Explica qué beneficios puede aportar un acontecimiento de estas características a estas ciudades.

Córdoba

Tarragona

5 • HABLANDO SE ENTIENDE LA GENTE

Por parejas:
- **(A) trabaja en Registro Visitantes.**
- **(B) es un visitante y pide información cómo llegar al pabellón de América y a los servicios que se encuentran en la feria.**

Plano sectorización
FITUR 2013

ANTICIPA

¿Los famosos veranean igual que los demás?

Anfitriones de lujo

Hemos retado a siete andaluces para que revelen los lugares a los que acuden para olvidarse del mundo, llenar el estómago, respirar aire puro y deleitar su mirada ante una tierra cimentada por el paso de las civilizaciones. La modelo onubense Laura Sánchez piensa que los turistas extranjeros deben visitar Huelva. De esta ciudad le maravilla El Conquero, un monte junto a la ciudad "desde el que se ven el mar y las marismas", ésta aconseja también que vayan al barrio Reina Victoria, con casas típicamente británicas que construyeron en la capital los empresarios ingleses que explotaron las minas de Río Tinto a finales del siglo XIX. El escritor jerezano José Manuel Caballero Bonald se acuerda de los pueblos de ascendencia árabe: "Arcos y Grazalema, en Cádiz, por una belleza morisca pura". Al arquitecto sevillano Guillermo Vázquez le sigue fascinando el Real Alcázar por su relación entre arquitectura y naturaleza. En ese discurso salen al paso las renacentistas Úbeda y Baeza. El arquitecto es también un enamorado de Cádiz. Después de un baño en la playa de Bolonia, un guiso de garbanzos o alubias y croquetas de chocos en Casa Otero. A la actriz Rosario Pardo le van los pueblos recónditos. "De las capitales me quedo con todas." Pero hay que elegir una. "Almería es guapísima", dice. "Me encanta la alcazaba y los dátiles rellenos de nata o de algún crujiente que te encuentras en las pastelerías." ¿Otra? "De Málaga me gusta el clima y el humor de su gente." No quiere despedirse sin citar el Sacromonte, el barrio de gitanos en Granada capital. "Eso es pan bendito."

Adaptado de *El País*, agosto 2012.

Cancún, destino preferido por los famosos

Colin Farrell cree que el Caribe es el mejor sitio para irse de vacaciones. Así es, el conocido actor estuvo hace poco por el caribe mexicano en donde pasó dos semanas alojado en un lujoso hotel de Cancún. Al igual que la estrella del remake de la película "Vengador del Futuro", que protagonizó hace algunos años Arnold Schwarzenegger, muchos actores internacionales de la talla de Antonio Banderas, Adam Sandler, Will Smith, Salma Hayek, Leonardo DiCaprio, Jamie Foxx, Quentin Tarantino por mencionar algunos, han disfrutado hasta por cinco días las aguas del mar Caribe. Pero el caribe mexicano no sólo es el sitio favorito para vacacionar de artistas y cantantes, sino también deportistas famosos como Leo Messi, Andrés Iniesta, Ronaldinho, Kobe Bryant y Lamar Odom, entre muchos que han pasado sus vacaciones en el destino. A pesar de estar siempre en el foco de atención y ganar millones de dólares, muchos de ellos no pierden la sencillez y exigen que se les trate como a un turista más, no solicitan peticiones especiales durante sus estancias en los hoteles en que se hospedan. Luis Hevia Martínez, director de Mercadotecnia de la cadena hotelera Palace Resorts, comentó que las solicitudes que tienen son como las de cualquier persona, aunque piden que sus habitaciones estén un poco más alejadas de los centros de consumo y de flujo de turistas, para evitar el ruido. Los artistas que llegan a Cancún se hospedan de tres a cinco noches y pagan en promedio 1.500 dólares por estadía, independiente de los gastos extras que realizan al efectuar tours, visitar parques ecoturísticos, ir a bucear o adquirir recuerdos.

Adaptado de www.viajeros.com, enero 2013.

Las palabras no están solas

1. Busca sinónimos.
retar – revelar – acudir – vacacionar

2. Dilo en español.
exiger – éloigné – visiter – les frais – être logé

3. Cada oveja con su pareja.

ser un enamorado de •	• estar fascinado por
salir del paso •	• ser el centro de
estar en el foco de atención •	• ir tirando

El título

1. ¿En qué sentido son complementarios los dos títulos?
2. Inventa otros dos títulos.
3. ¿Cuál serían sus subtítulos?

Localiza en el texto...

1. Texto 1: Los lugares de Andalucía que prefieren los famosos.
2. Texto 2: Las exigencias de algunos famosos a la hora de viajar.

Comprensión del texto

1. ¿Qué es lo que busca un turista cuando viaja?
2. ¿Cómo se ve la sencillez de algunos famosos cuando viajan?

Defiende tu postura

España es un país turístico. ¿Qué es lo que atrae a los turistas extranjeros?

Método

Le compte-rendu

1. Divide el texto 2 en partes y subraya las frases más significativas.
2. Resume lo esencial de cada parte en una, dos o tres frases. Cuidado con la paráfrasis.
3. Redacta una introducción.
4. Elabora una conclusión que contenga los puntos tratados. (Véase *Herramientas* n°2)

Expresión escrita

1. Estás en Cancún de viaje, escribe una postal a tus compañeros de clase explicándoles cómo son esas playas del Caribe.
2. Escribe una queja en un hotel por la falta de atención personalizada, exige que te devuelvan el importe y una compensación. (Véase *Herramientas* n°5)

Expresión oral

1. Eres un famoso, llama para reservar una habitación en un hotel de lujo, para dos personas, cinco días. Pide que la habitación sea grande, que esté alejada del bullicio, que el hotel tenga piscina.
2. Presenta tu hotel de lujo ideal.

Con mucho oficio

Por parejas: llama a la oficina de turismo de Granada y pídele que te mande algunos folletos para poder organizar tus vacaciones en España.

Comunicación oral

CD n°3 Pista n°3

Escucha y responde

1. Vas a escuchar la experiencia de Juan Echanove en el texto *Un país para comérselo*.
2. Haz un resumen en francés.
3. Responde en español.
a) ¿Cómo se llama el programa en el que participa Juan Echanove? ¿Se considera un gourmet?
b) ¿Cuál es su lugar preferido en España? ¿Por qué?
c) ¿Cómo define a España?

Analiza y opina

1. Presenta este documento.
2. ¿Dónde se puede encontrar un documento así?
3. Explica su utilidad.

4. ¿A qué tipo de turismo hace referencia este cartel?

7 | Turismo

1 • Buenas formas

a. Fíjate en las frases con "que". ¿El verbo subordinado está en indicativo o subjuntivo?
b. Señala los tiempos verbales de tres oraciones subordinadas y conjúgalos.
c. Justifica el uso del indicativo en este tipo de oraciones.

2 • Dilo de otra forma

a. La modelo onubense piensa que los turistas extranjeros deben visitar Huelva.
b. No quiere despedirse sin citar el Sacromonte, el barrio de gitanos en Granada capital.
c. Colin Farrel cree que el Caribe es el mejor sitio para irse de vacaciones.
d. A pesar de estar siempre en el foco de atención y ganar millones de dólares, muchos de ellos no pierden la sencillez y exigen que se les trate como a un turista más, no solicitan peticiones especiales durante sus estancias en los hoteles en que se hospedan.

3 • Emplea la forma correcta

Elige la forma correcta de los verbos.
El director de la agencia de turismo de Cancún cree que en los próximos meses la llegada de turistas _______ (bajar) considerablemente debido a la crisis económica. Sin embargo, el ministro de Turismo mexicano considera que no _______ (haber) ninguna razón de alarma y que la oferta y demanda _______ (igualarse) para finales del 2015. Además, considera que la prensa ________ (provocar) injustificadamente la alarma al insistir tanto en la desaceleración en dicho sector. Prometió que el ministerio________ (seguir) de cerca la evolución y _______ (tomar) medidas en caso necesario. Apuntó que _______ (ponerse) en marcha una serie de ayudas para las empresas con dificultades.

4 • Traduce

a. De esta ciudad le maravilla El Conquero, un monte junto a la ciudad "desde el que se ven el mar y las marismas", ésta aconseja también que vayan al barrio Reina Victoria, con casas típicamente británicas que construyeron en la capital los empresarios ingleses que explotaron las minas de Río Tinto a finales del siglo XIX.
b. Luis Hevia Martínez, director de Mercadotecnia de la cadena hotelera Palace Resorts, comentó que las solicitudes que tienen son como las de cualquier persona, aunque piden que sus habitaciones estén un poco más alejadas de los centros de consumo y de flujo de turistas, para evitar el ruido.

Las formas de la lengua

Oraciones sustantivas con indicativo

■ **El indicativo o subjuntivo en oraciones sustantivas es una cuestión de forma y de intención.**
Así, el indicativo nos servirá para declarar y el subjuntivo para no declarar (idea virtual).

■ **Utilizamos el indicativo en el segundo verbo si el primero señala una declaración o una suposición.**
Declaración: ***Sostiene*** *un agente marítimo que no* ***hay*** *que hablar de colapso.*
Atención: una suposición no es una hipótesis.

ANTICIPA

¿Turismo moderno o tradicional?

España se adelanta al turismo del futuro

Grandes apuestas del Gobierno para aupar a la industria turística y que ha colocado a España en la carrera para aprovechar una de las nuevas tendencias que marcarán el turismo del futuro. El peso que en los flujos de turismo están tomando los mayores de 50 años hace que los destinos que sepan posicionarse para atraerlos adquieran una importante ventaja estratégica. España está haciendo los deberes. El Ministerio de Industria, Turismo y Comercio lanzó el pasado invierno el proyecto piloto del programa Turismo Senior Europa. El Gobierno subvenciona con entre 100 y 150 euros a turistas senior europeos: este año ya han venido 45.000 en otoño e invierno. Representa un golpe a la estacionalidad. Según un reciente informe de la consultora Deloitte, dos grandes fenómenos demográficos prometen revolucionar el turismo internacional en los próximos años. Por un lado, el imparable crecimiento de las clases medias en los gigantes emergentes China e India. Por otro, la creciente demanda de ocio y viajes de la generación del baby boom de países desarrollados, cuyos integrantes ahora tienen entre 45 y 65 años.

Los boomers (como se denominan en inglés a los miembros de esta generación) tienen un mayor poder adquisitivo que los más jóvenes y por tanto más capacidad de gasto. Y, en breve, disponen de más tiempo para ocio y viajes: llegarán a la edad de jubilación en pocos años. Los turistas senior son pues un público objetivo que todos los destinos tratarán de seducir para garantizar la rentabilidad futura del negocio. España está en ello. El proyecto Turismo Senior Europa, gestionado por la sociedad pública Segittur, se basa en otorgar bonificaciones directas de entre 100 y 150 euros – según el país de origen– a cada uno de los turistas europeos mayores de 55 que viajen a España. El plan posiciona a España a la cabeza de un nuevo mercado, el de viajes para mayores de 55 años, que revolucionará el sector turístico internacional en los próximos años. La llegada de esos 45.000 turistas (el 90 % de los cuales nunca había viajado antes a España) ha servido para romper la estacionalidad que sufren los destinos de costa andaluces y baleares, lo que ha permitido mantener abiertos los hoteles que han participado y evitar un agravamiento de la pérdida de empleos en el sector.

El proyecto está sirviendo, en paralelo, para abrir el destino España a nuevos mercados emisores hasta ahora poco explotados. Quince nacionalidades aparecen en el listado de turistas llegados en la primera edición. Tras los buenos resultados alcanzados, Segittur pondrá en marcha el próximo octubre una segunda edición del programa, y esta vez a mayor escala. El impacto económico para la temporada 2010/2011 podría así más que duplicarse. Un balón de oxígeno para un sector que necesita buenas noticias. Si el proyecto sigue cumpliendo con las expectativas, el Gobierno podrá volcarse abiertamente en los próximos años en su apuesta con el Turismo Senior Europa como baluarte contra la temporalidad turística y como política activa de empleo.

Adaptado de *Expansión*, agosto 2011.

Las palabras no están solas

1. Busca sinónimos.
una apuesta – aupar – aprovechar – posicionarse

2. Encuentra antónimos.
atraer – la ventaja – lanzar – reciente

3. Dilo en español.
la croissance – la classe moyenne – la retraite – une destination

4. Cada oveja con su pareja.

hacer los deberes •	• ser el primer en algo
estar en ello •	• estar ocupándose en algo
estar a la cabeza •	• cumplir con lo prometido
un balón de oxígeno •	• un alivio temporal

5. Veo, veo una palabra que empieza por... y significa...
Ejemplo:
- Veo, veo... una palabra que empieza por T y significa persona que está de vacaciones.
- Turista.
- Eso es, correcto.

El título

1. Explica con otras palabras el título.
2. Inventa otro título.
3. ¿Cuál sería el subtítulo del texto?

Localiza en el texto...

1. Párrafo 1: Qué medidas ha adoptado el gobierno para promocionar el turismo.
2. Párrafo 2: Por qué razón el turismo senior es más rentable.
3. Párrafo 3: Si ha tenido buena aceptación la medida del gobierno.

Comprensión del texto

1. ¿Qué dos fenómenos demográficos prometen revolucionar el turismo?
2. ¿Cuál es el beneficio para los hoteles costeros?

Con mucho oficio

Por parejas: Eres (A) un alto cargo del Ministerio de Cultura. Llamas a diferentes hoteles para proponerles adherirse al nuevo proyecto emprendido por el Ministerio. Propones a los dueños que no cierren su hotel durante el invierno para no tener que despedir a ninguno de sus empleados. El gobierno se compromete a colaborar con el hotel durante algunas fechas gracias a las bonificaciones propuestas a los turistas extranjeros. El otro (B) es uno de los directores de hotel.

Defiende tu postura

¿Crees que las subvenciones sólo para los boomers discrimina en cierta manera a los más jóvenes a la hora de viajar? Los boomers (como se denominan en inglés a los miembros de esta generación) tienen un mayor poder adquisitivo que los más jóvenes y por tanto más capacidad de gasto.

Comunicación oral

CD n°3 Pista n°4

Escucha y responde

1. Escucha las recomendaciones turísticas del programa de radio.
2. Haz un resumen en francés.
3. Responde en español.
a) Escribe el nombre de la página web para poder hacer una reserva en una casa rural.
b) ¿Qué es el pack H experiencias?
c) ¿Cómo se llama el trenhotel que une Barcelona con París?
d) ¿Qué se puede ver en Guadalajara?

Analiza y opina

1. Presenta el logotipo.
(Véase *Herramientas* n°3)
2. ¿Dónde se puede encontrar un documento así?
3. Explica su utilidad.

4. ¿A qué tipo de arte te recuerda? ¿A qué artista?

1 • Buenas formas

a. Busca en el texto frases con pronombres relativos. ¿Se usa indicativo o subjuntivo?
b. Señala los tiempos verbales de cuatro oraciones subordinadas y conjúgalos.
c. Justifica el uso del indicativo en este tipo de oraciones.

2 • Dilo de otra forma

a. España está haciendo los deberes.
b. Por otro, la creciente demanda de ocio y viajes de la generación del baby boom de países desarrollados, cuyos integrantes ahora tienen entre 45 y 65 años.
c. Los turistas senior son pues un público objetivo que todos los destinos tratarán de seducir para garantizar la rentabilidad futura del negocio.
d. Un balón de oxígeno para un sector que necesita buenas noticias.

3 • Emplea la forma correcta

El pronombre relativo, indicativo o subjuntivo.
El plan Turismo Senior Europa __________ ha sido recientemente propuesto por el Ministerio de Industria, Turismo y Comercio, que __________ (contemplar) la potencialización del sector turístico en España tendrá una financiación de entre 100 y 150 euros. Gracias a dicho programa ___________ presupuesto para el Ministerio será de 30 millones se prevé un aumento importante de la llegada de turistas de entre 45 y 65 años. Este tipo de turistas que ________ (suponer) un balón de oxígeno de zonas costeras suele viajar en temporada baja. Habría que añadir a los turistas un colectivo _____________ les atrae, sobre todo el sol y playa ________ se concentran en la costa mediterránea, andaluza y las islas. Se trata de jubilados __________ procedencia es mayoritariamente de Alemania y el Reino Unido que _________ (residir) permanentemente en España. Todo esto hace que las perspectivas _______ (ser) muy halagüeñas para el futuro.

4 • Traduce

a. La llegada de esos 45.000 turistas (el 90% de los cuales nunca había viajado antes a España) ha servido para romper la estacionalidad que sufren los destinos de costa andaluces y Baleares, lo que ha permitido mantener abiertos los hoteles que han participado y evitar un agravamiento de la pérdida de empleos en el sector.
b. Grandes apuestas del Gobierno para aupar a la industria turística y que ha colocado a España en la carrera para aprovechar una de las nuevas tendencias que marcarán el turismo del futuro. El peso que en los flujos de turismo están tomando los mayores de 50 años hace que los destinos que sepan posicionarse para atraerlos adquieran una importante ventaja estratégica.

PRACTICA • TEXTO

Las formas de la lengua

El pronombre relativo

- **Las oraciones de relativo sirven para dar información sobre las características de personas, cosas o lugares.**
Los pronombres de relativo en español son variados: que, quien, cuyo, cuanto, donde, lo que, aquel que, aquellos que, el cual, la cual, los cuales...
- **Se usa el indicativo si la palabra a la que se refiere es conocida o concreta.**
*El plan que **posiciona** a España a la cabeza de un nuevo mercado es el de los viajes para mayores de 55 años.*
- **Se usa el subjuntivo si la palabra a la que se refiere no es conocida o concreta.**
*El plan que **se concrete** en la próxima reunión se aplicará hasta 2020.*
- **Las frases que repiten el verbo llevan subjuntivo.**
*Sea como **sea**/Lo hiciera como lo **hiciera**/Gane lo que **gane**/Sea quien **sea**.*

ANTES DE ESCUCHAR

¿Cuáles son los consejos para viajar a países extranjeros?

Al oral...

CD n°3
Pista n°5

Consejos para viajar a Argentina

Adaptado de blog.argentravel.es

Las palabras no están solas

1. Cada oveja con su pareja

fiarse de alguien •	• ser la esencia de
ser el alma de un país •	• confiar en una persona
de verdad que •	• es una cosa que merece ser vista o probada
valer la pena •	• realmente

2. Dilo de otra forma

acudir a – una zona – una experiencia – probar

El título

Explica el título. ¿En qué contexto se dice?

Di de qué trata el audio

1. ¿Cuál es el baile típico de Argentina?
2. ¿Cuál es la moneda del país?
3. ¿Dónde se puede cambiar dinero?
4. ¿Qué distancia hay entre la capital y Ushuaia?

Comprensión del audio

1. ¿Qué se puede visitar?
2. ¿Qué consejos le da al viajante?

Con mucho oficio

En la empresa dónde trabajas llama un joven argentino que va a visitar por primera vez tu país. ¿Qué consejos le darías? ¿Qué debe hacer? y ¿qué es lo que no debe hacer? Dale consejos y recomendaciones para que el viaje no le sea muy caro.

Defiende tu postura

Da tu opinión sobre: El verdadero aventurero es aquel que viaja sin haber preparado previamente el viaje, se deja llevar y no tiene ideas preconcebidas de la cultura a la que va.

Método

Le compte-rendu

1. Divide el audio en partes.
2. Resume lo esencial de cada parte en una, dos o tres frases. Cuidado con la paráfrasis.
3. Redacta una introducción.
4. Elabora una conclusión que contenga los puntos tratados. (Véase *Herramientas* n°2)

Expresión escrita

1. Escribe una pequeña guía de consejos para viajar a París.
2. Escribe una carta de agradecimiento a la persona que te ha aconsejado cómo viajar a Argentina y coméntale cómo te fue. Dile en qué tenía razón y en qué no. (Véase *Herramientas* n°5)

Expresión oral

1. Crees que a los turistas extranjeros se les engaña en cierta manera. ¿En tu país también? ¿Cuando has viajado te has sentido alguna vez estafado o has tenido algún malentendido cultural por no comprender la lengua?
2. ¿Cómo crees que se viaja mejor, solo o en compañía?

Cataratas del Iguazú, Argentina.

ANTES DE VER

¿Son compatibles el arte y el alojamiento hoy día?

Corazón de tiza

▸ http://www.facebook.com/video/video.php?v=10150679548223524

Las palabras no están solas

1. **Cada oveja con su pareja.**

montar un negocio •	• observar
captar una cosa •	• lanzarse en una aventura empresarial

El título

1. Explica con otras palabras el título.
2. Inventa otro título.
3. ¿Cuál sería el subtítulo del texto?

Di de qué trata el vídeo

1. ¿Se pueden alquilar estos apartamentos por días o semanas?
2. ¿Cómo se llama la dueña de estos apartamentos?
3. ¿Qué nombre engloba todos los apartamentos?
4. ¿Cuántos apartamentos tienen en total?

Comprensión del vídeo

1. ¿Cuál es la intención del reportaje?
2. Escribe el nombre del apartamento relacionado con la literatura.

Con mucho oficio

Entra en la página de estancias con arte: www.estanciasconarte.com y organiza las vacaciones de una de tus compañeras según lo que te vaya diciendo.

Defiende tu postura

Argumenta a favor o en contra:
Este tipo de iniciativas se dirige exclusivamente a una clase social alta con gustos exquisitos.

Método

Le compte-rendu

1. Divide el vídeo en partes.
2. Resume lo esencial de cada parte en una, dos o tres frases. Cuidado con la paráfrasis.
3. Redacta una introducción.
4. Elabora una conclusión que contenga los puntos tratados. (Véase *Herramientas* n°2)

Expresión escrita

1. Has estado en "Estancias con Arte" y te parece que el reportaje de Telemadrid es magnífico. Escríbeles agradeciéndoles la información, felicitándoles por su profesionalidad y cuéntales tu experiencia.
2. Has estado en "Estancias con Arte" y te parece que el reportaje de Telemadrid es engañoso. Escríbeles contando tu experiencia y reprochándoles su falta de profesionalidad y rigor informativo.

Expresión oral

1. En función de tu carácter, ¿en qué apartamento temático te hospedarías? Cuéntanos ¿cómo eres? ¿Te gusta el apartamento dedicado a la música, a la literatura, al cine, etc.?
2. Llama y pide información. Reserva una habitación para cuatro días.

ANTICIPA

¿Qué opinas de los museos que conoces?

La burbuja de los museos

Si un hipotético contador se hubiese puesto en marcha el pasado 1 de enero de 2011, a día de hoy pensaríamos que la suma de museos inaugurados ascendería a 15 aproximadamente: El Carmen Thyssen (Málaga), Embarcadero (Cáceres), Museo de las Ideas (Barcelona), el Arqueológico de Asturias (Oviedo), el IAACC Pablo Serrano (Zaragoza), el de Arte Contemporáneo de Alicante, el Museo de la Ciudad de Alicante (MUSA), el Severo Ochoa (Luarca), Museo de la Fundación Antonio Pedrera (Orihuela), Museo de Nerja, Museo San Telmo (San Sebastián), Museo El Greco (Toledo)... Creemos que es inútil buscar estadísticas o fantasear con algo similar a un censo de museos. No existe. El Ministerio de Cultura asegura que su Directorio de Museos de España "pretende" recoger la existencia de todos y cada uno de ellos pero, insisten, su listado, integrado por "más de mil" centros, no es ni mucho menos exhaustivo.

El 18 de mayo es el Día Internacional de los Museos y aprovechando la efeméride nos preguntamos: ¿hasta cuándo va a seguir vigente esta museificación? ¿Hasta cuándo puede seguir aumentando esta cartografía cultural? La bonanza económica dio lugar a una nueva generación de museos que se construyeron para regenerar las ciudades, atraer al viajero y procurar réditos políticos y de imagen. Se convirtieron en piezas imprescindibles del canon urbano de toda ciudad y, por ello, no se escatimaron las inversiones.

¿Por qué, en realidad, nace un museo? La teoría la exponen Rosina Gómez-Baeza, directora de LABoral y Agustín Pérez Rubio, director del MUSAC que piensan que "el museo como centro de conocimiento, de participación, incluso de activismo, nace por una necesidad de acceso a la cultura percibida por los poderes públicos. Hablamos constantemente de creatividad y de innovación, y los museos promueven eso precisamente", dice la primera. "Las razones pueden ser muy diversas, pero en la mayoría de los casos debe estar detrás la recuperación cultural de una serie de obras que hagan formalizar la relación entre el arte y la sociedad, ayudando a la expansión de la cultura y a articular la educación de la población de ese contexto con la conservación, estudio y exposición de una serie de obras ya sean antiguas o presentes", opina el director del museo leonés. La cruda realidad la verbaliza el veterano periodista cultural Iñaki Esteban: "Tú vas a proponerle a un político un plan museístico extraordinario, un espléndido servicio a la comunidad, y te dirá, 'tenemos que esperar...'. Pero añades que traerá 50.000 turistas, y lo compra seguro. Es difícil soñar con un argumento estrictamente cultural".

Por eso, el museo del futuro tendría que regresar gradualmente a sus orígenes. "Si antes la cultura nos distinguía, ahora nos iguala. Todo el mundo tiene un bolígrafo del Guggenheim. Los museos se han convertido en una especie de máquinas de ecualización: han pasado de ser lugares exóticos, de novedad, de diferencia, a lugares de cultura de masas", concluye Gómez-Baeza.

Adaptado de *El País*, mayo 2011.

Las palabras no están solas

1. Busca sinónimos.
la suma de – las estadísticas – inaugurado – ascender

2. Encuentra antónimos.
asegurar – recoger – pretender – buscar

3. Dilo en español.
profiter – attirer – poursuivre – un besoin

4. Cada oveja con su pareja.

a día de hoy •	• poner todos los recursos
dar lugar a •	• estar frente a la realidad
no escatimar en esfuerzo •	• ser responsable de
estar detrás de algo •	• provocar
ser la cruda realidad •	• actualmente

5. Veo, veo una palabra que empieza por... y significa...
Ejemplo:
– Veo, veo... una palabra que empieza por M y significa un lugar donde se expone arte.
– Museo.
– Eso es, correcto.

El título

1. Explica con otras palabras el título.
2. Inventa otro título.
3. ¿Cuál sería el subtítulo del texto?

Localiza en el texto...

1. Párrafo 1: Cita dos museos de nueva construcción en España.
2. Párrafo 2: Cuándo es el día internacional del museo.
3. Párrafo 3: Cómo se define al museo del futuro.

Comprensión del texto

1. ¿Por qué nace un museo?
2. ¿Cuáles son los objetivos políticos que hay detrás de la creación de un museo?
3. ¿A qué se debe la burbuja de los museos?

Con mucho oficio

Por parejas: Estás (A) a favor de la gratuidad de todos los museos. Tu compañero (B) está en contra porque piensa que algunos deben ser gratuitos y otros no. Llegad a un acuerdo.

Defiende tu postura

Comenta la frase con relación al porqué se crean museos :

"Las razones pueden ser muy diversas, pero en la mayoría de los casos debe estar detrás la recuperación cultural de una serie de obras que hagan formalizar la relación entre el arte y la sociedad, ayudando a la expansión de la cultura y a articular la educación de la población de ese contexto con la conservación, estudio y exposición de una serie de obras ya sean antiguas o presentes", opina el director del museo leonés.

Método

Le compte-rendu

1. Divide el texto en partes y subraya las frases más significativas.
2. Resume lo esencial de cada parte en una, dos o tres frases. Cuidado con la paráfrasis.
3. Redacta una introducción.
4. Elabora una conclusión que contenga los puntos tratados. (Véase Herramientas n°2)

Expresión escrita

1. Escribe una carta para que creen un museo en tu ciudad o pueblo. Busca primero algún elemento que podría ser interesante enseñar a nivel mundial.
2. Acabas de ir a un museo y estás muy descontento porque los cuadros que has visto estaban protegidos por cristales. Piensas que éstos no te permitían ver la luminosidad real del cuadro. (Véase *Herramientas* n°5)

Expresión oral

1. ¿Cómo hacer llegar la cultura a los más pequeños? ¿Qué medidas se podrían tomar desde el gobierno?
2. ¿Qué debe tener el museo del futuro?

Comunicación oral

CD n°3 Pista n°6

Escucha y responde

1. Escucha el texto *¿Qué otras políticas alternativas a la del recorte se pueden aplicar a la gestión de la cultura en estos momentos?*
2. Haz un resumen en francés.
3. Responde en español.

a) ¿En qué coinciden los dos?
b) ¿Te parece que la cultura es refugio del pensamiento y del bienestar de la gente?
c) ¿La sociedad considera la cultura algo relevante? ¿Qué tipo de cultura?
d) Comenta la función que cumple un museo.

Analiza y opina

1. Entra en la página web del ICOM (Consejo Internacional de Museos).
2. En tu opinión, ¿por qué necesitan a socios?
3. ¿Te parece eficaz est tipo de iniciativas? Razona tu respuesta.

1 • Buenas formas

a. Busca frases sustantivas en el texto.
b. Haz frases con: es necesario que, es imprescindible que, hace falta que, sería conveniente que, me parece bien/mal que.
c. Explica la diferencia entre: Me parece que + indicativo y Me parece bien/mal/necesario que + subjuntivo.
d. Saca un principio para este tipo de oraciones para el uso de indicativo o subjuntivo.

2 • Dilo de otra forma

a. Si un hipotético contador se hubiese puesto en marcha el pasado 1 de enero de 2011, a día de hoy pensaríamos que la suma de museos inaugurados ascendería a 15 aproximadamente.
b. Por eso, el museo del futuro tendría que regresar gradualmente a sus orígenes.
c. Pero añades que traerá 50.000 turistas, y lo compra seguro. Es difícil soñar con un argumento estrictamente cultural.
d. La cruda realidad la verbaliza el veterano periodista cultural Iñaki Esteban: "Tú vas a proponerle a un político un plan museístico extraordinario, un espléndido servicio a la comunidad, y te dirá, 'tenemos que esperar…'."

3 • Emplea la forma correcta

Al director para la Cultura le parece bien que _______ (construirse) museos en la mayoría de las ciudades. Sin embargo, hace falta que __________ (hacerse) un estudio previo muy pormenorizado de la viabilidad. La bonanza económica dio lugar a una nueva generación de museos, ahora sería conveniente que _____________ (pensarse) menos en réditos políticos y más en rentabilidad. Está bien que la cultura ________ (promoverse) en cualquier rincón, a condición de que sea sostenible. Por otra parte, muchos intelectuales opinan que la cultura y la economía no ________ (tener) que ir de la mano. Sería, por tanto, necesario siempre que _________ (partir) del hecho que la rentabilidad no será un factor determinante y que la inversión del Estado __________ (volver) a la sociedad en términos de servicios.

4 • Traduce

a. ¿Por qué, en realidad, nace un museo? La teoría la exponen Rosina Gómez-Baeza, directora de LABoral, y Agustín Pérez Rubio, director del MUSAC que piensan que "el museo como centro de conocimiento, de participación, incluso de activismo, nace por una necesidad de acceso a la cultura percibida por los poderes públicos."
b. "Las razones pueden ser muy diversas, pero en la mayoría de los casos debe estar detrás la recuperación cultural de una serie de obras que hagan formalizar la relación entre el arte y la sociedad, ayudando a la expansión de la cultura y a articular la educación de la población de ese contexto con la conservación, estudio y exposición de una serie de obras ya sean antiguas o presentes", opina el director del museo leonés.

Las formas de la lengua

Oraciones sustantivas con subjuntivo

■ **Formas del subjuntivo:**
presente (gane), pretérito perfecto (haya ganado), pretérito imperfecto (ganara/ganase) y pretérito pluscuamperfecto (hubiera ganado).

■ **Para formar el presente de los verbos regulares:**
Ganar: gan**e**/gan**es**/gan**e**/gan**emos**/gan**éis**/gan**en**
Vender: vend**a**/vend**as**/vend**a**/vend**amos**/vend**áis**/vend**an**
Prohibir: prohíb**a**/prohíb**as**/prohíb**a**/prohib**amos**/prohib**áis**/prohíb**an**

■ **Subjuntivo en la subordinada:**
Deseo: *Espero que no* ***se dejen*** *entrar más contenedores peligrosos.*
Objetivo: *Exigen que* ***se aclaren*** */Piden que* ***se prohíba*** *la exportación de agua dulce.*
Negación: *No hay ninguna ley que lo* ***prohíba****/Niega que* ***exista****.*
Petición: *Solicitaron que se* ***prohíba****.*

Vocabulario

Acogida: accueil
Agencia de viajes: agence de voyages
Aire acondicionado: climatisation
Albergar: héberger
Albergue: auberge
Alojamiento: hébergement
Alquilar: louer
Balneario: station balnéaire
Bañarse: se baigner
Billete: billet
Callejear: flâner
Camping: camping
Casa rural: gîte
Costa: côte
Crecimiento: croissance
Crucero: croisière
Dejar una señal: donner un acompte
Deshacer las maletas: défaire les valises
Distancia: distance
Espectáculo cultural: spectacle culturel
Estancia: séjour
Estación: saison
Folleto: brochure
Fuente : source
Gastos: frais
Guía turística : guide touristique
Hacer autostop: faire de l'autostop
Hostal: hôtellerie, auberge
Irse de vacaciones: partir en vacances
Incrementar: augmenter
Incremento: l'augmentation
Llegar a la recepción: arriver à la réception
Lejos: loin
Logotipo: logo
Maleta: valise
Mapa: carte
Media pensión: demi-pension
Museo: musée
Oficina de turismo: office de tourisme
Pensión completa: pension complète
Pernoctar: passer la nuit
Playa: plage
Ponerse moreno: bronzer
Posponer: remettre à plus tard
Remise: taxi (argentino)
Reservar: réserver
Ruta: itinéraire, parcours
Senderismo: randonnée
Sobresaliente: parfait
Todo incluído: tout compris
Turismo: tourisme
Viajar: voyager
Viaje : voyage
Viaje de ida: aller simple
Viaje de ida y vuelta: aller-retour
Viajero: voyageur
Visitar: visiter

En general

El compromiso de calidad turística

El Compromiso de Calidad Turística es una distinción que otorga el Ministerio de Industria, Turismo y Comercio de España que tiene como finalidad asegurar la gestión interna de las empresas turísticas y centros-servicios vinculados al turismo, establecer controles en los procesos que garanticen la satisfacción de los clientes y garantizar la seguridad y confort de las instalaciones. Esta iniciativa forma parte del **Sistema de Calidad Turística Española (SCTE)**, que es un conjunto de soluciones tecnológicas en el que están intrínsecamente relacionados conceptos tales como calidad, competitividad, rentabilidad y sostenibilidad. El SCTE constituye una experiencia única en el mundo: una iniciativa del sector empresarial a la que la Secretaría de Estado de Turismo (SET) presta su apoyo institucional, técnico y económico.

El Sistema de Calidad Turística Española (SCTE) tiene sus orígenes en la década de 1990, cuando el sector turístico español toma conciencia de la importancia de la calidad como garantía de diferenciación frente al aumento de la oferta de otros destinos turísticos emergentes competidores de España. El rasgo más destacable de este sistema es que la calidad se concibe como una opción empresarial totalmente voluntaria.

Los establecimientos y servicios que participan en el SCTE Destinos y cumplen con los requisitos establecidos, tras superar una evaluación periódica, obtienen el distintivo de calidad del SICTED: Compromiso de Calidad Turística.

El **SCTE Buenas Practicas o MACT** (Modelo de Aproximación a la Calidad Turística) es el conjunto de instrumentos y metodologías que, desde la Secretaría de Estado de Turismo, se pone a disposición de las empresas y servicios turísticos del destino con el objetivo de facilitar la gestión y mejora de la calidad en la prestación del servicio. Entidad que otorga el distintivo: El SCTE Buenas Practicas o MACT reconoce al conjunto de establecimientos y servicios que trabajan por aproximarse a la Calidad Turística, diferenciándolos con un distintivo que premia su compromiso con la calidad: Compromiso de Calidad Turística. Actualmente, los destinos SCTE Buenas Practicas o MACT en Andalucía son Axarquía y Serranía de Ronda.Las empresas y servicios turísticos que deciden participar en esta iniciativa y optar al distintivo de Compromiso de Calidad Turística reciben:

1. Sesiones informativas donde se definen los objetivos, se especifican los compromisos y se describe la secuencia de actuaciones, sus ventajas y las obligaciones que se adquieren.
2. Sesiones formativas de los requisitos y método de implantación de los Manuales de Buenas Practicas.
3. Visitas individualizadas de apoyo, colaboración y asesoría.

Si cumplen con los requisitos establecidos, tras superar una evaluación periódica, obtienen el distintivo Compromiso de Calidad Turística.

www.andaluciadestinocalidad.es

Compromiso de Calidad Turística

Preguntas

- Entra en la página Internet calidadendestino.es y observa los diferentes establecimientos que han sido otorgados con la denominación COMPROMISO DE CALIDAD TURÍSTICA.
- Expón algunos de los ejemplos a tus compañeros.

De cerca

Descubre las nuevas rutas por las Ciudades Patrimonio de la Humanidad de España

Las Ciudades Patrimonio de la Humanidad de España se unieron en un grupo con la finalidad de actuar de manera conjunta en la defensa del patrimonio histórico y cultural de estas ciudades. Ahora han creado una serie de rutas a través de las que el turista podrá conocer el Patrimonio de la Humanidad que existe en España de forma conjunta, agrupando la oferta en itinerarios temáticos. Así, se han creado varias rutas:

- **Itinerario sobre arquitectura moderna y contemporánea.** Las ciudades de Mérida, Salamanca, Santiago de Compostela, Tarragona y Toledo ofrecen un ejemplo de integración entre urbanismo histórico y urbanismo contemporáneo.
- **El camino de la lengua castellana.** Alcalá de Henares, Ávila y Salamanca proponen que el turismo vaya de la mano de la lengua castellana y, para ello, ofrecen una ruta en la que Cervantes, Santa Teresa de Jesús, San Juan de la Cruz o la Universidad de Salamanca son los protagonistas de numerosos eventos y actos culturales programados durante todo el año.
- **Espacios naturales.** Las declaraciones de Patrimonio Mundial de Ibiza y Cuenca recogen, además de su patrimonio cultural, parte de su patrimonio natural, de especial interés para todos los aficionados a la naturaleza. Además, Mérida, San Cristóbal de La Laguna y Santiago de Compostela tienen entorno a sus bienes protegidos espacios de alto interés natural que también merecen una visita sosegada.
- **Herencia Sefardí.** Las ciudades de Ávila, Cáceres, Córdoba, Segovia y Toledo presentan un recorrido que enlaza las juderías de las distintas ciudades y que permite disfrutar del encanto de estos barrios medievales, con sus calles estrechas y serpenteantes y sus sinagogas.
- **La Hispania romana.** Córdoba, Mérida y Tarragona fueron capitales de la Hispania Romana y así lo atestiguan los restos arqueológicos que ponen a disposición de sus visitantes. Asimismo, Alcalá de Henares y Segovia ofrecen al turista asentamientos de gran importancia histórica.
- **Legado islámico.** Cáceres y Córdoba son dos ejemplos de la huella que dejó en España la dominación musulmana y de cómo su legado ha enriquecido notablemente a nuestras ciudades. Numerosos ejemplos de la arquitectura del momento perviven aún hoy en estos enclaves.
- **Patrimonio náutico.** Ibiza, San Cristóbal de La Laguna y Tarragona presentan una oferta náutica que favorece la Practica de todo tipo de deportes relacionados con el mar, así como el descanso y disfrute en un entorno costero paradisíaco.
- **Turismo activo.** Cáceres, Cuenca, Ibiza, Salamanca, San Cristóbal de La Laguna y Santiago de Compostela plantean la posibilidad de disfrutar de unas vacaciones con gran actividad deportiva. Senderismo, rutas ciclistas, descenso de cañones.
- **Turismo religioso.** Alcalá de Henares, Ávila, Cuenca, Santiago de Compostela, Segovia y Toledo celebran fiestas declaradas de interés turístico nacional o internacional vinculadas a actos religiosos.
- **Golf.** Hay 25 campos para disfrutar a placer del deporte y la naturaleza repartidos por todas las ciudades que forman parte del Grupo de Ciudades Patrimonio de la Humanidad de España.
- **Turismo idiomático.** Este programa ofrece la posibilidad de conjugar el aprendizaje del idioma español con el disfrute de algunos de los monumentos más excepcionales del país en diez ciudades Patrimonio de la Humanidad: Cáceres, Mérida, Cuenca, Toledo, Salamanca, Alcalá de Henares, Ávila, Santiago de Compostela, Córdoba y Segovia. Esta ruta está destinada para extranjeros y ofrece distintos niveles formativos y un certificado oficial emitido por la Universidad en la que hayan cursado estudios.

Adaptado de *El Periódico*, junio 2009.

Preguntas

- ¿Cuáles son las tres ciudades patrimonio de la humanidad de la comunidad de Castilla y León?
- ¿En qué ciudad se encuentra la universidad más antigua de España?
- ¿Cuál es el significado de la rana de la fachada de la universidad?
- ¿En qué ciudad se encuentra un monumento romano que servía para transportar agua?
- ¿Cuál es la ciudad que fue conocida bajo el nombre de Complutum por los romanos?
- ¿Dónde se encuentra Aranjuez?
- ¿Dónde está la ciudad encantada?

BTS Industriel

1 Évaluation de la compréhension de l'oral

Vas a escuchar tres veces el documento con una pausa de dos minutos. CD n°3 Pista n°7

Fitur 2013

www.ifema.es, 2013.

Compte-rendu en français

Après avoir écouté attentivement l'article, vous en dégagerez les idées essentielles. Entraînez-vous à l'oral et à l'écrit.

Pour aller plus loin

a) Explica con tus palabras lo que representa Fitur.
b) ¿Dónde se celebró en 2013?
c) ¿Por qué están satisfechos los organizadores?

2 Évaluation de la production orale en continu et en interaction

El turismo se hace sostenible

La empresa bilbaina Ibilbi ha logrado traer a Euskadi un revolucionario modelo turístico. Se trata de un servicio que posibilita a los viajeros que acuden a las ciudades vascas, por primera vez, disfrutar de un paquete de visitas guiadas temáticas que se realizan en bicicletas customizadas y dotadas de un diseño singular. "Vimos que en Europa los turistas solicitaban este tipo de transporte que no existía aún aquí y por ello optamos por apostar por una movilidad sostenible y aprovechar, a la vez, la existencia de las redes de bidegorris existentes en nuestras ciudades", indica Marisa Gómez, socia fundadora de la firma.

Esta emprendedora junto a su amiga Elke Panneels, natural de Bélgica, comenzaron en 2009 a vislumbrar la posibilidad de reinventar las posibilidades que ofrecía Bilbao como atractivo turístico con un formato que lograra captar la atención de viajeros procedentes de estos países, donde el trasladado en bicicleta es una actividad cotidiana. "Pretendíamos promocionar la cultura autóctona y para ello visualizamos la posibilidad de emplear este medio de transporte que convierte las visitas en experiencias más dinámicas que las realizadas a pie", completa la responsable del proyecto.

Fue en abril de 2012 cuando ambas emprendedoras decidieron abrir su propia oficina para empezar a ofrecer su servicio a los turistas. Su innovadora propuesta se basa en la oferta de rutas temáticas guiadas para grupos o clientes individuales. "Son visitas en las que están acompañados por un guía, duran dos horas y media y pueden contemplar el Museo Guggenheim, edificios con patrimonio histórico y visitas al Casco Viejo para degustar pintxos", revela la coordinadora de Ibilbi.

Junto a estas posibilidades de visitas, la empresa ofrece también la posibilidad de viajar por la ciudad a bordo de bicicletas dotadas de vistosos remolques equipados para llevar a los más pequeños. A esta novedad suma atractivos diseños de los vehículos de dos ruedas, como es el caso de las 'kickbikes', un modelo de patinete finlandés que mezcla el diseño de un monopatín con el de una bicicleta y que están dotados de un manillar y rueda delantera. "Son útiles para turistas mayores que tienen dificultades para mantener el equilibrio en las bicicletas y pueden disfrutar de paseos tranquilos por las ciudades", subraya Gómez. "Es una experiencia divertida para el visitante y se fomenta un transporte limpio y respetuoso con el medio ambiente", asegura Panneels.

Adaptado dewww.elmundo.es, octubre 2012.

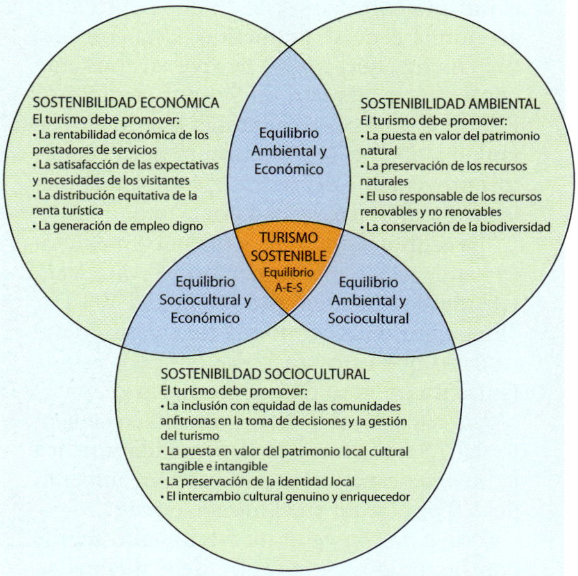

EXAMEN

Présentation structurée en espagnol

Après avoir lu et étudié attentivement les deux documents, faites une présentation (de 3 à 4 minutes) mettant en évidence les points importants et les détails pertinents.

BTS Tertiaires

1 Évaluation de la compréhension écrite

Turismo en América Latina

Desde la Patagonia a Isla de Pascua y desde la Cordillera de Los Andes a las playas brasileñas y caribeñas, además de los sitios históricos del Perú y México, América Latina está repleta de lugares paradisíacos que podrían hacerla uno de los principales destinos turísticos del mundo. Sin embargo, entre 13 regiones investigadas por el Consejo Mundial de Viaje y Turismo (WTTC[1], por sus siglas en inglés) América Latina sólo le gana al Sur de Asia en términos de importancia económica en el sector turismo.

En dólares, el Producto Interno Bruto (PIB) del turismo en América Latina es el sexto entre 13 regiones y la región corresponde al 2,7 por ciento del PIB mundial de turismo.

Pero la figura es más preocupante aún, al medir el peso del turismo en América Latina como porcentaje del PIB regional. Aquí, el turismo corresponde al 7,3 por ciento de la economía general, perdiendo hasta con Medio Oriente, que, a pesar de vivir en constante conflicto, aporta con un 9.6 por ciento a su PIB. El Caribe ocupa el primer puesto en este ranking, con un 16,5 por ciento de la economía proveniente del turismo, comparado con la media mundial de 10,4 por ciento.

"La economía de viaje y turismo en América Latina recién está comenzando", dice Jean-Claude Baumgarten, presidente del WTTC. "Ese sector de la economía está menos desarrollado que otros en la región, pero es una fantástica oportunidad de crecimiento".

Para este año, el WTTC prevé un crecimiento del 7,9 por ciento en la demanda turística latinoamericana, comparado con un aumento del 3,9 por ciento en el mundo entero.

Pero, para conseguir un crecimiento acorde con sus atractivos, la región debe mejorar su planificación estratégica, dice Baumgarten. "Es hora de que América Latina junte los sectores público y privado para comenzar a promover negocios relacionados al turismo". Otro problema, dice, es la falta de una estructura unificada para la inversión turística en cada país. "El inversionista tiene que pasar por muchas industrias diferentes para realizar la inversión", añade.

Cada país también tiene sus problemas. México, por ejemplo, tiene un sector de turismo económicamente importante, con un 14,3 por ciento de la actividad económica conectada al sector. Pero el país ha perdido competitividad por los altos precios de los pasajes aéreos y la criminalidad, además de la falta de inversión en infraestructura. Aunque haya un marco regulatorio "relativamente bueno para el desarrollo del segmento de viaje y turismo", está en la posición número 49 en el ranking de Competitividad en Viaje y Negocio, lanzado recientemente por el World Economic Forum, que comprende 124 países.

En el mundo, el primero es Suiza y el segundo Australia. En América Latina y el Caribe, el país más competitivo en turismo es Barbados (29), donde el sector es una prioridad para el Gobierno y además la estructura regulatoria facilita la inversión y el desarrollo de esa actividad, dice el WEF. Bolivia cuenta con el potencial de sus atractivos y más aún, con instituciones, empresas y organizaciones que vigorizan a la actividad turística, en tanto las discusiones en los encuentros institucionales estén centradas en una visión conjunta y en principios comunes, esto permitirán una planificación estratégica acorde a la realidad y una regulación que beneficie a todos quienes apuestan a una de las actividades más importantes de la economía mundial.

www.prezi.com, mayo 2011.

1. World Travel and Tourism Council.

Compte-rendu en français

Après avoir présenté le tourisme en Amérique Latine, vous en préciserez les atouts (200 mots, +/- 10 %).

Expression écrite

Répondez en espagnol à l'une des questions suivantes (300 mots +/- 10 %) :
- ¿Qué lugares de América Latina pueden hacer de ella uno de los principales destinos turísticos?
- ¿Cómo se ve que el turismo en América Latina no está pasando por su mejor momento?
- ¿Qué futuro se augura para el turismo en América Latina?
- ¿Todos los países de América Latina están en la misma situación?
- ¿Por qué crees que los turistas no eligen este continente para las vacaciones?
- ¿Qué zonas de América Latina tienen más éxito?

Lettre commerciale

À partir des élements indiqués ci-dessous, vous rédigerez une lettre commerciale en espagnol, en respectant les normes de présentation.
Vous êtes employé dans une agence de voyage de Paris, vous écrivez au directeur du syndicat d'initiative de Lima pour obtenir des informations sur les vacances d'été.
- Vous vous présentez ainsi que l'agence de voyage pour laquelle vous travaillez ;
- vous expliquez la raison pour laquelle vous contactez ce syndicat d'initiative ;
- vous précisez que vos clients sont à la recherche de nouvelles destinations pour les prochaines vacances d'été ;
- vous souhaiteriez recevoir le plus tôt possible des informations sur les nuitées, repas, excursions, visites guidées ;
- vous aimeriez qu'il vous fasse parvenir des prospectus sur les principaux lieux à visiter, ce qui encouragerait vos clients à choisir cette destination ;
- vous remerciez par avance la personne concernée et vous précisez que vous espèrez pouvoir travailler avec elle dans le futur et développer ainsi le tourisme en Amérique Latine.

2 Évaluation de la compréhension de l'oral

Vas a visionar dos veces el documento con una pausa de dos minutos.

Turismo idiomático

http://www.youtube.com/watch?v=NJr-7Nf3cyo

Compte-rendu en espagnol

Après avoir regardé attentivement la vidéo, vous en dégagerez les idées essentielles.

Entretien

1. Questions sur la vidéo.
a) Explica el significado de turismo idiomático.
b) ¿Este tipo de turismo es interesante?¿Por qué?
c) ¿Estudiar español tiene éxito?
d) Define el perfil del estudiante que estudia español en España.

2. Questions générales.
a) ¿Por qué crees que el turismo idiomático es más frecuente en chicos que chicas?
b) ¿Qué sectores económicos se ven beneficiados en este tipo de turismo?
c) Señala las diferencias entre el turismo de sol y playa y el idiomático (tipo de turista, alojamientos, gastos, intereses, etc.).

En CCF ou épreuve ponctuelle

1 Évaluation de la compréhension de l'oral (AG U22)

Vas a escuchar dos veces el documento con una pausa de dos minutos. CD n°3 Pista n°8

Turismo de bienestar

Adaptado de www.elpais.es, septiembre 2006.

Restituye **en español** a continuación todo lo que comprendas. (Véase *Herramientas* n° 2)

2 Communication professionnelle en français et en langue étrangère (AM E4)

Accueillir et informer

a) Descarga la ficha del site compagnon de tu manual www.nathan.fr/textos-y-metodos y complétala con la siguiente situación:

b) Trabajas en la oficina de turismo de tu ciudad. Durante las vacaciones de Semana Santa hay grupos de españoles que tienen programada una visita. Debes acompañarles y guiarles en una ruta que previamente has preparado.

c) Informa a tu jefe de cómo se desarrolló esta jornada.

3 Négociation vente en langue étrangère (NRC/CI U72)

a) Descarga la ficha del site compagnon de tu manual www.nathan.fr/textos-y-metodos y complétala con el siguiente contexto:

b) Vas a realizar una venta bajo estas condiciones. El alumno A es el vendedor y el B simula ser el cliente.

c) Contexto comercial: En una agencia de viajes B desea informarse para realizar un viaje por el Caribe de 15 días. El cliente está interesado en compaginar el turismo de playa en Cancún y la visita a ruinas mayas y aztecas. Quiere una oferta que incluya todo incluido.

d) Oferta de la empresa: La oferta incluye: viaje en avión, recogida en el aeropuerto, estancia a pensión completa en hotel de 5 estrellas y desplazamiento a las visitas culturales. En temporada baja los precios son sensiblemente inferiores.

e) Herramientas de ayuda a la venta utilizadas: Folletos, sitios web de hoteles, playas y monumentos.

Globalización

De la aldea global al mercado mundo

En esta unidad vas a aprender a:

- Negociar en una economía global
- Opinar sobre la globalización
- Instalarte en el extranjero
- Exportar bienes y servicios

LLUVIA DE IDEAS

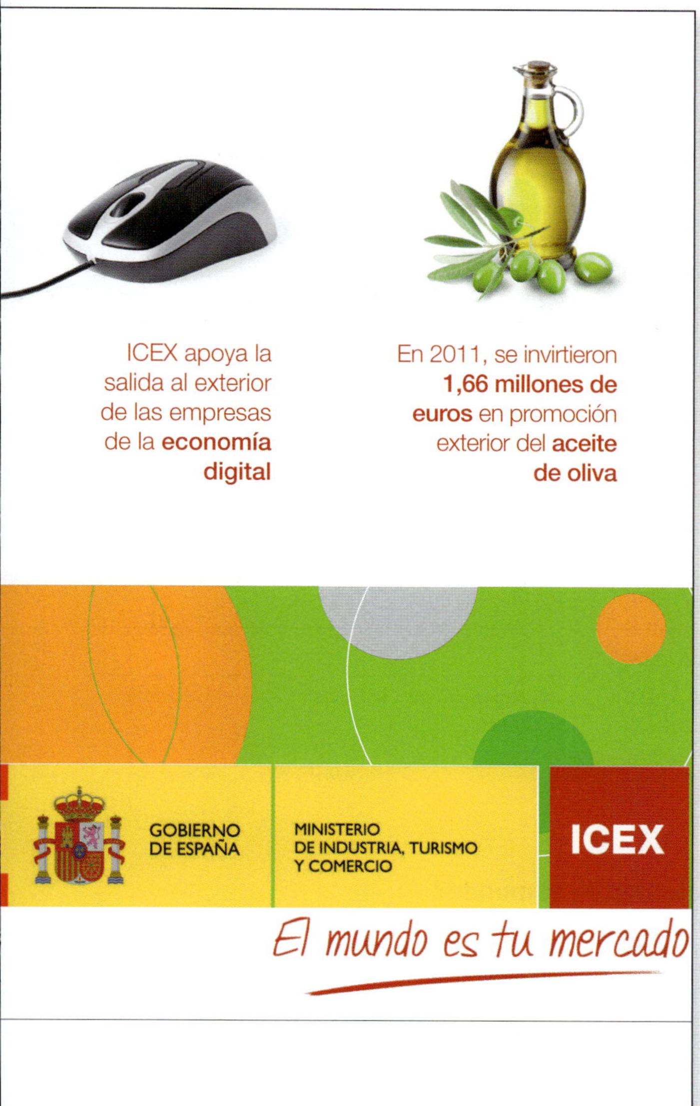

Palabras

Sustantivos
Un ámbito: *un domaine*
El apoyo: *l'aide, le soutien*
La economía digital: *l'économie digitale*

Sigla
ICEX: Instituto Español de Comercio Exterior

Verbos y colocaciones
Apoyar a las empresas: *aider les entreprises*
Invertir dinero: *investir de l'argent*
Promocionar: *faire la promotion de*
Hacer una campaña para fomentar: *faire une campagne pour promouvoir*
Promover: *promouvoir*

Preguntas

- ¿Qué es el ICEX? ¿Cuál es su función?
- ¿Cuáles son los productos promocionados aquí?
- Explica el significado del eslogan: “El mundo es tu mercado.”

TODO OÍDOS

CD n°3 Pista n°9

1. ¿Qué es el ICEX?
2. ¿En qué sentido puede ser útil para las empresas?
3. ¿Desde cuándo existe?

8 | Globalización

1 • TODO OÍDOS

CD nº3 Pista nº10

Vas a escuchar el texto *SRB: los paneles solares para unas ciudades apagadas*.

a) ¿A qué se dedicaba la compañía valenciana antes de lanzarse a la fabricación de paneles solares?

b) ¿De dónde cogieron la idea?

c) ¿Cuánto dinero invirtieron?

d) ¿En qué año se creó la patente?

2 • A BUEN ENTENDEDOR...

El 40% de las patentes europeas no se explota

¿Sabías que un 40% de las patentes europeas no se explota industrial o comercialmente porque sus titulares carecen de capacidades para explotarlas comercialmente? Hasta ahora investigando un poquito, resulta que, de ese 40%, la mitad son patentes que desarrollan las empresas que ya están en marcha para frenar a potenciales competidores, y el resto son lo que se denominan patentes durmientes, según un estudio elaborado por la OCDE[1]. Las durmientes son esas patentes que carecen de activos de distribución y comercialización.

A este dato habría que añadir que muchas invenciones, ante la falta de recursos y de visión comercial de sus autores, ni siquiera se patentan. Y si además, tenemos en cuenta que, de media estamos hablando de 27.000 patentes anuales, cada año se echan a dormir unas 5.500 patentes. Hemos hablado innumerables veces de importar negocios extranjeros a España, adaptándolos a nuestro mercado; también de montar negocios en el extranjero cuando se ve la oportunidad clara, pero la verdad nunca se nos había ocurrido proponeros que fuerais a la caza y captura de patentes extranjeras para montar empresas españolas. Y no se nos había ocurrido hasta que nos hablaron de SRB Energy, una empresa valenciana que ha desarrollado en España una patente registrada en Italia. Y no es este ejemplo el único.

Unos días después, nos encontramos con que investigadores del grupo Televisión Cine están empleando técnicas de grabación en 3D para que la FIFA los utilice como material de aprendizaje en los cursos de formación para árbitros. Y a partir de ahí se nos ocurre sugerirte saltar de un país a otro en busca de patentes.

Adaptado de www.emprendedores.es, agosto 2012.

1. Organización para la Cooperación y el Desarrollo Económico.

a) Explica el significado del título.

b) ¿Qué pasa con la mayoría de las patentes en el mundo?

c) ¿Qué tipos de negocios se suelen hacer por el mundo?

d) ¿Qué consejos nos da el autor?

3 • CON BUENA LETRA

Trabajas para una multinacional cuya función es crear objetos que no existen. Piensa en un objeto que podría ser útil. Ponle nombre a tu objeto y escribe una descripción.

Te damos algunos ejemplos de objetos recientemente patentados para inspirarte:
- GLO_BARS: Manillares para bicicletas con led que brillan en la oscuridad
- CAMISETAS REPELEMOSQUITOS: camisetas que repelen los mosquitos, las pulgas, etc.

4 • HABLAR POR LOS CODOS

Expón tus argumentos de por qué es un valor añadido contar con la explotación de patentes para una empresa. Da ejemplos de éxito comercial.

5 • HABLANDO SE ENTIENDE LA GENTE

Vuestra empresa, dedicada a la elaboración de bicicletas, acaba de realizar un descubrimiento. Se trata de un material ultraligero y muy resistente que podría aligerar el peso de la bicicleta en un 20%. Os gustaría patentarlo y ofrecerlo a otras empresas extranjeras. Discutid entre vosotros los trámites a seguir para llevarlo a cabo.

Aquí tenéis un formulario que rellenar para ayudaros.

- Nombre de vuestra empresa: ...
- Descpricíón del material descubierto: ...
- Redacción de la patente: ...
- Contacto de la oficina de patente: ...

Para España, es la OEPM (Oficina Española de Patentes y Marcas). Visitad su sitio www.oepm.es

- Empresas extranjeras que contactar: ...
- A estas empresas le será útil este nuevo material porque...

ANTICIPA

¿Vender en tu país o exportar?

¡Apostaron por la exportación y ganaron!

Nada más atravesar el pasillo de la sede de Freixenet, un fuerte olor a bodega impregna los sentidos. Es allí, rodeado de libros y de copas de cristal, de fotografías con las estrellas del celuloide que protagonizaron sus spots navideños de numerosos premios, donde el presidente José Ferrer tiene su despacho. Todo empezó hace unos años cuando éste decidió implantar una bodega en California. Una persona le dijo, en ese momento, que exportaba porque le gustaba mucho viajar, y que con la excusa de exportar, se iba a ir de viaje. Pero que de vender productos nada de nada. Lo cierto es que José Ferrer tenía muy claro que cualquier empresa que quisiera crecer, que quisiera hacerse grande, necesitaba no sólo el mercado interior, sino también iniciar la exportación. El éxito de la empresa Freixenet radica en la cohesión familiar y la ambición. José Ferrer quiso conquistar el mundo y lo ha conseguido. Una cohesión familiar que ha sido el santo y seña de esta saga de bodegueros, que ya va por la tercera generación, y que tienen grabada a fuego en su interior. "Una empresa familiar tiene la máxima potencia si la familia está unida", declara José Ferrer. Una gesta en la que, desde 1977, juega un papel destacado el anuncio de las burbujas de Freixenet con destacadas figuras del celuloide: Sharon Stone, Shakira…

Adaptado de *Capital*, diciembre 2012.

Desde España, con mucho amor

Wonders es una marca de zapatos "made in Spain" que ha triunfado gracias, entre otras cosas, al lema *made with love in Spain*. Produce 800.000 pares de zapatos de mujer al año, con más de 400 modelos por temporada. En 2012, facturó 28 millones de euros, con 350 empleados directos y 400 puestos de trabajo indirectos. La firma está presente en más de 40 países, representando las ventas exteriores el 40% del total. Y sus previsiones apuntan a que dicha cantidad llegará al 70% en 2013. Una labor que cada vez se antoja más complicada porque entre otras razones, están sufriendo la supresión de líneas de crédito en el momento de servir pedidos o mientras éstos están en marcha. Seleccionar clientes y hacer una buena gestión de cobro es difícil. En algunos países, por ejemplo, las cartas de crédito no existen, por lo que hay que trabajar con compañías aseguradoras. Sus próximas apuestas, además de consolidar la marca en otros países como Japón, Rusia o Estados Unidos, son ampliar su presencia en mercados emergentes como Vietnam y Brasil, así como conquistar al público alemán y chino. "Si ellos venden sus zapatos aquí, nosotros deberemos vender los nuestros allí. "Si no vendemos allí será muy difícil sobrevivir." Estar presente en tantos países no supone más trabajo a la hora de elaborar las colecciones. Sí suele haber excepciones, por ejemplo a las botas que se venden en Rusia se les suele añadir un forro", explica Rubén Carbonell, el director de márketing.

Adaptado de *Capital*, agosto 2011.

Las palabras no están solas

1. Busca sinónimos.
atravesar – impregnar – implantar – necesitar

2. Encuentra antónimos.
conquistar – conseguir – una cohesión – una ambición

3. Dilo en español.
un bureau – exporter – croître – un marché

4. Cada oveja con su pareja.

nada de nada •	• funcionar
ser el santo y seña de •	• pertenecer a su esencia
tener grabada a fuego en su interior •	• ser el rasgo distintivo más importante
estar en marcha •	• en absoluto

5. Veo, veo una palabra que empieza por... y significa...

Ejemplo:

– Veo, veo... una palabra que empieza por C y significa unión entre las partes.

– Cohesión.

– Eso es, correcto.

El título

1. ¿En qué sentido son complementarios los dos títulos?
2. Inventa otros dos títulos.
3. ¿Cuál serían sus subtítulos?

Localiza en el texto...

1. Texto 1: Las apuestas futuras de Freixenet.
2. Texto 2: A qué países exportan Wonders.

Comprensión del texto

1. ¿Cuál fue el secreto de la empresa Freixenet?
2. ¿Cuál es uno de los principales éxitos de Wonders?

Defiende tu postura

Comenta esta frase: "Si ellos venden sus zapatos aquí, nosotros deberemos vender los nuestros allí."

Método

Le compte-rendu

1. Divide el texto 1 en partes y subraya las frases más significativas.
2. Resume lo esencial de cada parte en una, dos o tres frases. Cuidado con la paráfrasis.
3. Redacta una introducción.
4. Elabora una conclusión que contenga los puntos tratados. (Véase *Herramientas* n°2)

Expresión escrita

1. Piensa en un producto español que te gustaría que fuera exportado a tu país y escribe una carta a la empresa que lo fabrica para convencerles que en Francia ese producto tendría mucho éxito.
2. Escribe un email al Ministerio de Industria y Comercio para que te den la información necesaria para poder exportar a países fuera de la UE. Quieres saber lo trámites administrativos que hay y los gastos que prever. (Véase *Herramientas* n°5)

Expresión oral

1. Presenta diferentes empresas de tu país que lograron el éxito gracias a la exportación.
2. ¿Qué ventajas puede tener el hecho de fabricar en España o América Latina?

PRACTICA • TEXTO

Comunicación oral

CD n°3 Pista n°11

Escucha y responde

1. Escucha el compromiso de Freixenet.
2. Haz un resumen en francés.
3. Responde en español.

a) ¿Qué es el mecenazgo?
b) Explica cómo la evolución del mecenazgo fue a la par que su propia historia
c) Cita alguna institución extranjera con la que colabore Freixenet.

Analiza y opina

1. Presenta este documento.
2. ¿Dónde se puede encontrar un documento así?
3. Explica su utilidad.
4. ¿Qué imagen de España se desprende de este cartel?

1 • Buenas formas

a. Señala las frases que son sustantivas y las relativas.
b. Justifica el indicativo y el subjuntivo en ambos casos.
c. Escribe con un compañero tres frases sustantivas y tres de relativo con indicativo y subjuntivo. Presentadlas al resto de la clase.

2 • Dilo de otra forma

a. Todo empezó hace unos años cuando éste decidió implantar una bodega en California.
b. José Ferrer quiso conquistar el mundo y lo ha conseguido.
c. Y sus previsiones apuntan a que dicha cantidad llegará al 70%.
d. Estar presente en tantos países no supone más trabajo a la hora de elaborar las colecciones. Sí suele haber excepciones, por ejemplo a las botas que se venden en Rusia se les suele añadir un forro.

3 • Emplea la forma correcta

Él no pensaba que una empresa ________ (poder) distribuir tan rápido y que_________ (hacerse) grande tan rápido. Lo primero que hizo fue pedir que __________ (aprovecharse) las subvenciones que________ (permitir) que las empresas __________ (quedarse) en el territorio nacional en lugar de deslocalizarlas. En este sentido también habría pedido que _________ (volver a trasladar) a España la planta de producción que ________ (marcharse) a China con el fin de producir más barato. Cinco años después la Junta reconoció que esa decisión _________ (causar) más perjuicios que beneficios. Algunos consideraban que este traslado _______ (ser) una gran oportunidad de control de gastos, sin embargo el resultado habría permitido ver fácilmente que la obra poco cualificada _________ (aumentar) en realidad los gastos, debido sobre todo a la baja eficiencia comparada con la producción en Europa.

4 • Traduce

a. Lo cierto es que él tenía muy claro que cualquier empresa que quisiera crecer, que quisiera hacerse grande necesitaba no sólo el mercado interior, sino iniciar la exportación.
b. Una persona le dijo en ese momento que exportaba porque a él le gustaba mucho viajar. Y que con la excusa de exportar, se iba a ir de viaje. Pero que de vender productos nada de nada.

Las formas de la lengua

Correlación de tiempos entre indicativo y subjuntivo

- **Presente de subjuntivo (Forma "prohíba")**
  Piden/Quizás le pidan/Han pedido/Posiblemente le hayan pedido/Pedirán/Habrán pedido/ Pídanle/No pidan + ***que prohíba****.*
- **Pretérito perfecto (Forma "haya prohibido")**
  Piden/Quizás le pidan/Han pedido/Habrán pedido/Pedirán + ***que haya prohibido****.*
- **Imperfecto de subjuntivo (Forma "prohibiera/prohibiese")**
  Pidieron/Pedían/Acaso pidieran/Habían pedido/Probablemente hubieran pedido/Pedirían/ Habrían pedido + ***que prohibiera/prohibiese****.*
- **Pretérito pluscuamperfecto (Forma "hubiera/hubiese prohibido")**
  Pidió/Pedía/Pediría/Habría pedido/Había pedido/Hubiera pedido + ***que hubiera/hubiese prohibido****.*

ANTICIPA

¿Es China el gran mercado del siglo XXI?

PRACTICA • TEXTO

¡Vende a los consumidores chinos!

Es opinión común que los consumidores chinos de clase media compran muchos productos por estatus. “Son muy marquistas y están dispuestos a pagar un extra por los productos y marcas que realmente les satisfacen”, explica Pedro Conesa, director en España de Interchina Consulting. Para este consultor especializado en el mercado chino, estos años son fundamentales para aprovechar el boom del consumo de la clase media. Confían poco en las marcas chinas y asocian los productos españoles con buena calidad. Vender directamente desde España es prácticamente imposible por las barreras burocráticas y los problemas culturales.

Una estrategia de entrada seria obliga a contar, como mínimo, con un almacén propio dentro del país desde el que distribuir nuestros productos y con una tienda virtual alojada dentro del internet del país. Para ellos tienes dos opciones: vender a través de una página web propia o vender a través de plataformas ya conocida entre los consumidores. El siguiente paso es superar las barreras culturales que existen entre los consumidores chinos y los de otros países. Para empezar, la del idioma: el inglés es muy poco extendido en el país, lo que significa que debes encontrar un sistema que esté perfectamente traducido al chino y diseñado en función de sus gustos. “Vender en China a través de Internet puede ser una excelente fórmula para acceder a un mercado inmenso”, añade Pablo Nieto. La principal barrera va a ser la naturaleza desconfiada de los chinos. La empresa que quiera vender online debe proporcionar un excelente sistema de post-venta. Aprovechar estas oportunidades de negocio está al alcance de las empresas españolas, siempre que tengan en cuenta las exigencias de este mercado.

El mercado chino tiene muchas peculiaridades que lo hacen diferente al resto, te vamos a dar las pautas necesarias para conquistar un país muy interesante para las empresas españolas, pues hay que saber entrar con buen pie para no fracasar:

• Elegir la plataforma adecuada: para una pyme, lo mejor es integrar la tienda en alguna plataforma del país, Taobao aglutina el 76% de la venta online. La versión para las empresas se llama Taobao mall. Es la opción que han elegido L’Oréal, Adidas… Este sistema hace de intermediario entre el comercio y sus clientes.

• Para dar a conocer tu producto utiliza estrategias de márketing online. Utiliza los buscadores más frecuentes como Baidu, o sus propias redes sociales como Renren que correspondería a nuestro Facebook.

• Para el pago, escoge plataformas locales, como Alipay, que ofrecen mayor confianza a los consumidores chinos que gestionan el 70% de los pagos electrónicos. Lo ideal, además, es que ofrezcas una buena variedad de formas de pago: también se permite hacer los pagos online a través del banco online, transferencia bancaria, e incluso pago en metálico al recibir el producto, uno de los métodos que prefieren los chinos.

• La logística se puede complicar. Muchas empresas de transporte no llegan a todo el territorio nacional. Es importante señalar en la web la zona de distribución y el incremento del coste de envío en determinadas zonas. Las principales ventas por internet se producen en las zonas costeras, pero no se descartan provincias del interior que están creciendo como Hubei.

Adapto de www.emprendedores.es, agosto 2012.

Las palabras no están solas

1. Busca sinónimos.
la categoría social – gustar – importantes – respetar

2. Encuentra antónimos.
los marquistas – el boom – distribuir

3. Dilo en español.
la croissance – la classe moyenne – la retraite – une destination

4. Cada oveja con su pareja.

pagar un extra por algo •	• una técnica de inicio
una estrategia de entrada •	• realizar un pago no previsto
una tienda alojada en Internet •	• culminar una dificultad
superar una barrera •	• un comercio online

5. Veo, veo una palabra que empieza por... y significa...
Ejemplo:
– Veo, veo... una palabra que empieza por P y significa hacer un pago.
– Pagar.
– Eso es, correcto.

El título

1. Explica con otras palabras el título.
2. Inventa otro título.
3. ¿Cuál sería el subtítulo del texto?

Localiza en el texto...

1. A través de qué palabras o expresiones se puede ver el entusiasmo por parte del autor para fomentar la venta en China.
2. Cómo se ve que el autor del artículo habla de un tema que conoce muy bien: el mercado chino.

Comprensión del texto

1. ¿Qué consejos nos da el autor?
2. ¿Cómo se define al comprador chino?
3. Busca todas las palabras del texto que confirman que el mercado chino es una buena opción para las empresas extranjeras.
4. ¿Cómo ven los chinos las empresas españolas?

Método

Le compte-rendu

1. Divide el texto en partes y subraya las frases más significativas.
2. Resume lo esencial de cada parte en una, dos o tres frases. Cuidado con la paráfrasis.
3. Redacta una introducción.
4. Elabora una conclusión que contenga los puntos tratados. (Véase *Herramientas*, n°2)

Expresión escrita

1. "El siguiente paso es superar las barreras culturales que existen entre los consumidores chinos y los de otros países. Para empezar, la del idioma: el inglés es muy poco extendido en el país, lo que significa que debes encontrar un sistema que esté perfectamente traducido al chino y diseñado en función de sus gustos."
2. En tu opinión, ¿cómo se pueden superar estas barreras culturales?

Expresión oral

Presenta algunos productos que desearías vender en China. Explica cómo podrías comercializarlos. (Véase *Herramientas* n°5)

Comunicación oral

CD n°3 Pista n°12

Escucha y responde

1. Escucha el texto *El señor Quinghou busca empresas españolas* que trata de la compañía china Wahaha.
2. Haz un resumen en francés.
3. Responde en español.
a) ¿Quién es Quinghou?
b) ¿Qué propone a las empresas españolas?
c) ¿Cuáles son los sectores interesantes?
d) ¿En qué sentido puede ser interesante para empresas españolas?

Analiza y opina

Analiza el cartel y presenta los objetos.

1 • Buenas formas

a. Observa los casos de ser/estar del texto.
b. ¿Qué diferencias encuentras entre los dos?
c. ¿Puedes sacar una regla única?
d. Crea algunas frases con ser/estar y justifica su uso.

2 • Dilo de otra forma

a. "Son muy marquistas y están dispuestos a pagar un extra por los productos y marcas que realmente les satisfacen."
b. Aprovechar estas oportunidades de negocio está al alcance de las empresas españolas, siempre que tengan en cuenta las exigencias de este mercado.
c. Sin embargo, para una empresa que lleva 63 años en el mercado occidental, los desafíos son mayúsculos.
d. "Podría comerme un bollo, pero no me gusta que sean dulces", dice la china Rong Rong Zhang, de 24 años.

3 • Emplea la forma correcta

Elige entre ser y estar.
La plataforma Taobao ______ fundada en 2001 y ______ hoy una de las plataformas más importantes para el comercio en China. Además de ______ un líder indiscutible en Asia, _______ presente en 6 países del continente asiático. Taobao ______ una empresa que aglutina el 76% de la venta online. ______ situada en la capital del país, cuenta con miles de productos y más de 100 marcas de prestigio. _______ formada por seis organizaciones que operan en la industria del comercio electrónico. Con una gran trayectoria, _______ posible incluso el pago en metálico al recibir el producto. Esta fórmula _____la preferida de las personas mayores de 50 años. TAOBAO demuestra a los consumidores chinos cada día que ______ una empresa que hace bien su trabajo. Podemos _________ seguros de que los consumidores adquieren productos que _________ garantizados por su trazabilidad. El nuevo proyecto de Taobao en el siglo XXI ________ un ambicioso proyecto informático con un presupuesto de 50 millones.

4 • Traduce

a. El siguiente paso es superar las barreras culturales que existen entre los consumidores chinos y los de otros países. Para empezar la del idioma: el inglés es muy poco extendido en el país, lo que significa que debes encontrar un sistema que esté perfectamente traducido al chino y diseñado en función de sus gustos.
b. Lo ideal, además, es que ofrezcas una buena variedad de formas de pago. También es importante señalar en la web la zona de distribución y el incremento del coste de envío en determinadas zonas.

Las formas de la lengua

Ser y Estar

SER se usa para:	ESTAR se usa para:
1. definir palabras o conceptos: *No me gustan que **sean** dulces.* 2. mostrar las cualidades inherentes propias de un objeto: ***Es** difícil cambiarlo.* 3. definir o clasificar un objeto o persona: ***Es** el jefe.* 4. identificar el objeto al que nos referimos: *El almacén **es** el de la derecha.* 5. el tiempo (hora, fecha, periodo): ***Son** las diez.* 6. el lugar (situar un suceso o un acontecimiento): *La reunión **es** en la sala diez.* 7. una cantidad (número total, precio): ***Somos** diez los que queremos un aumento de sueldo.*	1. definir el estado en que se encuentra un objeto: *Poco a poco **está** de moda.* 2. resultado de un proceso: ***Están** rotas las negociaciones.* 3. el tiempo (fecha, periodo): ***Estamos** a 10 de noviembre.* 4. el lugar (localizar objetos en el espacio): *Las facturas **están** en el cajón de siempre.* 5. una cantidad (número parcial, precio que varía): *Hoy el precio del petróleo **está** a 60 dólares.*
SER se usa con:	**ESTAR se usa con:**
1. sustantivos, pronombres, demostrativos e infinitivos	1. participios, adjetivos: ***Estar** hecho/**estar** resuelto.* 2. el gerundio: ***Estar** confundiendo a la gente.*

ANTES DE ESCUCHAR

¿Los países pequeños ofrecen grandes oportunidades?

Al oral...

CD n°3
Pista n°13

Panamá: ¡Qué grande eres pequeño!

Adaptado de www.ganaemprendedorweb.es, noviembre 2012.

Las palabras no están solas

1. Cada oveja con su pareja.

estar inmerso en •	• de más alcance
ofrecer incentivos •	• involucrar a
mayor calado •	• estar dentro de
afectar a •	• dar ventajas

2. Dilo de otra forma.
una inversión – modernizar – una oferta – una oportunidad

El título

Explica el título. ¿En qué contexto se dice?

Di de qué trata el audio

Escucha de nuevo y escribe las respuestas.

1. Panamá es un centro logístico importante. ¿En qué te basas?
2. ¿En qué sentido este país es interesante para inversiones extranjeras?
3. ¿Cómo se caracteriza la modernización de este país?
4. ¿Cuáles son los sectores importantes para las empresas extranjeras?

Analiza y opina

1. ¿De qué infraestructuras carece Panamá?
2. ¿Qué tipo de aranceles tiene España con Panamá?

Con mucho oficio

Busca una empresa española a quien le interese invertir en Panamá. Explica cuáles serán las ventajas de tal inversión.

Oportunidades en Panamá en los sectores de:

☐ Infraestructuras y obras públicas, las encontrarás en www.panamacompra.gob.pa
☐ Inmobiliario, al calor de la inversión pública
☐ Productos y equipos medico-quirúrgicos
☐ Energías, sobre todo la eólica y la fotovoltaica
☐ Tratamiento de aguas residuales

Método

Le compte-rendu

1. Divide el audio en partes.
2. Resume lo esencial de cada parte en una, dos o tres frases. Cuidado con la paráfrasis.
3. Redacta una introducción.
4. Elabora una conclusión que contenga los puntos tratados. (Véase *Herramientas* n°2)

Expresión escrita

Escribe un email al Ministerio de Comercio de Panamá pidiendo información sobre oportunidades comerciales en el país para una empresa de ingeniería especializada en infraestructuras eléctricas.
(Véase *Herramientas* n°5)

Expresión oral

1. Panamá ofrece grandes posibilidades para inversiones, sin embargo, señala algunas de las dificultades que puede haber al instalarse allí.
2. ¿Puede haber un choque intercultural para una empresa europea? ¿Cuáles imaginas?

Defiende tu postura

Escribe a tu manager explicando y argumentando que la Zona Libre de Colón ofrece buenas oportunidades para tu empresa. Básate en el texto.
"La Zona Libre de Colón es una zona franca. Es una de las mejores vías de acceso al mercado panameño, ya sea para vender en él o para exportar. Con ello te beneficias de exenciones de pago de impuestos tanto para las rexportaciones como importaciones, ganancias y repatriaciones de dividendo. Para operar en esta zona busca una empresa local que te represente. Esta zona mueve al año 21.000 millones de dólares."

ANTES DE VER

¿Conoces marcas falsificadas?

A la vista está...

Día mundial antifalsificación

http://www.youtube.com/watch?v=0kD6UYKlGhc&feature=related

Las palabras no están solas

1. Cada oveja con su pareja.

advertir de •	• resultar
provocar •	• facturar
mover dinero •	• señalar

2. Dilo de otra forma.

la falsificación – el peligro – intervenir

El título

1. Explica con otras palabras el título.
2. Inventa otro título.
3. ¿Cuál sería el subtítulo del texto?

Di de qué trata el vídeo

Visiona de nuevo y escribe las respuestas.

1. La cantidad de millones de artículos intervenidos en las aduanas españolas en 2011.
2. Los artículos que representan el 72% de las intervenciones.
3. La mercancía falsa detectada por el Ejército americano.
4. El porcentaje de españoles que admiten comprar artículos falsos

Con mucho oficio

Busca argumentos para convencer a tu compañero para que no consuma productos falsificados.

Método

Le compte-rendu

1. Divide el vídeo en partes.
2. Resume lo esencial de cada parte en una, dos o tres frases. Cuidado con la paráfrasis.
3. Redacta una introducción.
4. Elabora una conclusión que contenga los puntos tratados. (Véase *Herramientas* n°2)

Expresión escrita

1. José Antonio Moreno se sorprende de que se pueda falsificar un globo. ¿Es rentable hacerlo?
2. Explica las consecuencias perniciosas para la sociedad y la economía en este tipo de prácticas.

Expresión oral

1. ¿Cómo crees que funcionan las mafias para llevar a cabo su comercio?
2. Imagina las causas por las que ropa, calzado y material electrónico son los más falsificados.

En Internet

• Entra en la página web de la ANDEMA (Asociación Nacional para la defensa de la Marca): andema.camaras.org

• Intenta describir el papel que desempeña la ANDEMA en la protección de las marcas y de los productos españoles.

• ¿Te parece útil una asociación así? Explica por qué.

ANTICIPA

¿Cómo ayudan las instituciones a la promoción exterior?

El Rey de los empresarios

El Rey ha cruzado el Atlántico para, en primera persona, leer su carta de recomendaciones de las compañías españolas ante la presidenta brasileña, Dilma Roussef, el chileno Sebastián Piñera y el dirigente indio Pranab Mukherjee.

En total el monarca ha recorrido 66.000 kilómetros fuera de España, lo que supone dar una vuelta al mundo, a los que hay que añadir otros 8.000 en interior, desde el pasado mes de abril. El Rey sabe que la gran baza que puede jugar en el contexto de crisis económica pasa por mejorar la imagen de España en los mercados internacionales. “Lo que más necesita el país es política exterior. El objetivo está fijado y sólo falta darle forma. Zarzuela crea un nuevo formato de viajes denominados viajes de trabajo, con un triple objetivo: político, económico y empresarial. El Rey siempre ha encabezado delegaciones empresariales en el exterior”, recuerda la que fuera durante 37 años corresponsal de la Casa Real de TVE, Carmen Enríquez.

Dicho y hecho, apenas 50 días después de pasar por el quirófano, el 3 de Junio, despegó un primer avión rumbo a Brasil con parada posterior en Chile, con una delegación de veinte grandes grupos empresariales y bancarios españoles encabezada por el Rey y el Ministro de Exteriores, José Manuel García Margallo. Como siempre cuando vuela, según fuentes empresariales, el Monarca despega en cabina recordando viejos tiempos de piloto. “Es increíble su capacidad de trabajo y lo preparado que lleva los viajes. Es la persona que más energía gasta”, relata uno de los integrantes de la expedición, el presidente del consejo superior de Cámaras de Comercio. Ahora bien, ¿qué supone la presencia internacional del Rey? ¿Cómo lo ven los empresarios? ¿En qué les beneficia? Hay unanimidad. Los empresarios españoles no dudan en reconocer y agradecer al Monarca la imagen positiva de España que proyecta en el exterior, así como su grado de implicación con las firmas españolas. “Todos son voces positivas para él que consideran el mejor embajador y aval de nuestro país”. El gobierno lo sabe y trabaja codo con codo con él. “Su presencia en los viajes fortalece a España y facilita el flujo de las conversaciones con el país que nos recibe”, destaca Margallo. Los empresarios lo describen con una palabra: “prestigio”. Los empresarios besan por donde pisa el Rey. Siempre ha sido el primer comercial de España en el Exterior, un activo fundamental que garantiza una cartera de contactos. La Corona es el principal activo de la marca España, proporciona la mejor representación del país como actor protagonista y de referencia en la Comunidad internacional.

Adaptado de *Capital*, diciembre 2012.

Las palabras no están solas

1. Busca sinónimos.
recorrer – ante – fortalecer – activo – fundamental

2. Encuentra antónimos.
exterior – facilitar – saber – garantizar – principal

3. Dilo en español.
la communauté internationale – un doute – un atout – remercier

4. Cada oveja con su pareja.

trabajar codo con codo •	• alabar las acciones de alguien
hacer una cosa en primera persona •	• realizado rápidamente
besar por donde pisa alguien •	• actuar estrechamente
dicho y hecho •	• actuar sin delegar

5. Veo, veo una palabra que empieza por... y significa...
Ejemplo:
– Veo, veo... una palabra que empieza por R y significa monarca.
– Rey.
– Eso es, correcto.

El título

1. Explica con otras palabras el título.
2. Inventa otro título.
3. ¿Cuál sería el subtítulo del texto?

Localiza en el texto...

1. Párrafo 1: Los kilómetros recorridos por el Rey durante el mes de abril.
2. Párrafo 2: Cómo van a ser los viajes del Rey.
3. Párrafo 3: Cómo definen los empresarios españoles al Monarca.

Comprensión del texto

1. ¿En qué sentido el Rey beneficia a los empresarios españoles?
2. ¿Con quién acaba de viajar al lejano Oriente?
3. ¿Con qué palabra lo describen los empresarios de manera unánime?

Con mucho oficio

Por parejas : Imaginad el diálogo entre el presidente Putin, el Rey Don Juan Carlos y un empresario español.

Defiende tu postura

Comenta la frase siguiente: "Los empresarios lo describen con una palabra 'prestigio'. Los empresarios besan por donde pisa el Rey. Siempre ha sido el primer comercial de España en el Exterior, un activo fundamental que garantiza una cartera de contactos."

Método

Le compte-rendu

1. Divide el texto en partes y subraya las frases más significativas.
2. Resume lo esencial de cada parte en una, dos o tres frases. Cuidado con la paráfrasis.
3. Redacta una introducción.
4. Elabora una conclusión que contenga los puntos tratados. (Véase *Herramientas* n°2)

Expresión escrita

1. Eres un empresario, acabas de viajar a India con el Rey. Escríbele una carta para agradecerle su apoyo en la promoción de tu empresa.
2. Eres empresario español, escribe a la Zarzuela solicitando ayuda para potenciar tu producto en el extranjero. (Véase *Herramientas* n°5)

Expresión oral

1. ¿Cuál es tu opinión acerca del papel del Rey como embajador de la marca España en el exterior?
2. Comenta la frase: "Lo que más necesita el país es política exterior. El objetivo está fijado y sólo falta darle forma. Zarzuela crea un nuevo formato de viajes denominados viajes de trabajo, con un triple objetivo: político, económico y empresarial." (l. 14-18)

Comunicación oral

Analiza y opina

Explica los viajes y la promoción que hace el Rey para España.

País visitado	Fecha	Misión empresarial o Motivo
India	24 al 27/10/2012	Isolux Corsan, CAF, OHL, Navantia, Gestamp, Roca, Assignia, Acciona, EFE, Talgo, Abengoa.
EEUU (Nueva York)	23/09/2012	Asistencia a la *Iniciativa Clinton Global 2012*.
Rusia	18 y 19/07/2012	CAF, FCC, Iberdrola Ingeniería, Indra, Maxam, OHL, Talgo, Repsol y técnicas Reunidas.
Chile	4 al 6/06/2012	Santander, BBVA, Iberia, OHL, Sacyr, Técnicas Reunidas, Abengoa, Abertis, Acciona, Airbus Military, Everis, Agbar, navantia.
Brasil	3 y 4/06/2012	Santander, Repsol, Telefónica, Iberdrola, Iberia, Isolux, Mapfre, Abengoa, Gas natural Fenosa, Indra, Acciona, CAF, Talgo, Navantia y Airbus Military.

Fuente: Capital, diciembre 2012.

1 • Buenas formas

a. ¿Conoces la diferencia entre por y para?
b. Haz frases con las dos preposiciones y justifica su uso.
c. ¿Puedes sacar una regla única?

2 • Dilo de otra forma

a. El Rey ha cruzado el Atlántico y ha viajado al lejano oriente para, en primera persona, leer su carta de recomendaciones de las compañías españolas ante la presidenta brasileña, Dilma Roussef, el chileno Sebastián Piñera y los dirigentes indios Pranab Mukherjee.
b. Aprovechar estas oportunidades de negocio está al alcance de las empresas españolas, siempre que tengan en cuenta las exigencias de este mercado.
c. Dicho y hecho, apenas 50 días después de pasar por el quirófano, el 3 de junio, despegó un primer avión rumbo a Brasil con parada posterior en Chile con una delegación de veinte grandes grupos empresariales y bancarios españoles encabezada por el Rey y el Ministro de Exteriores, José Manuel García Margallo.
d. En total el monarca ha recorrido 66.000 kilómetros fuera de España, lo que supone dar una vuelta al mundo, a los que hay que añadir otros 8.000 en interior, desde el pasado mes de abril.

3 • Emplea la forma correcta

Elige entre por y para.
El Rey emprenderá este sábado un viaje ______ Brasil y Chile _________ favorecer nuevas oportunidades de negocio ________ las empresas españolas y preparar ______ Semana Santa aproximadamente reuniones con media docena de líderes de la región la Cumbre Iberoamericana. Apenas siete semanas después de su operación de cadera causada ________ una caída, Don Juan Carlos irá a Chile _______ entrevistarse con los presidentes de Brasil y Chile, Dilma Rousseff y Sebastián Piñera, que viajarán a Chile ________ constituir la Alianza del Pacífico, nueva área de integración en la región. _____esta razón, antes de la reunión, los dirigentes han hablado ______ teléfono.

4 • Traduce

a. "Todo son voces positivas para el que consideran el mejor embajador y aval de nuestro país".
b. Los empresarios besan por donde pisa el Rey. "Siempre ha sido el primer comercial de España en el Exterior un activo fundamental que garantiza una cartera de contactos.
La Corona es el principal activo de la marca España, proporciona la mejor representación del país como actor protagonista y de referencia en la Comunidad internacional."

Las formas de la lengua

Por/ Para

POR se usa en:	PARA se usa para:
1. trayecto a) trayecto espacial *Su Majestad ha dado una vuelta **por** los jardines de la Alhambra.* b) trayecto temporal ***Por** la mañana se ha paseado en compañía de su esposa.* **2. medio** *El Rey como Jefe del Estado habló **por** teléfono con su homólogo belga.* **3. causa** *El Rey se rompió la cadera **por** ir a cazar elefantes.*	**1. señalar un destino** *El Rey se marchó **para** La India.* **2. mostrar un destinatario** *Le dieron un regalo **para** El Rey.* **3. finalidad u objetivo** ***Para** vender en todo el mundo hace falta viajar mucho.*

Vocabulario

Aduana: douane
Accesible: accessible
Acuerdo: accord
Acuerdos de libre comercio: accords de libre commerce
Agricultor: agriculteur
Alimentación: alimentation
Alimentos: aliments
Alternativo: alternatif
Aparecer: apparaître
Atento a: attentif à
Auténtico: authentique
Ayuda: aide
Ayudar: aider
Barrera: barrière
Cadena: chaîne
Cambiar: changer
Cambio: changement
Cambio previsto: changement prévu
Cargamiento: chargement
Cargar: charger
Conflicto: conflit
Contenedor: conteneur
Controlar: vérifier
Comercio justo: commerce équitable
Comunitario: communautaire
Competencia: concurrence
Compra: achat
Comprar: acheter
Cosecha: récolte
Cosechar: récolter
Cuidado: attention
Defender una causa: défendre une cause
Derrota: défaite
Deshacer: défaire
Eliminar: éliminer
En vía de desarrollo: en voie de développement
Entrada: entrée
Entrar: entrer
Extranjero: étranger
Exportación: exportation
Exportar: exporter
Falso: faux
Financiar: financer
Frontera: frontière
Fronterizo: frontalier
Ganar: gagner
Garantía: garantie
Garantizar: garantir
Humanitario: humanitaire
Humano: humain
Impedir: empêcher
Importación: importation
Importar: importer
Incitación: incitation
Incitar: inciter
Intercambiar: échanger
Lengua: langue
Libre circulación: libre circulation
Lugar: lieu
Marca: marque
Moneda de un país: monnaie d'un pays
Negociación: négociation
Nivel de vida: niveau de vie
Organización: organisation
Organizar: organiser
País: pays
Paisaje: paysage
Peligro: danger
Perder: perdre
Permanente: permanente
Pobreza: pauvreté
Poner en tela de juicio: remettre en question
Poder adquisitivo: pouvoir d'achat
Polémico: polémique
Producto alimentario: produit alimentaire
Producto de consumisión: produit de consommation
Prohibición: interdiction
Prohibir: interdire
Sueldo: salaire
Resolver: résoudre
Reto: défi
Tarifa: tarif
Trabajo de niños: travail des enfants
Tener cuidado: faire attention
Viajar: voyager
Viaje: voyage
Viajero: voyageur

De lejos

¿Qué es la globalización?

La globalización es un proceso dinámico de creciente libertad e integración mundial de los mercados de trabajo, bienes, servicios, tecnología y capitales. Este proceso no es nuevo, viene desarrollándose paulatinamente desde 1950 y tardará muchos años aún en completarse, si la política lo permite.

¿Cuáles son los factores que determinan el proceso de globalización?

El primero es, sin duda, la tecnología. El desarrollo de nuevas tecnologías en el transporte y en las telecomunicaciones ha permitido que sus costes caigan de un manera espectacular. El segundo factor ha sido la liberalización de los intercambios de bienes, servicios y capitales, tanto a través de negociaciones multilaterales como por decisiones unilaterales y bilaterales de las autoridades económicas de los países o de las áreas de integración en las que se encuentran inmersos.

Según el Fondo Monetario Internacional (FMI): "La globalización es una interdependencia económica creciente del conjunto de países del mundo, provocada por el aumento del volumen y la variedad de las transacciones transfronterizas de bienes y servicios, así como de los flujos internacionales de capitales, al tiempo que la difusión acelerada de generalizada de tecnología."

La globalización en sus aspectos económicos y políticos es:

- un proceso en el que, a través de la creciente comunicación e interdependencia entre los distintos países del mundo se unifican mercados, sociedades y culturas.
- un conjunto de transformaciones sociales, económicas y políticas en los diferentes países que les acerca a un modelo de carácter global.
- el predominio de unos modos de producción y de movimientos de capital a escala planetaria, impulsados por loa países más avanzados.
- la ubicación en diversos países de distintas fases de la producción, con componentes originarios de países diferentes.
- la venta de productos similares internacionalmente, con estándares universalmente aceptados.
- la pérdida de atribuciones de los gobiernos de países.

La globalización en sus aspectos tecnológicos es:

- un proceso que resulta del avance en la tecnología, telecomunicaciones y transporte.
- el acceso inmediato a información y, potencialmente al conocimiento, con una concepción de interconectividad vía Internet.

La globalización como tendencia hacia un modelo específico es:

- la progresiva eliminación de fronteras financieras (mundialización) a través de la progresiva integración de los mercados financieros mundiales.
- el impacto de la internacionalización cada vez más acentuada de los procesos económicos, tiene implicaciones sociales y fenómenos político-culturales importantes. Lleva consigo una tendencia hacia la eliminación de:
  - fronteras;
  - diferencias étnicas;
  - credos religiosos;
  - ideologías políticas;
  - condiciones socio-económicas o culturales, entre los países y bloques económicos;
  - esto es: un proceso homogeneizador a escala planetaria.
- la creación de un nuevo sistema económico de alcance mundial, influido por las nuevas tecnologías y la comunicación.
- una tendencia hacia la concentración de medios de comunicación de masas que limita el acceso a la libertad de información y potencia la concentración del poder económico y financiero a escala planetaria.

Adaptado de www.wikipedia.org

Preguntas

- ¿Ha terminado ya el proceso de globalización?
- ¿Es un proceso nuevo?
- ¿Por qué el desarrollo de las nuevas tecnologías acelera el proceso?
- Comenta la definición del FMI de globalización.
- ¿Existe una diferencia entre la globalización y la internacionalización?
- ¿Cuáles son las consecuencias de la internacionalización?

De cerca ElPozo Alimentación

ElPozo Alimentación es una empresa líder en la elaboración de alimentos con base cárnica comprometida con sus consumidores y clientes, que apuesta por la innovación y la tecnología de última generación. Tiene su origen en 1934, con la fundación de un modesto comercio de charcutería ubicado en Alhama de Murcia, concretamente en una plaza en la que estaba situado un pozo, de ahí precisamente el nombre de la compañía.

La principal fortaleza de **ElPozo Alimentación** es contar con un Control Integral de Proceso (CIP) que le permite responder a las necesidades de los consumidores ofreciéndoles alimentos que superen sus expectativas. El bienestar de todos es la razón de ser de esta empresa.

Misión

ElPozo Alimentación establece relaciones de confianza con los implicados que generen valor a través de:

• ofrecer productos de alta Calidad, Fiabilidad y Marca a los **consumidores**

• facilitar productos y servicios a **clientes**

• crear rentabilidad y valor a los **accionistas**

• ofrecer ingresos y futuro a **empleados**

• garantizar ingresos a **proveedores**

• promover la responsabilidad **social**

ElPozo Alimentación está apostando por potenciar sus investigaciones en I+D+i basadas en aportar más beneficios al consumidor facilitándole soluciones, no sólo de total aceptación, equilibradas y nutritivas, sino que también les aporten un plus de salud, placer, naturalidad, bienestar y comodidad.

Visión

ElPozo Alimentación quiere ser la **empresa** de referencia ineludible en el sector alimenticio **con base de proteínas**:

• con **altas cuotas en el mercado** nacional y notable presencia internacional;

• líder en **rentabilidad, calidad y servicio** al cliente;

• con una **marca altamente reconocida** y absolutamente innovadora;

La estrategia de **ElPozo Alimentación** para los próximos dos ejercicios, continua la senda planteada con éxito desde hace cinco años, que contempla una inversión media anual en torno a los 50 millones de euros. En este sentido, la organización lleva invertidos en el siglo XXI 300 millones de euros con el objeto de competir en el actual mercado globalizado.

Medio Ambiente

ElPozo Alimentación apuesta por un desarrollo sostenible capaz de satisfacer las necesidades de la sociedad actual y las generaciones futuras.

Nuestra Organización impulsa su proceso productivo incorporando las mejores tecnologías disponibles para la conservación del Medio Ambiente, alcanzando:

• un **alto grado de valorización de los residuos generados**, así como la constante minimización de los mismos;

• la **depuración de la totalidad de las aguas residuales** y una posterior aplicación agrícola;

• la **reducción de nuestras emisiones atmosféricas** con la utilización de los combustibles más limpios;

• la **destrucción térmica de los olores** y el **aprovechamiento del calor excedente**.

Tenemos implantado un **Sistema de Gestión Ambiental certificado según norma UNE-EN ISO 14001** para garantizar la consecución de los objetivos y la mejora continua.

ElPozo es una empresa española que goza de un importante posicionamiento tanto a nivel nacional como internacional en los ámbitos de I+D+I, sistema productivo, calidad, tecnología y compromiso con la sociedad.

En la actualidad, **ElPozo Alimentación** lidera el sector "salud" en materia de cárnicos y cuenta con líneas especiales destinadas a aquellos que cuidan especialmente de su alimentación que se suman a sus productos tradicionales.

Las soluciones de alimentación de ElPozo Alimentación llegan a más de mil millones de consumidores en 70 países a través del área de exportación y además de los tradicionales productos españoles, también se comercializan soluciones adaptadas a los gustos de cada mercado.

Adaptado de www.elpozo.es

Preguntas

- ¿A qué se debe el nombre de la compañía?
- ¿Qué es el Control integral de Proceso?
- ¿Cuáles son los puntos fuertes que generan valor?
- ¿En qué consiste su I+D+i?
- ¿Hace llegar sus productos a otros países?
- ¿Son los mismos productos en todos los mercados?

CULTURA EMPRESARIAL

BTS Industriel

1 Évaluation de la compréhension de l'oral

Vas a escuchar tres veces el documento con una pausa de dos minutos. CD n°3 Pista n°14

La globalización inicia su marcha atrás

Adaptado de *Capital*, diciembre 2012.

Compte-rendu en français

Après avoir écouté attentivement l'article, vous en dégagerez les idées essentielles.
Entraînez-vous à l'oral et à l'écrit.

Pour aller plus loin

1. ¿Cuáles fueron las declaraciones de Pascal Lamy?
2. ¿Qué ha ocurrido durante las últimas décadas en el comercio con respecto al crecimiento global?
3. ¿Qué puede significar que el comercio haya caído por debajo del PIB?

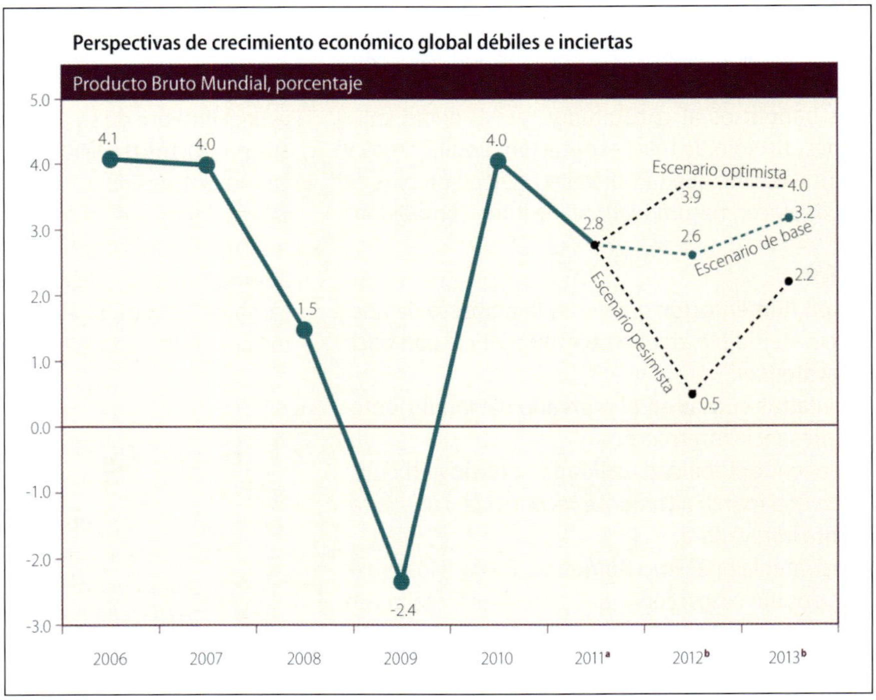

a: Datos estimados
b: Proyecciones de las Naciones Unidas
Fuente: ONU-DAES y proyecto LINK, 2011

2 Évaluation de la production orale en continu et en interaction

Salvavidas exterior

Con el fin de reconocer la labor de aquellas empresas y empresarios que orientaron sus naves hacia otros mercados, y que han puesto una pica más allá de nuestras fronteras, la revista *Capital* entregó sus I Premios a la Exportación en la sede de la madrileña Fundación Rafael del Pino, el pasado 6 de noviembre. El acto fue presidido por Jaime García Legaz, secretario de Estado de Comercio y no fue sólo un reconocimiento a los esfuerzos exportadores de las empresas, sino una muestra de gratitud a dicho sector. Unos premios que en la categoría sabores de España recayeron en Borges por sus aceites, y automóvil a Seat. En su discurso, en la sede de la fundación Rafael del Pino, Jaime García Legaz agradeció a todos los exportadores el esfuerzo y la aportación positiva que están haciendo a nuestra economía."El futuro empresarial de España está en vuestra mano, lo que tiene que hacer el gobierno es facilitar a las empresas su actividad." Tras destacar una serie de datos que muestran el buen hacer del sector exterior, como el hecho de que por vez primera tengamos superávit comercial con países como Francia o Italia, Jaime García Legaz subrayó que todavía queda mucho camino por recorrer y que sin el sector exterior la economía española estaría cayendo un 4% del PIB.

Adaptado de *El País*, noviembre 2012.

Empresas españolas exportadoras por tramos de exportación anual, en 2010				
	Número de empresas	Total empresas (%)	Total exportado (miles de €)	Total exportado (%)
Menos de 5.000 €	46.618	42,6	67.673	0,04
Entre 5.000 y 25.000 €	20.801	19	245.007	0,1
Entre 25.000 y 50.000 €	6.763	6,2	240.410	0,1
Entre 50.000 y 500.000 €	17.826	16,3	3.451.979	1,8
Entre 500.000 € y 5 Mill. €	12.983	11,9	21.632.188	11,6
Entre 5 y 50 Mill. €	3.893	3,6	55.158.367	29,5
Más de 50 Mill. €	479	0,4	105.984.448	56,7

Fuente: Cámaras de Comercio e ICEX, 2011.

Présentation structurée en espagnol

Après avoir lu et étudié attentivement les deux documents, faites une présentation (de 2 à 4 minutes) mettant en évidence les points importants et les détails pertinents.

BTS Tertiaires

1 Évaluation de la compréhension écrite

Corazón suizo a ritmo latino

Con 130 años a sus espaldas, Cuervo y sobrinos sigue siendo una marca referente en el mundo de la relojería de lujo, creando piezas únicas, elegantes y exquisitas que transportan a épocas pasadas en las que llevar un buen reloj era seña de prestigio y refinamiento.

Finales del siglo XIX. Isla de Cuba. La Habana bulle en vida y es el escenario de encuentro de los más prestigiosos escritores, artistas, aventureros, pensadores y cómo no, hombres de negocio. En este contexto, Armando Rio y Cuervo y sus hermanos acometieron la ampliación de la joyería y relojería que su tío Ramón había fundado en 1882, naciendo así la marca Cuervo y sobrinos. Medio siglo después y tras el paso de múltiples personalidades por la casa, como Clark Gable, Ernest Hemingway o Albert Einstein, la mezcla de ritmo latino y corazón suizo conquista el continente americano y se convierte en un referente como marca de relojes de lujo. Sinónimo de lujo, de elegancia los relojes de Cuervo y sobrinos simbolizan un estilo de vida y pasa de generación en generación, expandiéndose territorialmente hasta llegar a Suiza donde empiezan a fabricar relojes. En 1997, Lucas Musumeci adquiere los derechos de la marca y entra de lleno en la historia de la compañía al acceder a los secretos que se encuentran en las cajas fuertes del taller, que la firma tiene en la habana y que han sido la inspiración desde ese momento. Unos años después, en 2001, conoce a Marzio Villa, especialista en distribución de relojes de lujo y juntos deciden relanzar la marca. Marzio Villa, presidente de Cuervo y sobrinos, inició su aventura en el mundo de la relojería cuando a los 29 años se acercó a este negocio y quedó hechizado. En 1982, Villa llegó a España y fundó Diarsa con la intención de destituir Hublot en el mercado español. El año 2002 marca un hito en la historia de Villa y Diarsa: es entonces cuando su historia se cruza con Cuervo y sobrinos. Decide revitalizar la marca y consigue en pocos años posicionarla como una de las más valoradas del sector. En 2012, la compañía está celebrando el 130 aniversario de su fundación y una de las creaciones más destacadas de Cuervo y sobrinos es el reloj "Historiador Retrogrado", una pieza que transporta al ambiente refinado lleno de sofisticación de la Habana de los años 40. Precisamente a esta época pretende retrotraernos este exquisito reloj, ya que es una reproducción de un icono modelo que se produjo durante la década de los 40.

Adaptado de la revista *Dirigentes*, julio 2012.

Compte-rendu en français

Après avoir présenté l'evolution de la marque de luxe Cuervo y sobrinos, vous en préciserez les atouts (200 mots, +/− 10 %).

Expression écrite

Répondez en espagnol à l'une des questions suivantes (300 mots +/− 10 %) :
- Explica cuál es el origen del nombre de la marca.
- ¿Cuándo fue fundada la empresa?
- Explica el significado del título Corazón suizo a ritmo latino. ¿A qué países hace referencia con esta expresión?
- Presenta a Marzio Villa y su trayectoria profesional.

Lettre commerciale

À partir des éléments indiqués ci-dessous, vous rédigerez une lettre commerciale en espagnol, en respectant les normes de présentation. Le directeur de Cuervo y sobrinos souhaite commercialiser en Espagne la serie limitée de montres « el Historiador ». Pour cette raison, il contacte toutes les bijouteries pour leur proposer son produit.

- Il présente sa marque de luxe ;
- il signale son intérêt pour exporter vers l'Espagne ;
- il précise les qualités de cette nouvelle montre appelée « el Historiador » (en or);
- il rappelle qu'il n'y a que 130 unités ;
- il utilise les formules de politesse appropriées.

2 Évaluation de la compréhension de l'oral

Vas a escuchar dos veces el documento con una pausa de dos minutos. CD n°3 Pista n°15

Las exportaciones de América Latina a China crecerán un 16% en 2013

Adaptado de www.globalasia.com, 2012.

Compte-rendu en espagnol

Après avoir écouté attentivement l'article, vous en dégagerez les idées essentielles en un paragraphe organisé.

Entretien

1. Questions sur l'audio.

a) ¿Qué porcentaje aumentará el volumen de exportaciones en 2013?
b) ¿Qué es la CEPAL?
c) ¿En qué se basan sus expectativas?

2. Questions générales.

a) ¿A qué se refiere el texto con "productos básicos"?
b) ¿Qué hay que potenciar para crecer al 8% como lo hace China?
c) ¿Cómo se pueden pactar los precios para que sean estables?

En CCF ou épreuve ponctuelle

8 Évaluation de la compréhension de l'oral (AG U22)

Vas a escuchar dos veces el documento con una pausa de dos minutos. CD n°3 Pista n°16

Lizarrán, un caso exitoso de internacionalización

Adaptado de www.icex.es, marzo 2007.

Restituye **en español** a continuación todo lo que comprendas. (Véase *Herramientas* n°2)

2 Communication professionnelle en français et en langue étrangère (AM E4)

Rendre compte, informer, faire le point avec le manager

a) Descarga la ficha del site compagnon de tu manual www.nathan.fr/textos-y-metodos y complétala con la siguiente situación:
b) Tu manager se va de viaje a América Latina a promocionar la nueva línea de ruedas Michelin. Va a visitar a los principales distribuidores en México, Ecuador, Chile y Argentina.
c) Establece el presupuesto del viaje: costes del transporte y la estancia.
d) Reserva los billetes.
e) Haz una lista de compromisos y confirma las citas.

3 Négociation vente en langue étrangère (NRC/CI U52)

a) Descarga la ficha del site compagnon de tu manual www.natahn.fr/textos-y-metodos y complétala con el siguiente contexto.
b) Vas a realizar una venta bajo estas condiciones. El alumno (A) es el vendedor y el (B) simula ser el cliente.
c) Contexto comercial: Trabajas en Michelin. Acaba de lanzar un nuevo neumático que no se puede pinchar. Es una novedad mundial porque es el primero que existe en el mercado.
d) Contexto de la negociación: Recibes en la sede de Clermont-Ferrand a distribuidores de España a lo que vas a hacer una demostración.
e) Oferta de la empresa: Exclusividad en su zona de influencia. Descuentos especiales a partir de una cantidad.
f) Herramientas de ayuda a la venta utilizadas: Folletos, presentación en power-point más una muestra del nuevo neumático.

9

Consumidores

Consumo responsable

En esta unidad vas a aprender a:

- Hablar del consumo de los jóvenes
- Hablar de los nuevos consumidores
- Hablar de los deberes y los derechos de los consumidores

LLUVIA DE IDEAS

VILLAGE OUTLET SHOPPING

Las Semanas de los Niños

Ven al Village del 24 de agosto al 10 de septiembre y por compras superiores a 150€ conseguirás un 15% de descuento adicional.
Recoge en la Recepción del Village tu tarjeta de descuento y preséntala al realizar todas tus compras o las de tu familia. Aprovéchalo al máximo con los tuyos y haz la vuelta más llevadera.

-15%

Palabras

Sustantivos

Un recinto comercial: *un centre commercial*
Un descuento: *une remise*
Una oferta: *une offre*

Verbos y colocaciones

Lograr: *réussir*
Tener/Desempeñar un papel: *avoir/jouer un rôle*
Mantenerse en primera línea: *rester au premier rang*

Preguntas

- ¿Quién es la empresa anunciadora?
- ¿Qué significa outlet shopping?
- ¿Qué tipo de publicidad es?
- ¿Cómo se ve que la publicidad es para la vuelta al cole?

TODO OÍDOS

CD n°3 Pista n°17

1. ¿Qué es la Roca Village?
2. ¿Dónde está situado?
3. ¿Desde cuándo está abierto el negocio?
4. ¿Qué acuerdos y con qué fines se han firmado?

1 • A BUEN ENTENDEDOR...

¿Cómo y en qué gastan los jóvenes?

La incorporación de niños y adolescentes al circuito del consumo de productos básicos y de artículos de tecnología moderna ha resultado un negocio redondo. Los adolescentes, de 12 a 19 años, y los llamados *twins* ("gemelos" en inglés, para referirse a los niños de ocho a 12 años que quieren parecerse al hermano mayor) se están convirtiendo en los grandes consumidores y generan un mercado sólido para todas las empresas. Las marcas forman parte de un nuevo lenguaje que identifica a los adolescentes entre ellos, y quien no lo domina corre el riesgo de ser excluido de los grupos. Los adolescentes tienen a Apple, Starbucks, Sony y Xbox como sus marcas preferidas. El estudio, también revela que los adolescentes cada vez realizan más compras de impulso. Lupita cuenta que, desde los 13 años, su hija Karina empezó a definir el tipo de ropa que quería usar. Su influencia en la adquisición de los alimentos empezó a notarse: "implicó un incremento en el gasto, por los productos light", refiere la mamá, de 45 años. La joven usa celular desde segundo de secundaria y cambia de modelo dos veces al año. Espera que le compren un celular Sony, de 5.200 pesos[1], pero eso sí, siempre utiliza el esquema de prepago. "Sólo" le dan 150 pesos[2] mensuales y si gasta más, ella pone el resto. La psicóloga Alma Mosqueda explica que el ambiente social y una falta de educación familiar inciden en la dinámica consumista de niños y adolescentes. Se considera que la cura contra la demanda sin medida y el consumismo de los jóvenes es hacerlos conscientes de lo que pueden comprar. La comunicación es lo que les permite ubicarse en su realidad socioeconómica.

Adaptado de cnnexpansion.com, septiembre 2011.

1. 300 €.
2. 8,50 €.

a) ¿Qué tipo de productos consumen los llamados *twins*?
b) ¿Qué es una compra por impulso?
c) ¿Influye la educación en casa para el consumo de los jóvenes?
d) ¿Cuál es el remedio que propone la psicóloga Alma Mosqueda contra un consumo desmedido?

2 • TODO OÍDOS

CD n°3 Pista n°18

Escucha el texto *Jóvenes gastan su dinero en comida, estudio y rumba* y contesta las preguntas siguientes.
a) ¿En qué gastan el dinero los jóvenes latinoamericanos?
b) ¿Quién hizo el estudio? Y ¿con qué objetivo?
c) ¿En qué sentido los jóvenes representan un mercado importante para las empresas?

3 • CON BUENA LETRA

Comenta: “Las marcas forman parte de un nuevo lenguaje que identifica a los adolescentes entre ellos, y quien no lo domina corre el riesgo de ser excluido de los grupos.”

4 • HABLAR POR LOS CODOS

“La psicóloga Alma Mosqueda explica que el ambiente social y una falta de educación familiar inciden en la dinámica consumista de niños y adolescentes.”
Y ¿tú? ¿Qué piensas de esta afirmación? Justifica tu respuesta apoyándote en el texto.

5 • HABLANDO SE ENTIENDE LA GENTE

Escribe un pequeño diálogo de unas 10 réplicas entre una madre y una hija consumista.
“Se considera que la cura contra la demanda sin medida y el consumismo de los jóvenes es hacerlos conscientes de lo que pueden comprar. La comunicación es lo que les permite ubicarse en su realidad socioeconómica.”

ANTICIPA

¿Sueles comprar productos de segunda mano?

El negocio de comprar y vender

Deshacerse de joyas antiguas que no usamos, vender esos vídeojuegos con los que ya no jugamos, intercambiar un reproductor de música que no queremos por una pantalla para el ordenador, hacernos con un ordenador usado pero por la mitad de precio, comprar oro como inversión... La compra-venta de segunda mano crece y la franquicia lo hace con ella. Y es que el negocio de la compra-venta se populariza. Que ya sean productos de segunda mano o que sea la compra-venta de oro, el número de establecimientos que se dedican a este tipo de actividad se ha disparado. El auge de estos negocios es en gran parte debido a que la población comienza a conocer este tipo de producto y a ver que comprar un artículo usado no tiene por qué ser algo malo. En otros países es algo más común desde hace muchos años, sin embargo en España, el comprar algo de segunda mano no era una cosa habitual. Con el boom de este tipo de negocios las personas lo comienzan a ver como algo habitual y normal. De entrada, en el sector de la compra-venta, se diferencian entre dos líneas de negocio: por un lado, los artículos de segunda mano en general, y por otro, el negocio de compra-venta de oro y joyas, que crece de manera diferenciada y muy rápidamente. Y es que este metal no entiende de crisis. Ya que el negocio de segunda mano no se limita a la compra de oro, las tiendas de segunda mano llegan también a otros ámbitos: electrónica, informática....

Adaptado de www.franquiciasynegocios.com, junio 2012.

El sector de la segunda mano en auge

En este tipo de tienda cuentan con una clientela muy fija, que pasa de manera periódica por las tiendas para comprobar si hay nuevos productos de su interés, en un espacio comercial donde, por regla general, los productos más vendidos suelen ser las nuevas tecnologías... La compra-venta de productos de segunda mano se populariza en España y este tipo de actividad llega a todo tipo de públicos, tanto gente joven como adultos, de todas las clases económicas. Una de las premisas básicas de este tipo de negocios es la seguridad y transparencia transmitida al cliente. Estos negocios siempre piden la documentación a aquellos que venden sus pertenencias y pasan informes a la policía para tener control de posibles fraudes. Precisamente especializada en productos de tecnología, encontramos la cadena CeX, que cuenta con verdaderos fans en Inglaterra. En España ya dispone de 10 franquicias. Con más de 190 tiendas en toda Europa, la cadena francesa Troc, ofrece en su tienda una amplia selección de muebles y todo tipo de artículos de hogar. Troc llegó en 1997. El éxito del negocio en España está probado por el hecho de que la tienda de Sant Boi, en Barcelona, es una de las cinco mayores en venta del grupo y la primera en rentabilidad. Se trata de un negocio rentable que vive un momento de máximo apogeo en España y que responde bien también en época de bonanza. La compra-venta de segunda mano llega a España para quedarse. Y la gran oferta de franquicias que crece en el sector es una prueba de ello.

Adaptado de www.franquiciasynegocios.com, junio 2012.

Las palabras no están solas

1. Busca sinónimos.
usar – la inversión – quedarse – popularizar – la premisa

2. Encuentra antónimos.
la rentabilidad – intercambiar – encontrar – el control – los mayores

3. Dilo en español.
des bijoux – une épreuve – l'essor – le magasin

4. Cada oveja con su pareja.

deshacerse de •	• obtener
hacerse con •	• estar en su punto más álgido
vivir en su apogeo •	• eliminar
girar entorno a •	• tiempos buenos
época de bonanza •	• dar vueltas a

5. Veo, veo una palabra que empieza por... y significa...
Ejemplo:
– Veo, veo... una palabra que empieza por A y significa momento álgido.
– Auge.
– Eso es, correcto.

El título

1. ¿En qué sentido son complementarios los dos títulos? Justifica tu respuesta.
2. Inventa otros dos títulos.
3. ¿Cuáles serían sus subtítulos?

Localiza en el texto...

1. Texto1: Los productos de segunda mano que se suelen vender.
2. Texto 2: Las diferentes vías propuestas para vender un producto.

Comprensión del texto

1. ¿A qué ha dado lugar esta nueva manera de comprar?
2. ¿Cuáles son las dos líneas de negocio de compra-venta que clasifican?

Método

Le compte-rendu

1. Divide el texto 1 en partes y subraya las frases más significativas.
2. Resume lo esencial de cada parte en una, dos o tres frases. Cuidado con la paráfrasis.
3. Redacta una introducción.
4. Elabora una conclusión que contenga los puntos tratados. (Véase *Herramientas* n°2)

Expresión escrita

1. No hay suficientes garantías de calidad para los consumidores al adquirir productos ya usados. Explica por qué.
2. Comenta esta frase: "El auge de estos negocios es en gran parte debido a que la población comienza a conocer este tipo de producto y a ver que comprar un artículo usado no tiene porque ser algo malo." (l. 13-16)

Expresión oral

1. ¿Cómo se ve, en el texto 2, el auge de este tipo de consumo?
2. Comenta las razones por las que algunos lo consideran una competencia desleal.

Defiende tu postura

Explica el porqué del auge de este tipo de tiendas.

Con mucho oficio

Por parejas: (A) trabaja en CeX, (B) es un cliente que quiere informarse sobre una tableta Android a precio asequible. (A) le aconseja y realiza la venta.

Comunicación oral

CD n°3 Pista n°19

Escucha y responde

1. Escucha el texto *CeX amplía sus modelos de negocio*.
2. Haz un resumen en francés.
3. Responde en español.
a) ¿Con qué objetivo llegó a España CeX?
b) ¿En qué año llegó a España y en qué momento se abrió la primera franquicia?
c) ¿Cuál es la clave del éxito del negocio?
d) ¿Cuál es la novedad implantada en la tienda de Madrid?

Analiza y opina

1. Entra en el sitio Web de CeX: www.es.webuy.com.
2. Presenta el tipo de negocio.
3. ¿Crees que tiene futuro?

9 | Consumidores

1 • Buenas formas

a. Observa los siguientes nexos del primer texto: es que, ya que.
b. Señala qué tipo de oraciones introducen.
c. ¿Y estos del segundo texto: que, por el hecho de que?
d. Escribe otras frases con este tipo de nexos. Indica de qué clase son.

2 • Dilo de otra forma

a. Y es que este metal no entiende de crisis.
b. El auge de estos negocios es en gran parte debido a que la población comienza a conocer este tipo de producto y a ver que comprar un artículo usado no tiene por qué ser algo malo.

3 • Emplea la forma correcta

ya que/es que/debido a que/por/no porque
El negocio de comprar y vender vive un buen momento ________ muchas familias se deshacen de objetos de valor, ____________ la crisis hace mella en las economías domésticas. Otra razón sería que el aumento en los precios durante los últimos años ha sido considerable, y __________ el IPC ha aumentado un 3,5% desde 2008. El control del Gobierno no ha impedido que se produzca tal aumento, y __________ no se haya puesto voluntad en ello sino porque las medidas no han sido efectivas. Precisamente en el sector de la alimentación el porcentaje ha sido mayor ________ el aumento mundial del precio de los alimentos.

4 • Traduce

a. Troc llegó en 1997. El éxito del negocio en España está probado por el hecho de que la tienda de Sant Boi, en Barcelona, es una de las cinco mayores en venta del grupo y la primera en rentabilidad.
b. Que ya sean productos de segunda mano o que sea la compra-venta de oro, el número de establecimientos que se dedican a este tipo de actividad se ha disparado.

Las formas de la lengua

Expresar la causa

■ **Indicativo**

1. Porque, es que, puesto que, pues: causas directas
*Y **es que** este metal no entiende de crisis.*

2. Como, ya que, dado que: causas indirectas
***Ya que** el negocio de segunda mano no se limita a la compra de oro, las tiendas de segunda mano llegan también a otros ámbitos: electrónica, informática...*

3. Coma seguida de "que"
*Precisamente especializada en productos de tecnología, encontramos la cadena CeX, **que** cuenta con verdaderos fans en Inglaterra.*

■ **Por**
*Esto ocurre **por** la demanda del público.*

■ **Subjuntivo: no porque, no es que**
***No es que** el sector de la segunda mano haya experimentado un auge importante, es que la crisis ha empujado a los consumidores a decantarse por aquél.*

ANTICIPA

¿Innovación o tradición ?

Nadie puede con el Habano

A pesar de la crisis económica, las leyes antitabaco y el bloqueo americano, nada logra hacer mella en el Habano cubano, que ha encontrado en los países emergentes y en las mujeres la solución para seguir incrementando sus cifras. Para cualquier turista occidental, Cuba es un país diferente, lleno de contrastes y sorpresas. Aunque sin duda encontrará muchas, la primera de ellas tiene lugar nada más bajarse del avión en el aeropuerto José Martí de la Habana al comprobar cómo visitantes veteranos y cubanos se encienden sus cigarrillos en pleno aeropuerto. Por más que el régimen sitúe señales que prohíben fumar en lugares públicos, todos hacen caso omiso de las indicaciones. ¿Quiere decir que el régimen cubano ha perdido fuerza y que sus leyes no son de obligado cumplimento? Nada de eso, es difícil encontrar a algún valiente capaz de burlarlas. Pero en el caso del tabaco, todo es diferente. Se trata del producto estrella de la isla caribeña y el régimen de Fidel Castro hace la vista gorda ante los inmensos bancos de humo que se ven y huelen al atravesar las puertas de cualquier hotel o tienda de la Habana. De su cultivo y elaboración viven más de 250.000 personas en la isla. Además, los trabajadores del sector gozan de una posición de privilegio con respecto a sus conciudadanos, disfrutando de los sueldos de hasta 500 dólares frente a los poco más de 20 dólares de media en Cuba.

Aunque se presuponga lo opuesto por el contexto internacional, y al contrario de lo que ha ocurrido con otros artículos de consumo, el Habano (nombre con el que se conoce al cigarro o puro hecho a mano en Cuba) no ha sufrido los efectos de la crisis. Muy al contrario, las cifras no hacen más que crecer, pasando de facturar 360 millones de euros en 2010 a más de 400 millones de euros dos años después. “La venta de este tipo de artículos de lujo va al alza a pesar de la crisis y las limitaciones legales a los fumadores”, explica Ana López, directora de márketing de Habanos S.A., la empresa hispanocubana que ostenta el monopolio del tabaco en la isla.

Pero la novedad más curiosa de los últimos años tuvo lugar en 2011 cuando la marca Romeo y Julieta presentó un cigarro más pequeño, ideal para las mujeres que son el objeto de deseo de la empresa, además de los países emergentes, para seguir ampliando horizontes con sus prestigiosos humos: “No hay cifras precisas sobre el mercado femenino, pero no es superior al 1% del total del fumador de puros del mercado”, asegura Don Hadley, analista del sector.

Revista *Capital*, octubre 2012.

Las palabras no están solas

1. Busca sinónimos.
un contraste – un cumplimento – atravesar – ostentar

2. Encuentra antónimos.
un bloqueo – la crisis – el control – la sorpresa – un alza

3. Dilo en español.
augmenter – interdire – la culture – la fumée – continuer

4. Cada oveja con su pareja.

hacer mella •	• disfrutar
hacer la vista gorda •	• perjudicar
hacer caso omiso •	• no hacer caso
gozar de •	• pasar por alto

5. Veo, veo una palabra que empieza por… y significa…
Ejemplo:
– Veo, veo… una palabra que empieza por H y significa puro de Cuba.
– Habano.
– Eso es, correcto.

El título

1. Explica con otras palabras el título.
2. Inventa otro título y explica tu elección.
3. ¿Cuál sería el subtítulo del texto?

Localiza en el texto

1. Párrafo 1: La cantidad de personas que viven del cultivo del tabaco, en Cuba.

2. Párrafo 2: Si ha sufrido el Habano la crisis y quién ostenta el monopolio del tabaco.
3. Párrafo 3: El porcentaje de público femenino que fuma.

Comprensión del texto

1. ¿Los ciudadanos normalmente respetan las leyes en general? ¿Y las del tabaco?
2. ¿Cómo se ve que los trabajadores del tabaco disfrutan de más privilegios que el resto?
3. ¿Aparte de las mujeres, en qué mercado se confía para aumentar las ventas?

Con mucho oficio

Por parejas: Trabajáis en una agencia de publicidad. Elaborad un cartel para vender Habanos en vuestro país. Cread un eslogan atrayente.

Defiende tu postura

Por mucho que el cultivo del tabaco sea una fuente de ingresos para países como Cuba, la publicidad de su consumo debería estar prohibida en cualquier medio de comunicación.
Debatid en grupos. Unos a favor, otros en contra.

En Internet

Entra en el sitio www.lacasadelhabano.com y busca dónde se abren nuevas tiendas.
- ¿En qué países hay nuevas aperturas?
- ¿Te parece que hay muchas aperturas o pocas? Intenta explicar por qué.

Método

Le compte-rendu

1. Divide el texto en partes y subraya las frases más significativas.
2. Resume lo esencial de cada parte en una, dos o tres frases. Cuidado con la paráfrasis.
3. Redacta una introducción.
4. Elabora una conclusión que contenga los puntos tratados. (Véase *Herramientas* n°2)

Expresión escrita

1. ¿Qué imágenes vienen asociadas con el Habano?
2. Comenta esta frase: "De su cultivo y elaboración viven más de 250.000 personas en la isla. Además, los trabajadores del sector gozan de una posición de privilegio con respecto a sus conciudadanos, disfrutando de los sueldos de hasta 500 dólares frente a los poco más de 20 dólares de media en Cuba." (l. 24-30)

Expresión oral

1. Aunque Cuba sea un país con leyes muy restrictivas para los turistas, las autoridades son permisivas con el consumo del tabaco en lugares públicos. ¿Qué opinión te merece?
2. El consumo de tabaco no debería fomentarse con campañas publicitarias. ¿Estás de acuerdo?

Comunicación oral

CD n°3 Pista n°20

Escucha y responde

1. Escucha el texto *Historia del tabaco en Cuba*.
2. Haz un resumen en francés.
3. Responde en español.
a) ¿Cómo se garantizaba la procedencia del origen del tabaco cubano?
b) ¿Qué tipos de vitolas (anillas de los puros) aparecieron?

Analiza y opina

1. Entra la página Web cigaraficionado.com y presenta la portada de la revista.
2. ¿A quién se dirige?

1 • Buenas formas

a. Señala de qué tipo son los siguientes nexos: aunque, a pesar de que, por más que, pero.
b. Encuentra equivalentes para cada tipo.
c. Inventa una frase con cada uno de ellos y explica la relación establecida por los nexos.

2 • Dilo de otra forma

a. Pero en el caso del tabaco, todo es diferente.
b. A pesar de la crisis económica, las leyes antitabaco y el bloqueo americano, nada logra hacer mella en el Habano cubano, que ha encontrado en los países emergentes y en las mujeres la solución para seguir incrementando sus cifras.
c. "No hay cifras precisas sobre el mercado femenino, pero no es superior al 1% del total del fumador de puros del mercado", asegura Don Hadley, analista del sector.
d. Aunque se presuponga lo opuesto por el contexto internacional y al contrario de lo que ha ocurrido con otros artículos de consumo, el Habano (nombre con el que se conoce al cigarro o puro hecho a mano en Cuba) no ha sufrido los efectos de la crisis.

3 • Emplea la forma correcta

Pero/pese a/por mucho que/aunque

__________ la novedad más curiosa de los últimos años tuvo lugar en 2011 cuando la marca Romeo y Julieta presentó un cigarro más pequeño, ideal para las mujeres. __________ algunos directivos de la empresa se empeñaran en desterrar la idea, al final se llevó a cabo la elaboración de un cigarro para mujeres. Los países emergentes son la otra gran apuesta para la empresa. __________ recientes estudios de mercado señalan que los gustos están cambiando, se seguirá apostando igualmente por los productos tradicionales que durante décadas le han dado prestigio. __________ la evolución de los gustos de los fumadores, la marca Romeo y Julieta seguirá fiel a su tradición mezclada con innovación. Toda una lección de adaptación a sus clientes.

4 • Traduce

a. Aunque sin duda encontrará muchas, la primera sorpresa tiene lugar nada más bajarse del avión en el aeropuerto José Martí de la Habana y comprobar cómo visitantes veteranos y cubanos se encienden sus cigarrillos en pleno aeropuerto.
b. Por más que el régimen sitúe señales que prohíben fumar en lugares públicos, todos hacen caso omiso de las indicaciones.

PRACTICA • TEXTO

Las formas de la lengua

Expresar la concesión

- **A pesar de, pese a + infinitivo**

Pese a liderar el mercado, Cuba debe hacer esfuerzos de innovación.

- **Aunque, a pesar de que, por más que, pese a que + indicativo/subjuntivo**

El uso de indicativo viene condicionado por el hecho de si nos interesa declarar tres cosas en la frase o sólo dos. Es decir:
a) ***Aunque*** *se presupone que el Habano ha sufrido la crisis, lo cierto es que ha aguantado bien.*
b) ***Aunque*** *se presuponga que el Habano ha sufrido la crisis, lo cierto es que ha aguantado bien.*
La diferencia es que en la frase **a)** se declaran tres cosas:
1. se presupone que el Habano ha sufrido crisis;
2. no importa lo que se presupone;
3. el Habano aguanta bien la crisis.

En la frase **b)** no se declara, no se dice si se presupone que el Habano ha sufrido la crisis. Hay contextos en los que se puede decir o bien nos interesa decirlo y otros en los que no.

- **Por mucho que, por poco que + subjuntivo**

Por poco que *uno se fije en el aeropuerto, verá a gente que se enciende sus cigarrillos en pleno aeropuerto.*

ANTES DE ESCUCHAR

¿El pago con tarjeta es un gran negocio para la banca?

Al oral...

CD n°3
Pista n°21

Evolución de los medios de pago en América Latina

Adaptado de eMarket Services, abril 2012.

Las palabras no están solas

1. Cada oveja con su pareja.

ser único •	• ser distinto de
ser diferente de •	• ganar adictos
ganar adeptos •	• ser uno

2. Dilo de otra forma.
un pago de bajo importe – una dependencia – la evolución – alternativo

El título

Explica el título.

Di de qué trata el audio

Escucha de nuevo y escribe las respuestas.

1. ¿Cuál es el medio de pago preferido en América Latina?
2. ¿Se sigue pagando con cheques?

Comprensión del audio

¿Qué pago más moderno ha sido introducido en los países de América Latina?

Defiende tu postura

Escribe un pequeño texto donde expliques las diferentes maneras de pago que tendremos en el futuro.

Analiza y opina

Cada país tiene una serie de preferencias en el uso de unos u otros medios de pago que vienen en parte muy influenciados por los niveles de penetración de los servicios financieros en el país, pero al mismo tiempo también por la evolución tecnológica, la penetración de Internet y la banda ancha y la penetración de la telefonía móvil." Comenta.

Método

Le compte-rendu

1. Divide el audio en partes.
2. Resume lo esencial de cada parte en una, dos o tres frases. Cuidado con la paráfrasis.
3. Redacta una introducción.
4. Elabora una conclusión que contenga los puntos tratados. (Véase *Herramientas* n°2)

Expresión escrita

1. Escribe un pequeño texto que explique los diferentes medios de pago de tu país.
2. Estás en contra de todos estos medios de pago, prefieres el dinero en efectivo. Escribe una carta al diario El País para que la publiquen. Intenta concienciar a tus lectores de que la mejor manera de pago es el efectivo. (Véase *Herramientas* n°5)

Expresión oral

1. ¿Crees que con las tarjetas de crédito uno gasta más dinero del que no la tiene?
2. ¿Crees que los medios de pago que proponen en Internet no son fiables?

Con mucho oficio

Por parejas : Uno (A) trabaja en la oficina del Instituto de Consumo de Madrid. (A) hace una encuesta a un ciudadano (B) de América Latina para saber qué medios de pago usa en las diferentes situaciones de la vida cotidiana.

ANTES DE VER

¿Cómo se defiende el consumidor frente a un abuso?

A la vista está...

OCU: ¿Quiénes somos?

▸ http://www.ocu.org/quienes-somos?sectionRank=1

Las palabras no están solas

1. Cada oveja con su pareja.

convertir en •	• sonrojar
sacar los colores •	• dañar
perjudicar •	• anular
tumbar en los tribunales •	• transformar

2. Dilo de otra forma.
un operador de telefonía – un consumidor aislado – una comparativa – una claúsula

El título

Explica el título.

Di de qué trata el vídeo

Visiona de nuevo y escribe las respuestas.

1. ¿Un consumidor aislado es víctima de las grandes empresas?
2. ¿Cuántos productos y servicios estudiaron en 2010?
3. ¿Qué servicios ofrecen a sus socios?

Comprensión del vídeo

1. ¿Por qué la OCU es la única organización española de consumidores totalmente independiente?
2. ¿Qué revistas tienen a su disposición los clientes de OCU?
3. Cita algún ejemplo de éxito de la OCU en los tribunales contra las grandes corporaciones.

Defiende tu postura

Da tu opinión al respecto: "Ninguna asociación de este tipo es verdaderamente independiente."

Con mucho oficio

Vas a la OCU a informarte sobre la posibilidad de poner una denuncia a la empresa constructora de tu vivienda. Han aparecido algunos desperfectos después de tres años que acabaron las obras: grietas en las habitaciones, el aislamiento no te parece el que estaba planeado, cuando llueve hay una parte que la terraza que se inunda.
(A) trabaja en la OCU y (B) es el propietario de la casa.

Método

Le compte-rendu

1. Divide el vídeo en partes.
2. Resume lo esencial de cada parte en una, dos o tres frases. Cuidado con la paráfrasis.
3. Redacta una introducción.
4. Elabora una conclusión que contenga los puntos tratados. (Véase *Herramientas* n°2)

Expresión escrita

1. Escribe una carta de reclamación por daños y perjuicios a la constructora de tu casa por no haber cumplido plazos en su construcción.
2. Trabajas en una compañía de teléfono y escribes a un cliente para ofrecer una disculpa y una compensación porque el servicio estuvo interrumpido dos días a causa de una fuerte tormenta de nieve que tumbó las comunicaciones.

Expresión oral

Las grandes compañías a veces tienen prácticas abusivas y cuando son condenadas pueden hacer frente a las indemnizaciones, sin embargo, las pequeñas no y se ven abocadas al cierre. Llama para hacerte socio de la OCU.

ANTICIPA

¿Compras a crédito?

El control del gasto por las familias eleva en un 5% los pagos con cargo a la cuenta corriente

La crisis se deja notar en los hábitos de consumo de la población española que para controlar mejor el presupuesto familiar recurre cada vez más a las tarjetas de débito Visa, cuyo gasto aumentó un 4,9% en 2012, hasta 32.321 millones de euros, en detrimento de las tarjetas de crédito o empresas.

Además, el número de transacciones en comercios creció un 3,5%, hasta 1.634 millones, aunque el valor medio de las compras descendió un 2,75%, hasta 48 euros por operación, lo que demuestra que cada vez se recurre más al uso de tarjetas para pagos más pequeños. Aún así, España sigue siendo un mercado estratégico para Visa, según han explicado hoy en rueda de prensa el presidente y consejero delegado de Visa Europa, Peter Ayliffe, y el director general de la compañía para España y Portugal, Luis García. Una de las razones es que, en comparación con el resto de Europa, en España se sigue usando con más frecuencia el dinero en efectivo y se paga uno de cada 7,8 euros con tarjetas Visa, frente a la media europea de uno de cada 6,75 euros.

Pero también hay perspectivas para avanzar en el uso de las tarjetas en el pago en comercios por internet, que aumentó un 16,4% el pasado año, hasta 3.992 millones de euros, apenas un 5% del gasto total con Visa en España. A no ser que la tendencia cambie bruscamente debido a una recaída de la crisis, las expectativas son prometedoras con respecto al uso del pago online. Por eso, los responsables de la compañía han subrayado el importante potencial de crecimiento que existe en este segmento y se marcan el desarrollo del comercio electrónico y el lanzamiento masivo de su «cartera digital» como prioridades para 2013. Igualmente, confían en poner en marcha nuevos productos y servicios de pagos por móvil, apoyar a las entidades financieras en sus procesos de fusión, y avanzar para que las tarjetas sin contacto se generalicen en España.

Si a cierre de 2012 había ya 2,5 millones de tarjetas sin contacto en España y 120.000 comercios con terminales preparados para el pago con este dispositivo, serán unos 200.000 a finales de 2013, cuando habrá, según las previsiones de Visa, entre ocho y nueve millones de tarjetas de este tipo en circulación. De esa forma, la compañía aspira a lograr el objetivo de que en unos cuatro años se pueda pagar en el 70% de los comercios en España por contacto, un proyecto que funciona ya en Madrid, Barcelona, Canarias, Baleares y ciudades como Pamplona o Granada.

Adaptado de www.elpais.com, enero 2013.

Las palabras no están solas

1. Busca sinónimos.
un hábito – descender – explicar – estratégico

2. Encuentra antónimos.
limitar – avanzar – una recaída – prometedoras – importante

3. Dilo en español.
l'utilisation – soutenir – l'objectif – avancer

4. Cada oveja con su pareja.

se deja notar en •	• tener expectativas de
poner en marcha •	• al terminar el año
a cierre del año •	• poner en funcionamiento
aspirar a •	• se visualiza en

5. Veo, veo una palabra que empieza por... y significa...
Ejemplo:
– Veo, veo... una palabra que empieza por P y significa importe previsto.
– Presupuesto.
– Eso es, correcto.

El título

1. Explica con otras palabras el título.
2. Inventa otro título.
3. ¿Cuál sería el subtítulo del texto?

Localiza en el texto...

1. Párrafo 1: El aumento de la utilización de la tarjeta Visa.
2. Párrafo 2: Si Visa tiene mucho mercado en España.
3. Párrafo 3: Las perspectivas de futuro.

Comprensión del texto

1. ¿Por qué razón la gente prefiere pagar con tarjeta?
2. ¿En España se prefiere pagar con la tarjeta Visa o con efectivo?

Con mucho oficio

Por parejas: (A) está en una tienda, ha elegido un artículo que le gusta. Va al mostrador y paga a la dependienta. (A) dice cómo desea pagar, pide que le envuelvan el artículo que ha elegido para regalo, y pregunta por las condiciones para devoluciones (prefiere un ticket regalo)... (B) es la dependienta.

Defiende tu postura

Comenta la frase: "En España se sigue usando con más frecuencia el dinero en efectivo y se paga uno de cada 7,8 euros con tarjetas Visa, frente a la media europea de uno de cada 6,75 euros". (l. 21-23)

Método

Le compte-rendu

1. Divide el texto en partes y subraya las frases más significativas.
2. Resume lo esencial de cada parte en una, dos o tres frases. Cuidado con la paráfrasis.
3. Redacta una introducción.
4. Elabora una conclusión que contenga los puntos tratados. (Véase *Herramientas* n°2)

Expresión escrita

1. Escribe una carta al responsable de tu cuenta bancaria del Banco Popular y solicita información acerca de sus diferentes tarjetas de crédito.
2. Acabas de recibir el extracto del banco de este mes y te das cuenta de que te han cobrado una factura que no es tuya. Escribe una carta para reclamar.

Expresión oral

1. Estás en tu entidad bancaria y deseas pedir un préstamo. Solicita información.
2. Para ti, ¿cuáles son las ventajas de tener una tarjeta de crédito?

PRACTICA • TEXTO

Comunicación oral

CD n°3 Pista n°22

Escucha y responde

1. Escucha el texto *El gasto en tiendas 'online' de España rebasa por primera vez al de fuera*.
2. Haz un resumen en francés.
3. Responde en español.

a) ¿Qué tiendas online conoces con una implantación mundial?
b) ¿Qué venden?
c) ¿Por qué tienen tanto éxito?

Analiza y opina

1. Presenta esta publicidad. (Véase *Herramientas* n°3)
2. Da tres ventajas de la venta online.

1 • Buenas formas

a. Señala las diferencias entre: para que y si.
b. Construye frases con cada una de ellas.
c. Encuentra nexos que tengan los mismos valores.

2 • Dilo de otra forma

a. La crisis se deja notar en los hábitos de consumo de la población española que para controlar mejor el presupuesto familiar recurre cada vez más a las tarjetas de débito Visa.
b. Igualmente, confían en poner en marcha nuevos productos y servicios de pagos por móvil.
c. Además, el número de transacciones en comercios creció un 3,5%, hasta 1.634 millones.
d. De esa forma, la compañía aspira a lograr el objetivo de que en unos cuatro años se pueda pagar en el 70% de los comercios en España por contacto.

3 • Emplea la forma correcta

Excepto si/para/que con el objeto de/si/como

_________ paga con Visa, dispondrá del registro de cada compra que haga, _________ pide lo contrario a su entidad bancaria. Simplemente revise el extracto de su cuenta bancaria y _______ utiliza su banca online, consúltelo a través de Internet. _______ contar con todas las ventajas habituales del resto de tarjetas sólo tendrá que utilizar su Visa. _________ pueda limitar cuánto quiere gastar usted o su familia, en lugar de estar ligada a una cuenta bancaria o proporcionar una línea de crédito, la cantidad total que se puede gastar está limitada por la suma con la que se haya cargado la tarjeta. ______ necesitara ampliar su crédito, podría pedirlo en cualquier momento a su banco.

4 • Traduce

a. Si a cierre de 2012 había ya 2,5 millones de tarjetas sin contacto en España y 120.000 comercios con terminales preparados para el pago con este dispositivo, serán unos 200.000 a finales de 2013, cuando habrá, según las previsiones de Visa, entre ocho y nueve millones de tarjetas de este tipo en circulación.
b. De esa forma, la compañía aspira a lograr el objetivo de que en unos cuatro años se pueda pagar en el 70% de los comercios en España por contacto, un proyecto que funciona ya en Madrid, Barcelona, Canarias, Baleares y ciudades como Pamplona o Granada.

Las formas de la lengua

Expresar condición – expresar finalidad

■ **Expresar condición – Indicativo/subjuntivo: si, salvo si, excepto si, menos si**
Si necesita *ampliar su crédito, vaya a su banco.*
Si necesitara *ampliar su crédito, tendría que dirigirse a su banco.*
Si hubiera necesitado *ampliar su crédito, habría tenido que dirigirse a su banco.*

■ **Expresar condición – Subjuntivo: como, a no ser que, a menos que, excepto que, salvo que**
Como no pidas *el crédito a tiempo, no te lo darán.*

■ **Expresar finalidad – Infinitivo (mismo sujeto): para, a fin de, con el objeto de, con el propósito de, con la intención de**
Con el objeto de contar *con más seguridad, cada tarjeta incluye un seguro.*

■ **Expresar finalidad – Subjuntivo: para que, a fin de que, con el objeto de, con el propósito de, con la intención de, que**
A fin de que se pueda *costear cualquier compra sin molestias, podrá disponer de una línea de crédito suplementaria.*

Vocabulario

Aconsejar: conseiller
Acostumbrarse: s'accoutumer
Ahorrar: économiser
Ahorros: économies
Alquilar: louer
Alquiler: location
Artículo: article
Banco: banque
Barato: bon marché
Cajero: distributeur de billets
Cambiar: changer
Cambio: changement
Caro: cher
Cliente: client
Comercio justo: commerce équitable
Compra: achat
Comprar: acheter
Comprar por adelantado: acheter à l'avance
Contrato: contrat
Consumidor: consommateur
Consumir: consommer
Costar: coûter
Coste: coût
Costumbres: habitudes
Cuenta bancaria: compte en banque
Cuidarse: se soigner
Deber: devoir
Defender: défendre
Defensa de los consumidores: défense des consommateurs
Deporte: sport
Derechos de los consumidores: droits des consommateurs
Descargar: télécharger
Deuda: dette
Día del consumidor: journée du consommateur
Engaños: tromperies
Engañoso: trompeur
Economía: économie
Endeudado: endetté
Enfermedad: maladie
Enfermo: malade
Esperanza de vida: espérance de vie
Estimular: stimuler
Gastos de consumición: dépenses de consommation
Gastos pagados: frais payés
Hogar: foyer
Envejecimiento: vieillissement
Enviar un mensaje: envoyer un message
Exigir: exiger
Habitual: habituel
Joven: jeune
Lujo: luxe
Lujoso: luxueux
Llamada: appel
Llamar: appeler
Materia prima: matière première
Marca: marque
Mostrar: montrer
Muestrario: échantillon
Ocio: loisirs
Pagado por: payé par
Pagar: payer
Persona mayor: personne âgée
Poder adquisitivo: pouvoir d'achat
Pre-pago: prépayé
Préstamo bancario: prêt bancaire
Producto: produit
Producto desechable: produit jetable
Prohibir: interdire
Propiedad: propriété
Proponer: proponer
Realizar una llamada: passer un appel
Reclamación: réclamation
Reclamar: réclamer
Responder: répondre
Respuesta: réponse
Salud: santé
Seguro: assurance
Sin peligro: sans danger
Sueldo: salaire
Tarjeta de crédito: carte de crédit
Tener cuidado: faire attention
Usuario: usager
Uso: usage
Vida privada: vie privée

9 | Consumidores

De lejos Consumo

La palabra latina que origina al término "consumo" viene de dos palabras "cum" que significa unir (por afinidad) y "sumere" tomar o asumir y que se interpreta como "desgastar". La palabra puede aplicarse a muchas situaciones, por ejemplo cuando decimos que una persona está al borde de la muerte "consumido por la enfermedad" o "todo está consumido", para indicar que algo ha terminado o que no se puede corregir.

Ahora bien, de manera general decimos que algo es de consumo cuando una vez utilizado se agota, como ocurre con el agua, los alimentos, la gasolina y la misma electricidad. En Economía, el consumo es la utilización o destrucción (en realidad transformación, cosa que además se aplica a la filosofía del reciclaje y reutilización, pero claro, esto trae acarreado un costo) de algo para satisfacer una necesidad humana. A eso que utilizamos para lograr tal objetivo se le llama un bien. Por su naturaleza hay dos tipos:

– los bienes pueden ser llamados económicos, de capital o de intercambio cuando se utilizan para adquirir a los otros como ocurre con el papel moneda, el oro, las joyas y otros valores que en el fondo solo nos permiten adquirir otros bienes, esto no quiere decir que no se deterioran con el tiempo o por algún factor como ocurre con las devaluaciones y que le quitan el valor a la moneda o como ocurre con otros bienes-valores que se vuelven más preciados en ciertas circunstancias como ocurre con el oro en tiempos de crisis económica.

– también están los bienes de consumo cuya producción debe ser constante. Sin embargo ciertos de estos bienes, los estados les consideran demasiado valiosos como para que estén en el mercado como lo son la educación, la atención médica gratuita o el caso del uranio cuya producción se reservan todos los estados por obvias razones.

Muchos teóricos suponen que el consumo se autorregula, siguiendo las líneas de pensamiento del "laissez faire" de la vieja teoría sobre el liberalismo económico; esto sólo favorece a algunos y empobrece a muchos cuando se lleva al extremo, cosa que en realidad se evita hoy en día mediante la aplicación de la economía social de mercado, es decir, una economía liberal pero regulada. Se piensa que para que exista riqueza, en muchos casos, implica que deba existir pobreza, por lo que si bien es aceptado que la apertura de las economías es buena, debe hacerse con tacto y precaución, para evitar desastres tal como lo demuestra la crisis económica de la que mucho países todavía no se recuperan.

La teoría sobre el consumo asume que las personas tienen ciertas necesidades y que éstas lo determinan en cierta manera. No todos tienen las mismas necesidades a no ser por aquellas que son comunes a todos: las necesidades vitales. Con esta salvedad, vamos a encontrar varios factores que regulan el consumo, pues las necesidades varían con la edad, la educación, el medio ambiente, las mismas creencias religiosas, morales y culturales.

El mercado también se comporta como un factor que altera el consumo, de allí la diferencia entre los hábitos de consumo en zonas rurales y en las grandes ciudades de un mismo país, pues sus mercados locales ofrecen diferentes alternativas. Otro factor tiene que ver con el nivel de ingresos, que a muchos les permite satisfacer todas sus necesidades y hasta ahorrar, mientras que a otros apenas le permite complementar las vitales. Como vemos el consumo es un conjunto complejo de instancias cuya finalidad es llenar ese espacio que deja una necesidad y son afectadas por un grupo no menos complejo de factores que lo modelan.

Adaptado de www.enciclopedia.com

Preguntas

- ¿Qué es el consumo?
- ¿Qué es un bien? Y, ¿un bien de consumo?
- ¿Te parece bien que el consumo se autorregule según el principio del "laissez faire"?
- ¿Qué factores influyen en el consumo? Según tu opinión, ¿cuáles son las diferencias entre el consumo de hoy y el de hace 15 años?

De cerca Instituto Nacional de Consumo

El Instituto Nacional del Consumo es el organismo de la Administración General del Estado que, en desarrollo del artículo 51 de la Constitución y del texto refundido de la Ley General para la Defensa de los Consumidores y Usuarios, ejerce las funciones de promoción y fomento de los derechos de los consumidores y usuarios.

Dentro de las relaciones de los consumidores y usuarios con los empresarios pueden producirse conflictos, lo que puede dar lugar a que se produzca una reclamación o una denuncia. Partiendo de lo anterior, debe resaltarse que cuando en el ámbito de consumo se está hablando de reclamación o denuncia, deben cumplirse una serie de presupuestos para que, en su caso, se pueda proceder a su tramitación. Así una reclamación o denuncia debe ser siempre de un consumidor o usuario frente a un empresario. En este sentido, desde el punto de vista de la protección de los consumidores, nunca serán admitidas aquellas reclamaciones o denuncias en las que lo que se dilucide es una relación entre empresarios o entre consumidores.

¿Qué es una denuncia?

Es el acto mediante el cual un consumidor, o usuario, pone en conocimiento de la Administración de Consumo un hecho que puede suponer una vulneración de las normas de protección al consumidor. Analizada la situación denunciada, la administración adoptará las medidas que considere oportunas para garantizar la transparencia del mercado.

¿Qué es una reclamación?

Cuando un consumidor entra en conflicto o desacuerdo con una empresa o un profesional que le ha vendido el producto o prestado el servicio, puede poner de manifiesto los hechos ante la administración competente solicitando una solución al conflicto planteado y, en su caso, una compensación.

¿Quién puede reclamar?

Cualquier persona independientemente de su nacionalidad o zona de residencia que adquiera productos o servicios para su uso personal o familiar.

¿Qué son las hojas de reclamaciones?

Las hojas de reclamación constituyen un instrumento ágil para facilitar la remisión a las administraciones de las denuncias por presuntas infracciones a los derechos legalmente reconocidos, y de aquellas reclamaciones que los consumidores deseen someter al arbitraje de consumo.

¿Cómo son las hojas de reclamaciones?

Las hojas de reclamaciones están integradas por un juego unitario de impresos autocalcables compuesto por un folio original de color blanco, uno de color verde y otro de color amarillo.

¿Qué documentación se adjuntará con la hoja de reclamaciones?

Podrá acompañar la reclamación con todas las pruebas o documentos que considere necesarios para una mejor valoración de los hechos y, en especial, la factura cuando se trate de una reclamación sobre el precio.

¿Qué plazos de tramitación hay?

Ante un problema derivado de una relación de consumo es importante el informarse de los plazos para poder reclamar ya que estos varían en función de la relación de consumo respecto a la que se plantee el conflicto.

www.consumo-inc.gob.es

Preguntas

- ¿Existen en tu país hojas de reclamaciones?
- ¿Cómo se denuncia en tu país una irregularidad de consumo? ¿Se hace igual? ¿Qué diferencias hay?

BTS Industriel

1 Évaluation de la compréhension de l'oral

Vas a escuchar tres veces el documento con una pausa de dos minutos. CD n°3 Pista n°23

¿Conoces tus derechos y responsabilidades como consumidor?

www.franquiciasynegocios.com, julio 2012.

Compte-rendu en français

Après avoir écouté attentivement l'article, vous en dégagerez les idées essentielles.
Entraînez-vous à l'oral et à l'écrit.

Pour aller plus loin

a) ¿Te parece que hay suficiente oferta en campos como la telefonía, la electricidad...?
b) ¿Has hecho alguna vez una reclamación? Cuéntalo. En caso negativo, ¿qué trámites seguirías?
c) ¿Te han tratado alguna vez de forma arbitraria por aspectos como tu edad, tu forma de vestir, forma de hablar...? Cuéntalo.
d) ¿Conoces tus derechos y cumples con las responsabilidades? ¿Te consideras un consumidor responsable?

2 Évaluation de la production orale en continu et en interaction

Los jóvenes cada vez más consumistas

Lo que nos ocupa se refiere al consumo en nuestros jóvenes. ¿En qué se gastan las "pelas" los jóvenes? El estudio en cuestión se llama "Juventud y consumo", y se ha realizado entre jóvenes de 15 a 29 años y ha revelado la facilidad con que los jóvenes son "enganchados" por la publicidad. Pone en evidencia la encuesta también que existen notables diferencias entre los chicos y las chicas en esto de "tirar de monedero". Ellos por lo general son más consumistas, en contra de lo que se suele creer. Asocian el consumo con disfrutar de la abundancia. Las chicas, por su parte, son más realistas, lo asocian con satisfacer necesidades reales. ¿Que desearía comprar cada sexo? Los chicos, aquellos bienes relacionados con el deporte o que les permitan movilidad (motos, coches) mientras que las chicas se interesan por lo que les proporcionan permanencia y seguridad (casa propia, muebles, bienes de carácter cultural) y por actividades útiles para conseguir trabajo o para su formación. Por lo general, las chicas parecen más maduras y consumen de una forma más racional, inteligente y selectiva que los varones. Según la encuesta, las chicas disponen de menos tiempo para el ocio, ya que tienen que asumir parte del trabajo del hogar, lo que hace que tengan menos tiempo para gastar dinero. Por último, señalar que en algo sí que se parecen ambos sexos: en la ropa. Los jóvenes gastan la mayor parte de su dinero en ropa y zapatos y se dejan arrastrar por las marcas con mucha frecuencia. Esto se debe a que llevar una etiqueta determinada contribuye a la aceptación de los jóvenes dentro de su grupo, y esto es lo más valorado.

Adaptado de www.minglanillaweb.es

¿En qué se gastan los jóvenes el dinero?

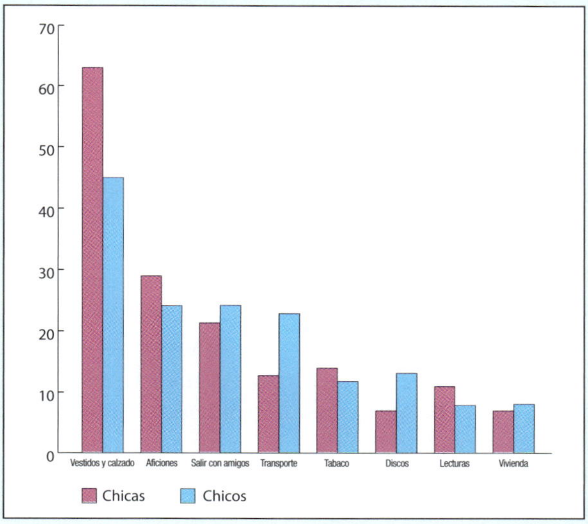

Fuente: Estudio "Juventud y consumo" realizado entre jóvenes de 15 a 29 años, 2011.

Présentation structurée en espagnol

Après avoir étudié le graphique et lu le texte attentivement, faites-en une présentation détaillée (de 3 à 4 minutes) mettant en évidence les points importants et les détails pertinents.

EXAMEN

BTS Tertiaires

1 Évaluation de la compréhension écrite

El perfil del consumidor del siglo XXI

Poco tiene que ver el perfil del consumidor del siglo XXI con el de hace apenas 10 años: los gustos, intereses y demandas de la gente están cambiando, y cada vez a una mayor velocidad. Ya no vivimos en la misma unidad familiar, ni tenemos las mismas preferencias, valores ni criterios de compra, ni consumimos de la misma manera que hace apenas unos años. Si a estos cambios socioculturales acontecidos les unimos el impacto de la crisis económica, obtenemos una sociedad con unos criterios de compra completamente diferentes a los de hace apenas unos años.

La primera característica a destacar de las tendencias de los consumidores en la primera década del siglo XXI es que los cambios son cada vez mayores y más rápidos: cada vez hay más gustos diferentes y éstos evolucionan y cambian más aprisa. En segundo lugar, cambios en la composición del núcleo familiar: éste está cada vez compuesto de menos miembros, no habiendo ya casi familias numerosas, y crecen con fuerza los “singles”. Hay un mayor número de hogares pero con menos miembros: en España hemos pasado de ser 10 millones de hogares en el año 2000, a 17 millones en 2011. En tercer lugar, el envejecimiento de la población: cada vez hay más mayores, y en breve se hablará de una 4ª edad. Este grupo de población cada vez representa un mayor porcentaje de la sociedad, y se trata de un segmento que demanda productos sencillos y claros, fáciles de abrir, manipular y consumir, y que les ayuden a cuidar la salud y sentirse mejor.

Asimismo, se vive más aprisa, especialmente en los ámbitos urbanos, lo que condiciona el consumo: hay una mayor demanda de productos y platos preparados (no hay tiempo para cocinar), productos que supongan un ahorro de tiempo y esfuerzo, practicidad, etc. Los productos precocinados y preparados van ganándole terreno a los frescos. Existe una cierta pérdida también de la cultura culinaria: cada vez queda menos gente que se sepa manejar en la cocina. Va creciendo la demanda de porcionabilidad, raciones individuales, porciones más pequeñas (adaptadas al nuevo tamaño de núcleo familiar), formatos envasados individualmente, envases más cómodos, productos con una mayor duración/caducidad, presentaciones más prácticas, etc. Y por último, hay mayor demanda de información: el consumidor actual quiere saberlo todo sobre lo que compra (de dónde viene, con qué se fabrica, cómo se elabora, información nutricional, etc.). El consumidor tiene acceso como nunca a casi cualquier tipo de información (auge de Internet), y dedica tiempo a buscarla y analizarla.

Por otra parte, existen tendencias derivadas de la crisis económica como el hecho de que exista una tendencia a consumir menos en restaurantes y más en el hogar. Incrementa de la demanda de productos básicos y más económicos: el factor precio ahora es más importante que nunca en la decisión de compra. Sin embargo también se demandan productos de valor añadido, pero ahora más que nunca a un precio “razonable”. En los lineales, ya casi no quedan marcas intermedias: sobreviven las marcas líderes (1ª y 2ª) y las marcas más baratas (marcas de la distribución). Se ha polarizado la demanda hacia los extremos: los consumidores actuales demandan ofertas de productos “extremos” en detrimento de los “intermedios”. Se busca ahorrar al máximo en la compra de determinados productos, mientras se está dispuesto a “derrochar” en otros.

Adaptado de www.storylane.com

Compte-rendu en français

Après avoir présenté le consommateur du XXIe siècle, vous préciserez en quoi la crise a modifié son comportement (200 mots, +/– 10 %).

Expression écrite

Répondez en espagnol à l'une des questions suivantes (300 mots +/– 10 %) :
- Enumera las razones por las que las características del consumidor del siglo XXI han cambiado.
- Imagina cómo eran los hábitos de consumo de las familias tradicionales y cómo son ahora.
- Explica si el ritmo de tu vida cotidiana condiciona tu forma de comer.
- ¿Te consideras un consumidor exigente y bien informado? ¿Sabes cómo se elaboran los productos y su origen?
- ¿Sueles consumir productos de marcas blancas?

Lettre commerciale

À partir des élements indiqués ci-dessous, vous rédigerez une lettre commerciale en espagnol, en respectant les normes de présentation. Vous avez acheté une galette des rois à la pâtisserie, celle-ci n'était pas fraîche. C'est la raison pour laquelle vous et toute votre famille êtes tombés malades. Vous écrivez une lettre de réclamation à l'entreprise dans laquelle :
- vous vous présentez et présentez la pâtisserie dans laquelle vous avez acheté le gâteau en question ;
- vous expliquez les raisons qui vous amènent à écrire un courrier de réclamation ;
- vous précisez que vous allez joindre les justificatifs correspondants ;
- vous exigez un dédommagement ;
- vous remerciez par avance en espérant avoir une réponse positive.

2 Évaluation de la compréhension de l'oral

Vas a escuchar dos veces el documento con una pausa de dos minutos. CD n°3 Pista n°24

Las franquicias 2&1 responden a la bajada generalizada del consumo

Adaptado de www.franquiciasynegocios.com, julio 2012.

Compte-rendu en espagnol

Après avoir écouté attentivement l'article, vous en dégagerez les idées essentielles.

Entretien

1. Questions sur l'audio.

a) ¿Por qué razones nacen los 2&1?

b) ¿Qué se puede comprar en Don Lupiano?

2. Questions générales.

a) Imagina los puntos fuertes y débiles de un concepto de negocio así.

b) La Huerta de tu Casa nació primero como tienda online y después física. ¿Es una fortaleza o una debilidad? Razónalo.

En CCF ou épreuve ponctuelle

1 Évaluation de la compréhension de l'oral (AG U22)

Vas a escuchar dos veces el documento con una pausa de dos minutos. CD n°3 Pista n°25

El gasto sólo sube en los hogares por los jubilados

www.lavozdegalicia.es, octubre 2012.

Restituye **en español** a continuación todo lo que comprendas. (Véase *Herramientas* n°2)

2 Communication professionnelle en français et en langue étrangère (AM E4)

Faire le point avec le manager

a) Descarga la ficha del site compagnon de tu manual www.nathan.fr/textos-y-metodos y complétala con la siguiente situación.
b) Tu manager, director de la OCU, te ha pedido que recopiles la información para actualizar la página web www.ocu.org. El objetivo es ofrecer incentivos y buscar nuevos socios. La recaudación ha bajado debido a la crisis y algunos socios han abandonado la asociación.
c) Presentas al director un informe en el que se formaliza una oferta a los nuevos socios:
– asesoría jurídica en caso de conflicto con empresas;
– mediación: en caso de litigio la OCU se ofrece a intermediar entre ambas partes para llegar a un acuerdo;
– asesoría fiscal;
– beneficios al contratar servicios bancarios, los socios de la OCU cuentan con ventajas financieras gracias a los acuerdos suscritos con entidades financieras;
– una serie de descuentos en muchos servicios como viajes, hoteles, transportes gracias a los acuerdos con agencias de viajes.

3 Négociation vente en langue étrangère (NRC/CI U52)

a) Descarga la ficha del *site compagnon* de tu manual www.nathan.fr/textos-y-metodos y complétala con el siguiente contexto:
b) Vas a realizar una venta bajo estas condiciones. El alumno (A) es el comercial de Iberdrola y el (B) simula ser el propietario de un apartamento.
c) Contexto comercial: La empresa está dedicada a la producción y venta de electricidad. Lanza una nueva campaña agresiva con el fin de recuperar abonados que en el último año se pasaron a la competencia.
d) Contexto de la negociación: El comercial hace el puerta a puerta. Llama y ofrece a B información de la campaña y los descuentos si vuelve a ser cliente de Iberdrola.
e) Oferta de la empresa: Una reducción real de su factura eléctrica del 20% durante los próximos 12 meses y a partir de ahí un 10% garantizado. Un sistema de bonificación y acumulación de puntos con los que se pueden canjear regalos.
f) Herramientas de ayuda a la venta utilizadas: Folletos, ejemplos reales de facturas, la página web de la empresa de www.iberdrola.es.

10

Nuevas tecnologías

¿Está cambiando nuestra forma de comunicar?

- Hablar de las oportunidades del comercio electrónico
- Analizar el desarrollo de las nuevas tecnologías
- Conocer las utilidades de las aplicaciones
- Imaginar el futuro tecnológico

LLUVIA DE IDEAS

Palabras

Sustantivos

Unos datos de contacto: *des coordonnées*

Un banco de datos: *une base de données*

Verbos y colocaciones

Apostar por: *parier sur*

Desarrollar: *développer*

Preguntas

- ¿A qué se dedica esta empresa?
- ¿Cómo se crea una página?
- ¿Qué datos se pueden poner en la web?

TODO OÍDOS

CD nº4 Pista nº1

1. ¿Qué opinan los autónomos de las nuevas tecnologías?
2. ¿Creen que puede ser útil para su negocio?
3. ¿En qué sentido myegoo.com contradice los hechos?

10 | Nuevas tecnologías

1 • A BUEN ENTENDEDOR...

De empresas-garaje al Olimpo global

Empresas españolas, startups y líderes mundiales en sus respectivos mercados, nos desvelan cómo han logrado alcanzar el éxito internacional. Aun cuando muchos líderes de opinión en España consideran que lo mejor es que nuestras empresas se dediquena aquello en lo que somos fuertes, la alimentación, el turismo, la moda, la legión de emprendedores tecnológicos no para de crecer. Son "la crème de la crème". Sin complejos, cinco empresas españolas de base tecnológica se están codeando con las grandes en la arena internacional a base de innovación y tecnología propia. Y no hay que dejarse engañar por el tamaño, porque Fractus, Genera Interactive, Optenet, Imm Sound y Uav navigation, son un ejemplo de habilidad de algunos empresarios para convertir tecnologías de nicho nacidas en la Universidad en negocios consolidados y con crecientes expectativas fuera de España. Situadas en sectores tan distintos como la seguridad en la red, o antenas, y en sitios tan dispares como Madrid, Sevilla Barcelona, las cinco están demostrando que tener que sacarlas adelante desde España no tiene por qué ser negativo. Creadas con medios más que modestos, han logrado conquistar parcelas de mercado frente a gigantes de la industria gracias a la puesta en aplicación de tecnologías rompedoras o ideas innovadoras que están marcando tendencia y obligando a sus rivales a reconsiderar sus estrategias. Y todas nacen con vocación internacional. De las cinco historias se desprenden algunos elementos comunes: nacidas todas de instituciones de I+D+i, su éxito se debe a que disponían de tecnologías pioneras. Y además las cinco empresas son globales, empezaron su expansión internacional y obtienen el 90% de su facturación fuera de España. El último dato común es la pasión por el riesgo.

Adaptado de www.emprendedores.es, julio 2012.

a) **Explica el significado de la expresión: son "la crème de la crème".**
b) **¿Qué significa "se están codeando con las grandes"?**
c) **¿Cuál ha sido la evolución de estas empresas?**
d) **¿Cuál ha sido su secreto?**

2 • TODO OÍDOS

CD n°4 Pista n°2

Escucha la historia de tres de las cinco empresas startups del texto *De empresas-garaje al Olimpo global*.

a) **Apunta el nombre de las tres empresas citadas y a qué se dedican.**
b) **¿Cuándo se creó la primera empresa y cuánto factura?**
c) **Cita los clientes de la segunda empresa.**
d) **¿De dónde es la tercera empresa?**

3 • CON BUENA LETRA

La tecnología puede nacer hoy día en cualquier sitio gracias al mundo globalizado. **¿Te parece acertada esta afirmación? Apóyate en la cita siguiente para contestar:** "Aun cuando muchos líderes de opinión en España opinan que lo mejor es que nuestras empresas se dediquen en aquello en lo que somos fuertes: la alimentación, el turismo, la moda."

4 • HABLAR POR LOS CODOS

Explica qué es una startup y di cuáles son sus claves de éxito. Da ejemplos.

5 • HABLANDO SE ENTIENDE LA GENTE

Debatid sobre: "La inversión en I+D+i no es siempre rentable, a veces ayuda a crear burbujas tecnológicas que producen crisis."

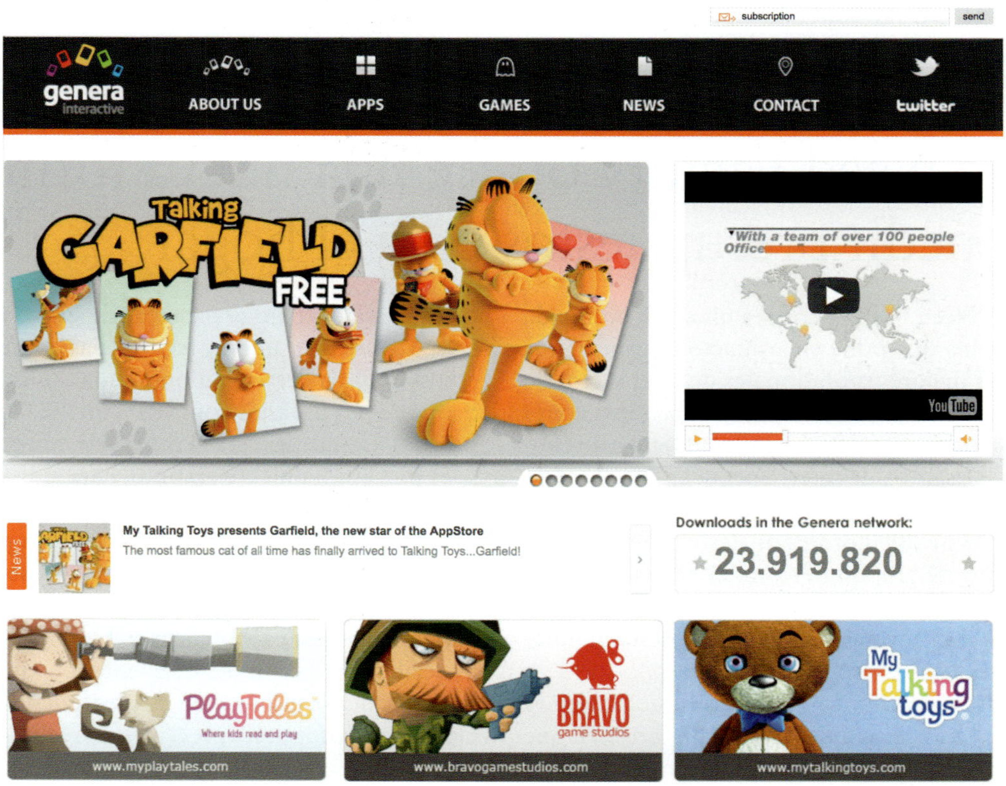

En Internet

- Buscad información en Internet sobre las empresas Fractus, Genera Interactive y Optenet.
- Preséntadlas al resto de la clase.

ANTICIPA

Cuando la gente de a pie se asocia, la fuerza es mayor.

Conciertos de música bajo demanda

Bandeed es una plataforma web de conciertos bajo demanda basada en el concepto de *crowdfunding*. Es un espacio de gestión y de relación que posibilita que, a medida que músicos, fans y salas colaboran por un objetivo común, se pueda llevar a cabo la organización de un concierto. Comunidad, trabajo en equipo y nuevas tecnologías son los principales motores de esta nueva forma de entender la promoción de música en directo. La experiencia de Anxo Armada, fundador de la plataforma Bandeed, llégó mientras colaboraba en el festival de música Telecogresca, que es la fiesta que los alumnos de telecomunicaciones de la Universidad Politécnica de Cataluña vienen celebrando desde 1978. Tras su experiencia en la contratación de bandas, su pasión por la música y el interés por el funcionamiento de la industria, en 2006 comenzó a ayudar al grupo de un amigo. Se dio cuenta de lo difícil que era conseguir cerrar conciertos. Bandeed surgió de la necesidad de buscar una manera de ayudar a los artistas a que se promocionen. Es, en realidad, una plataforma para la organización colaborativa de conciertos. Pensaron mucho en cómo hacerlo hasta que encontraron la vía a través de la cofinanciación. Los fans son los principales promotores de sus bandas favoritas.¿Cómo? Primero, una banda o una sala propone una fecha. Se venden entradas a precios reducidos hasta que se haya cubierto el aforo mínimo. Entonces es cuando se confirma el concierto. Cuando no se cubre, se devuelve la cantidad pagada. Todo el mundo gana: los fans deciden, las bandas tocan y las salas aseguran asistencia.Todo un éxito para esta empresa española.

Adaptado de www.bandeed.com, enero 2013.

The Need Factory ofrece una nueva forma de pedir presupuestos para el hogar

The Need Factory.com es un canal online de forma que pone en contacto a sus usuarios con los mejores profesionales de cada sector de su zona de residencia. El portal se presenta como una herramienta de gran utilidad para profesionales. Desarrollada íntegramente en España, esta plataforma online, que cuenta en la actualidad con más de 2000 profesionales verificados, forma parte de grupo intercom, el mayor grupo de nuevas tecnologías e internet en España, impulsor de más de 50 portales entre los que destacan infojobs, softonic o emagister.

Está organizado de tal manera que la idea es contar con la ayuda de un asistente personal que localice al mejor profesional según nuestras necesidades de presupuesto. Parece un buen servicio, ¿no? Pues es lo que ofrece theneedfactory.com, una plataforma online que está revolucionando la forma de localizar a los mejores profesionales de cada sector. Bajo el paraguas de grupo intercom, expertos en nuevas tecnologías e Internet, esta startup ha desarrollado un canal online que permite a sus usuarios contactar con 2000 profesionales. Una de las características de esta empresa es que es totalmente gratuito, para el usuario, además de rápido y fiable. Asimismo, la versión Premium permite al empresario introducir presupuestos para ganar las peticiones de los usuarios. De este modo Need Factory se convierte en una herramienta para captar clientes. Los profesionales reciben las solicitudes de clientes potenciales, lo que facilita la elaboración de presupuestos ajustados a una propuesta previamente realizada en detalle. Consecuentemente, la empresa que decida utilizar las ventajas de The Need Factory podrá ampliar su cartera de clientes con sólo dos clics. Hacerlo de la manera más simple es su secreto.

Adaptado de www.europapress.com, mayo 2012.

Las palabras no están solas

1. Busca sinónimos.
proceder – relacionar – una localidad – proponer

2. Encuentra antónimos.
una experiencia – una pasión – colaborativo

3. Dilo en español.
un détail – un budget – simple

4. Cada oveja con su pareja.

bajo el paraguas de •	• aumentar la cantidad de usuarios
contar con la ayuda de •	• con la protección de
ampliar la cartera de clientes •	• dar por negociado un recital
cerrar conciertos •	apoyarse en

El título

1. ¿En qué sentido son complementarios los dos títulos? Explica por qué.
2. Inventa otros dos títulos.
3. ¿Cuál serían sus subtítulos?

Localiza en el texto...

1. Texto 1: Los principales motores de Bandeed.
2. Texto 2: Para quién es esta herramienta The Need Factory. Si permite la aplicación hacer presupuestos online.

Comprensión del texto

1. ¿Cuáles son los beneficios para clientes y empresarios con Bandeed?
2. ¿Cómo surgió la idea?
3. ¿Qué servicio presta The Need Factory?
4. ¿Cómo funciona?

Método

Le compte-rendu

1. Divide el texto 2 en partes y subraya las frases más significativas.
2. Resume lo esencial de cada parte en una, dos o tres frases. Cuidado con la paráfrasis.
3. Redacta una introducción.
4. Elabora una conclusión que contenga los puntos tratados. (Véase *Herramientas* n°2)

Expresión escrita

1. Iniciativas como Bandeed son más bonitas que eficaces. No perduran en el tiempo. Su debilidad es que son muy efímeras. ¿Estás de acuerdo?
2. No es rentable para los profesionales estar en The Need Factory. Mucho esfuerzo para poco negocio que se consigue. ¿Qué opinas al respecto?

Expresión oral

1. Piensa en un modo de cofinaciación para montar un proyecto y exponlo al resto del grupo.
2. Defiende la siguiente afirmación: Los profesionales que no están en plataformas como The Need Factory pierden mucho.

Defiende tu postura

El sistema de cofinanciación (o crowdfunding) es una moda pasajera. ¿Te parece acertada esta afirmación? Justifica tu respuesta.

Con mucho oficio

Ve la página www.theneedfactory.com y pide un presupuesto para realizar obras en tu piscina.

Comunicación oral

CD n°4 Pista n°3

Escucha y responde

1. Escucha *Entrevista al creador de The Need Factory*.
2. Haz un resumen en francés.
3. Responde en español.
a) ¿Cuándo surge The Need Factory?
b) ¿The Need Factory pertenece al grupo Intercom?
c) ¿Cómo conseguir que la página sea atractiva?
d) ¿Cómo se dan a conocer?

Analiza y opina

Explica la filosofía de Bandeed y da tu opinión.

1. Cualquier usuario puede proponer un concierto.
2. Se realiza sondeo para medir el grado de interés de la propuesta.
3. Se pueden reservar las entradas a precio reducido (50%).
4. Si se cubre el aforo mínimo, el concierto se confirma y se cobran las entradas.

1 • Buenas formas

a. Señala la construcción de estas frases:
– La experiencia de Anxo Armada, fundador de la plataforma Bandeed, llegó mientras colaboraba en el festival de música Telecogresca.
– Pensaron mucho en cómo hacerlo hasta que encontraron la vía a través de la cofinanciación.
– Se venden entradas a precios reducidos hasta que se haya cubierto el aforo mínimo.
– Hacerlo de la manera más simple es su secreto.
b. Cambia los nexos por otros, manteniendo la estructura de la oración.
c. Justifica el uso de indicativo o subjuntivo.

2 • Dilo de otra forma

a. Entonces es cuando se confirma el concierto.
b. Cuando no se cubre, se devuelve la cantidad pagada.
c. Todo el mundo gana: los fans deciden, las bandas tocan y las salas aseguran asistencia.
d. The Need Factory es un canal online de forma que pone en contacto a sus usuarios con los mejores profesionales de cada sector de su zona de residencia.

3 • Elige el tiempo adecuado

A medida que las plataformas online ____________ (irse) perfeccionando, la demanda crecerá paralelamente, según un estudio de ESADE. Mientras que la necesidad de contar con herramientas eficaces__________ (crecer) últimamente, la creación por parte de empresas startups ha visto un nicho de mercado que no quiere desaprovechar. Como__________ (ocurrir) siempre en estas ocasiones, la demanda va por delante.
Cuando__________ (concebirse) una de las características principales de The Need Factory fue que el servicio_______ (ser) completamente gratuito para el usuario, además de rápido y fiable, pues en ningún caso la petición de presupuesto y el servicio ofrecido por el equipo de la startup _________ (suponer) ningún coste.

4 • Traduce

a. Está organizado de tal manera que la idea es contar con la ayuda de un asistente personal que localice al mejor profesional según nuestras necesidades de presupuesto. Parece un buen servicio, ¿no? Pues es lo que ofrece theneedfactory.com, una plataforma online que está revolucionando la forma de localizar a los mejores profesionales de cada sector.
b. Pensaron mucho en cómo hacerlo hasta que encontraron la vía a través de la cofinanciación. Los fans son los principales promotores de sus bandas favoritas. ¿Cómo? Primero, una banda o una sala propone una fecha. Se venden entradas a precios reducidos hasta que se haya cubierto el aforo mínimo. Entonces es cuando se confirma el concierto.

Las formas de la lengua

Expresar tiempo y modo

■ **Expresar tiempo: cuando, a medida que, mientras, hasta que, en cuanto, cada vez que, mientras que**
1. Si señala presente o pasado: indicativo
*Pensaron mucho en cómo hacerlo **hasta que** encontraron la vía a través de la cofinanciación.*
2. Si señala futuro: subjuntivo
*Se venden entradas a precios reducidos **hasta que** se haya cubierto el aforo mínimo.*

■ **Expresar modo: como, según, de la manera que, de forma que**
1. Si señala presente o pasado: indicativo
*El secreto es hacerlo **como** han hecho los demás.*
2. Si señala futuro: subjuntivo
*El secreto es hacerlo **como** hagan los demás.*

ANTICIPA

¿Utilizas la nube?

No hay que tener miedo a la nube

Aunque causa cierto recelo guardar datos sensibles de la empresa en Internet, las compañías especializadas en este terreno están demostrando sobradamente que no hay que temer. Ahorro de dinero, de tiempo, de espacio más flexibilidad para desarrollar un negocio en la red, las cuentas, las nóminas, los planes de desarrollo... son muchos. Tantos que la nube es la gran revolución empresarial en marcha. Por lo tanto, esperemos que poco a poco se vaya implantando en todo el territorio español y que las pequeñas y medianas empresas dejen de tenerle miedo. Así que, ¿a qué esperas para subirte a la nube? El ritmo de crecimiento de usuarios de *Cloud computing* en Microsoft puede darnos una referencia del grado de implantación de esta tecnología en España.

La compañía cuenta ya con 1,6 millones de usuarios de servicios empresariales en la nube. El 50% de las grandes empresas españolas, donde la firma tiene presencia del 98%, posee ya, al menos, un servicio en el cloud de Microsoft. “Cada semana subimos 170 empresas de todos los tamaños”, señala Elena Mendoza, directora de Grandes Cuentas y Partners de Microsoft ibérica. En la nube, el cliente sólo paga por lo que consume, por lo tanto esta fórmula soluciona la problemática tradicional de tener que contratar, por ejemplo, un mayor ancho de banda o espacio de almacenamiento en previsión de una avalancha puntual de usuarios para comprar un producto, descargarse algo o actualizar una licencia. De modo que el pago por uso, no cabe duda, tiene grandes ventajas. Una infraestructura tradicional puede estar operando, normalmente, en un rango de utilización de un 20%. Toda la capacidad no utilizada, por la que se ha invertido, se suele guardar para tener más capacidad de respuesta ante posibles picos de demanda. De ahí que Google también consiga que los usuarios saquen partido del pago por uso, ya que el empresario es quien elige la cantidad de cuentas Google APPS que activa o desactiva y en qué momento lo hace. Pero esta no es la única ventaja: gracias al *Cloud computing*, las pymes pueden competir con empresas que destinan un gran presupuesto a sus departamentos de tecnología. Además, pueden aprovechar la ventaja de disponer de unas herramientas de trabajo que siempre están actualizadas y que son accesibles desde cualquier parte del mundo y en cualquier momento, desde cualquier dispositivo, incluyendo smartphones y tablets, con conexión a Internet. Así que ya lo ven. Aunque, como en todo, siempre hay inconvenientes, parece que la nube tiene más ventajas frente al sistema tradicional. Quizá este año sea el momento de probarla.

Revista *Capital*, octubre 2012.

Las palabras no están solas

1. Busca sinónimos.
el recelo – temer – un ahorro – accesible

2. Encuentra antónimos.
una ventaja – desactivo – actualizado – incluir

3. Dilo en español.
la peur – un nuage – le terrain – la croissance

4. Cada oveja con su pareja.

estar en marcha •	• sacar provecho de algo
subirte a la nube •	• sin lugar a duda
sacar partido de algo •	• estar funcionando
no cabe duda •	• adherir al Cloud

5. Veo, veo una palabra que empieza por... y significa...
Ejemplo:
– Veo, veo... una palabra que empieza por N y significa condensación de agua y también lugar donde se almacenan datos.
– Nube.
– Eso es, correcto.

El título

1. Explica con otras palabras el título.
2. Inventa otro título.
3. ¿Cuál sería el subtítulo del texto?

Localiza en el texto...

1. Párrafo 1: Cuáles son las ventajas de este sistema.
2. Párrafo 2: Cuántas empresas confían ya en el sistema de la nube.

10 | Nuevas tecnologías

Comprensión del texto

1. Explica con tus palabras lo que significa *Cloud computing*.
2. Cita alguna empresa que utilice ya este sistema.

Con mucho oficio

Por parejas: (A) trabaja en una empresa y debe convencer a su director (B) para que se suba a la nube.

Defiende tu postura

"Aunque, como en todo, siempre hay inconvenientes, parece que la nube tiene más ventajas frente al sistema tradicional. Quizá este año sea el momento de probarla." (l.50-54)
Debatid en grupos. Unos a favor, otros en contra.

Método

Le compte-rendu

1. Divide el texto en partes y subraya las frases más significativas.
2. Resume lo esencial de cada parte en una, dos o tres frases. Cuidado con la paráfrasis.
3. Redacta una introducción.
4. Elabora una conclusión que contenga los puntos tratados. (Véase *Herramientas* n°2)

Expresión escrita

1. Trabajas en Microsoft ibérica. Elabora un folleto informativo sobre el *Cloud computing*.
2. Eres empresario, te interesaría utilizar este método pero no te fías. Escribe a la empresa española Acens que ya trabaja con Microsoft y dile que te aconseje.

Expresión oral

1. Explica esta frase: "Aunque causa cierto recelo guardar datos sensibles de la empresa en internet, las compañías especializadas en este terreno están demostrando sobradamente que no hay que temer." (l.1-4)
2. ¿A quién crees que va dirigida esta frase del texto? "Así que ¿a qué esperas para subirte a la nube?" (l.12-13)

Comunicación oral

CD n°4 Pista n°4

Escucha y responde

1. Escucha el texto *En dos palabras, los mejores*.
2. Haz un resumen en francés.
3. Responde en español.
a) Explica la frase: "no están los que son, ni son todos los que están..."
b) Cita el nombre de dos empresas españolas especializadas en *Cloud computing*.
c) ¿Qué es Acens shop?
d) ¿Qué ofrece Arsys?

Analiza y opina

1. **Presenta este documento "Los medios de la nube."** (Véase *Herramientas* n°3)
2. **Describe la imagen y ponla en relación con los datos citados.**

LOS MIEDOS DE LA NUBE
Por orden de importancia

1. Seguridad de los datos
2. Concepto no suficientemente probado
3. Gestión requerida
4. Cuestiones jurídicas de cumplimiento de legislación
5. Consecuencias relacionadas con la recuperación en caso de catástrofe
6. Mala reputación del servicio
7. Traslado de las cargas de trabajo
8. Acuerdos de nivel de servicios deficientes

Fuente: Fundación para la Innovación Bankinter

1 • Buenas formas

a. Señala las oraciones consecutivas en el texto.
b. Cambia los nexos manteniendo la misma estructura.
c. Escribe tres nuevas frases consecutivas.

2 • Dilo de otra forma

a. Hay tantos que la nube es la gran revolución empresarial en marcha.
b. Por lo tanto, esperemos que poco a poco se vaya implantando en todo el territorio español y que las pequeñas y medianas empresas dejen de tenerle miedo.
c. En la nube el cliente sólo paga por lo que consume, por lo tanto esta fórmula soluciona la problemática tradicional de tener que contratar, por ejemplo, un mayor ancho de banda o espacio de almacenamiento en previsión de una avalancha puntual de usuarios para comprar un producto, descargarse algo o actualizar una licencia.

3 • Emplea la forma correcta

por lo tanto/tanto más que/por eso/tan... que
Seamos realistas, las empresas demuestran un gran recelo al proceso o todo lo que implique mover los sistemas informáticos a la nube, ______________ esas empresas tienen en sus departamentos de tecnología gerentes con un perfil tradicional. ________ el principal miedo que les invade es que salga información de la empresa y dejen de tener control sobre ella. Los problemas de privacidad o seguridad que tienen las empresas, con casos ________ graves ______ el mismo servicio de PlayStation y el robo de la información personal de casi 77 millones de cuentas de PlayStation Network y Qriocity han hecho que muchas empresas consideran que hay que poner los datos en manos de proveedores mejor equipados para garantizar su seguridad. ____________ estos proveedores, además de gestionar de una manera más adecuada la seguridad de los datos que la propia empresa, pueden ofrecer mayor rapidez y a un coste menor.

4 • Traduce

a. De ahí que Google también consiga que los usuarios saquen partido del pago por uso, ya que el empresario es quien elige la cantidad de cuentas google APPS que activa o desactiva y en qué momento lo hace.
b. Así que ya lo ven. Aunque, como en todo, siempre hay inconvenientes, parece que la nube tiene más ventajas frente al sistema tradicional. Quizá este año sea el momento de probarla.

Las formas de la lengua

Expresar consecuencia

■ Indicativo

• **Así que, por lo tanto, por eso, de manera que, de modo que**
*La nube revoluciona los hábitos, **así que** ya ven que parece tener más ventajas que inconvenientes.*

• **Tanto/tanta/tantos/tantas que:** la frase principal afirmativa
*Hay **tantos que** la nube es la gran revolución empresarial en marcha.*

■ Subjuntivo

• **De ahí que**
***De ahí que** Google también consiga que los usuarios saquen partido del pago por uso.*

• **Tanto/tanta/tantos/tantas que:** la frase principal negativa
*No hay **tantos que** la nube sea la gran revolución empresarial en marcha.*

ANTES DE ESCUCHAR

¿Puede servir Internet para formar a los profesionales del deporte?

Al oral...

CD n°4
Pista n°5

Digital Art y Designers: plataformas de formación para árbitros y deportistas

Adaptado de www.emprendedores.es, julio 2012.

Las palabras no están solas

1. **Cada oveja con su pareja.**

contar con algo •	• una muestra de su identidad
ser reconocida por •	• apoyarse en
ser el mejor •	• con vistas a
de cara a •	• ser el número uno

2. **Dilo de otra forma.**
participar – una herramienta – investigar – eficiente

El título

Explica el título. ¿En qué contexto se dice?

Di de qué trata el audio

Escucha de nuevo y escribe las respuestas.

1. ¿Quiénes son los clientes de esta empresa canaria?
2. ¿Qué ha aportado esta empresa al mundo del deporte?
3. ¿Cómo colaboran con la Federación de fútbol española?

Comprensión del audio

1. ¿Cómo ayudan para la recuperación de los deportistas?
2. ¿Para qué sirve el nuevo invento de fisioterapia?

Método

Le compte-rendu

1. Divide el audio en partes.
2. Resume lo esencial de cada parte en una, dos o tres frases. Cuidado con la paráfrasis.
3. Redacta una introducción.
4. Elabora una conclusión que contenga los puntos tratados. (Véase *Herramientas* n°2)

Expresión escrita

1. Escribe un pequeño texto en contra de todos estos inventos tecnológicos. Crees que los humanos hacen este trabajo mucho mejor que unas máquinas. Además todos estos inventos hay que saber manejarlos o recibiendo cursos de formación
2. Crees que el sistema “Referee cannel” podría ser útil en otro ámbito. Convence a tu jefe para que pruebe este invento en otro sector. (Véase *Herramientas* n°5)

Expresión oral

1. Imagina una conversación entre dos árbitros comprobando una situación dudosa durante la final del Mundial.
2. Cita algunos ejemplos donde la tecnología avanzada nos haga la vida más cómoda.

Defiende tu postura

Escribe un pequeño texto dónde expliques los avances importantes que ha habido estos últimos años en el campo del deporte.

Analiza y opina

¿En qué sentido crees que esta nueva aportación puede ser útil en diferentes campos de la vida real?

Con mucho oficio

Por parejas: (A) es un empleado de la empresa canaria Digital Art y (B) el presidente del Colegio de árbitros.
Imaginad un diálogo entre el comercial de la empresa canaria Digital Art y el presidente de árbitros. El comercial describe su producto y enumera todas sus ventajas, el presidente está interesado pero quiere negociar el precio.

ANTES DE VER

¿La identidad en una empresa?

Rooter, empresa con identidad

▸ http://rooter.es/vídeo_corporativo

Las palabras no están solas

1. Cada oveja con su pareja.

tener una iniciativa •	• poner en marcha una idea
más allá •	• ser un experto en
estar especializado en •	• más lejos

2. Dilo de otra forma.

asesorar – estratégica – las nuevas tecnologías

El título

Explica el título. ¿En qué contexto se dice?

Di de qué trata el vídeo

Visiona de nuevo y escribe las respuestas.

1. ¿Cómo se llama el programa de televisión que estás viendo?
2. ¿A qué se dedica la empresa Rooter?

Comprensión del vídeo

1. ¿Cómo nació esta empresa?
2. ¿Qué les hace ser diferentes?
3. ¿En qué sector están especializados?
4. ¿Cuáles son los planes para el futuro?

Defiende tu postura

Da tu opinión al respecto: "Nuestro valor diferencial es nuestra gente, son personas que están comprometidas."

Analiza y opina

1. Analiza los diferentes mercados de la empresa Rooter.
2. Di en qué sentido es de utilidad una empresa como Rooter.
3. ¿Cuál de los aspectos citados te parece más interesante?

Método

Le compte-rendu

1. Divide el vídeo en partes.
2. Resume lo esencial de cada parte en una, dos o tres frases. Cuidado con la paráfrasis.
3. Redacta una introducción.
4. Elabora una conclusión que contenga los puntos tratados. (Véase *Herramientas* n°2)

Expresión escrita

1. Trabajas en la empresa televisiva Intereconomía. Acabas de nombrar a la empresa Rooter ganadora del programa "Empresas con identidad", escríbele una carta formal en la cual le comunicas la noticia.
2. Entra en la página de Intereconomía y comenta en el chat abierto la noticia. Di si estás de acuerdo en que sea la empresa Rooter la que gane el premio o consideras que hay otras empresas que se lo merecen más... http://www.intereconomia.com/comunidad/login

Expresión oral

Sabiendo que el programa "Empresas con identidad" tiene como objetivo potenciar la imagen de las empresas que trabajan en España, analiza el posicionamiento actual del tejido empresarial. Cita los programas de tu país que se parecen a éste.

Con mucho oficio

Mira de nuevo el vídeo sin voz durante los primeros minutos. Ponle tú la voz a la presentadora.

ANTICIPA

¿La inversión tecnológica en los países emergentes ayudará al crecimiento mundial?

El nuevo rostro de América Latina en la inversión tecnológica

Tanto se habla sobre América del Sur últimamente que se llega a decir que se ha convertido en la cuna del desarrollo de nuevas tecnologías, que todos los días muchos emprendedores arriesgados y perseverantes nacen en estas tierras, y que la venta de equipos de tecnología de última generación se evidencia sólo con salir a caminar en la calle de las grandes capitales de la región. ¿Será real que efectivamente Latinoamérica está creciendo a pasos agigantados? Mucho más que una impresión al parecer. En el estudio publicado por IDC[1] se dieron a conocer los resultados de la revisión consolidada de la actividad TI[2] en Chile, la que arrojó una inversión de $2,49 billones y un crecimiento de más de un 14,8% en el área. "Chile tiene tres ventajas. La situación económica confiable, madurez en el mercado y la adopción de nuevas tecnologías", según comenta el director de Soluciones Orión. Desde esta empresa especializada en seguridad y tecnologías de la información, aseguran que el país a pesar de no tener las ventajas como Brasil, es un territorio que ya es un ejemplo en ésta área para las naciones vecinas. "Estamos acotados por el tamaño país, pero Chile está creciendo en términos de porcentaje, y en inversión proporcional somos líderes. Somos más innovadores e invertimos en tecnología más que otros países. De hecho, en relación a Argentina se evidencia un retraso, por el tema económico. Allá no ves a todo el mundo con tantos iPhones, ni ves tan grandes inversiones de tecnología como acá", asegura Andrés Cargil, gerente general de la compañía.

Al igual que Chile en el plano del esfuerzo, Colombia por su parte desde el 2010 está implementando una serie de cambios radicales desde los altos puestos de gobierno. Plan Vive Digital es el arma secreta para concretar estos planes y conseguir el tan anhelado progreso tecnológico. Entre sus objetivos principales está el de alcanzar los 8,8 millones de conexiones de banda ancha para el 2014, sueño que parece no estar tan lejano, ya que actualmente el país cafetero cuenta con 5 millones de conexiones, 3 millones más desde que se comenzó a implementar éste plan. "Los inversionistas asiáticos quieren tener a Colombia como la puerta de entrada a Latinoamérica. Hay mucho interés no sólo en telecomunicaciones e inversiones en fibra óptica, sino que en aplicaciones y software", dijo el ministro Diego Molano Vega en una entrevista del canal de Youtube del Ministerio.

Por otro lado, Guzmán señala que México, a pesar de estar en año electoral, es quien mejor parado ha salido de la crisis internacional, ligado esto principalmente a la recuperación de Estados Unidos, a diferencia de Brasil y su relación con China, que también ha visto bajar sus pronósticos de crecimiento para el año en curso. De acuerdo al último reporte regional de IDC (WW Black Book 1Q 2012) Chile, Brasil y México son los que mejor lideran la región en el crecimiento de Hardware con 17,2%, 17% y 16,6% respectivamente.

¿Qué se espera? Según los expertos mencionado, al crecimiento de la venta en dispositivos móviles también se sumará un aumento en la venta de productos de línea blanca, los gobiernos invertirán en computadores "All in one", crecerán los emprendimientos en el área pública, pero habrá que esperar un tiempo a que la sensación de incertidumbre producida por los crisis europea se aleje de la región para invertir aún más en nuevas tecnologías.

Adaptado de http://tecno.americaeconomia.com

1. Compañía de encuestas e investigaciones.
2. Tecnología de la Información.

Las palabras no están solas

1. Busca sinónimos.
arriesgado – perseverante – un ejemplo – una ventaja

2. Encuentra antónimos.
conseguir – un interés – una recuperación

3. Dilo en español.
attendre – une augmentation – un ordinateur – éloigné

4. Cada oveja con su pareja.

ser la cuna de	• •	se manifiesta con
se evidencia con	• •	con una buena salida
a pasos agigantados	• •	ser el origen de
dar a conocer	• •	a gran velocidad
salir mejor parado	• •	mostrar

5. Veo, veo una palabra que empieza por... y significa...

Ejemplo: – Veo, veo... una palabra que empieza por R y significa nuevo proceso de crecimiento.
– Recuperación.
– Eso es, correcto.

El título

1. Explica con otras palabras el título.
2. Inventa otro título.
3. ¿Cuál sería el subtítulo del texto?

Localiza en el texto...

1. Párrafo 1: Por qué se considera hoy a América Latina la cuna de las nuevas tecnologías.
2. Párrafo 2: Las ventajas de Chile.
3. Párrafo 3: En qué aspectos está creciendo Chile.
4. Párrafo 4: Cuál es la situación de Colombia.

Comprensión del texto

1. ¿Qué país ha salido mejor parado de la crisis?
2. ¿Cómo se prevé el futuro?

Con mucho oficio

Por parejas: A partir de los datos aportados por el texto y su comparación, debatid en qué país invertiríais en nuevas tecnologías.

Método

Le compte-rendu

1. Divide el texto en partes y subraya las frases más significativas.
2. Resume lo esencial de cada parte en una, dos o tres frases. Cuidado con la paráfrasis.
3. Redacta una introducción.
4. Elabora una conclusión que contenga los puntos tratados. (Véase *Herramientas* n°2)

Expresión escrita

1. Trabajas en el Ministerio de Chile, escribe un comunicado a las empresas de tu país con la intención de que se desarrollen más las nuevas tecnologías en las empresas.
2. Trabajas en la empresa Soluciones Orión especializada en seguridad y tecnología de la información. Haz un folleto para presentar a tu empresa.

Expresión oral

Explica en qué puede consistir el nuevo plan del gobierno de Colombia: "Plan Vive Digital es el arma secreta para concretar estos planes y conseguir el tan anhelado progreso tecnológico." (l.37-39)

Defiende tu postura

Comenta la frase: "Habrá que esperar un tiempo a que la sensación de incertidumbre producida por los crisis europea se aleje de la región para invertir aún más en nuevas tecnologías."

Comunicación oral

CD n°4 Pista n°6

Escucha y responde

1. Escucha el texto *Twitter aterriza en América Latina de la mano de IMS*.
2. Haz un resumen en francés.
3. Responde en español.
a) ¿Qué empresa gestionará las ventas de Twitter en América Latina?
b) ¿Cuáles son las tres soluciones propuestas?
c) Cita el nombre del país en el que también se va a lanzar Twitter.

Analiza y opina

Presenta esta tabla.

América Latina, crecimiento e inversión TI (2010-2012)

	2010	2011	2012*
Chile	36,8%	14,8%	13,6%
Argentina	20,4%	19,3%	-1,8%
Perú	25,1%	18,9%	7,4%
Colombia	31,3%	10,7%	14,7%
Brasil	25,5%	11,7%	8,5%

(*) Pronóstico

Fuente: IDC Latin America IT Spending Patterns, octubre 2012

1 • Buenas formas

a. Señala qué tipos de frases son y razónalo:
– Tanto se habla sobre América del Sur últimamente que se llega a decir que se ha convertido en la cuna del desarrollo de nuevas tecnologías, que todos los días muchos emprendedores arriesgados y perseverantes nacen en estas tierras, y de que la venta de equipos de tecnología de última generación se evidencia sólo con salir a caminar en la calle de las grandes capitales de la región.
– Al igual que Chile en el plano del esfuerzo, Colombia por su parte desde el 2010 está implementando una serie de cambios radicales desde los altos puestos de gobierno.
b. Cambia los nexos por otros manteniendo la misma estructura.
c. Busca alguna estructura más de este tipo en el texto y explícala.

2 • Dilo de otra forma

a. Somos más innovadores e invertimos en tecnología más que otros países. De hecho, en relación a Argentina se evidencia un retraso, por el tema económico.
b. "Allá no ves a todo el mundo con tantos iPhones, ni ves grandes tantas inversiones de tecnología como acá", asegura Andrés Cargil, gerente general de la compañía.
d. Plan Vive Digital es el arma secreta para concretar estos planes y conseguir el tan anhelado progreso tecnológico.

3 • Emplea la forma correcta

al igual que/más que/tanto... como/ algo más que
Aparentemente los grandes cambios en la región, según explican desde Soluciones Orion, son el resultado de ____________ la inversión en seguridad informática, ________ la implementación de Cloud a distintas industrias y la apertura de grandes empresas en muchos países. "___________ antes se manejaban el área de TI y márketing desde Argentina o Brasil, hoy las empresas manejan áreas de márketing que corresponden _______ a Chile, Argentina y Perú ____________ al Caribe", asegura el Gerente General de Soluciones Orion.

4 • Traduce

a. Entre sus objetivos principales está el de alcanzar los 8,8 millones de conexiones de banda ancha para el 2014, sueño que parece no estar tan lejano, ya que actualmente el país cafetero cuenta con 5 millones de conexiones, 3 millones más desde que se comenzó a implementar éste plan.
b. De acuerdo al último reporte regional de IDC (WW Black Book 1Q 2012) Chile, Brasil y México son los que mejor lideran la región en el crecimiento de Hardware con 17,2%, 17% y 16,6% respectivamente.

Las formas de la lengua

Hacer comparaciones

■ **Para comparar dos cosas diferentes**
1. verbo + más/menos que + sustantivo
*Es mucho **más que** una impresión, al parecer.*
2. más/menos + adjetivo + que
*Somos **más** innovadores **que** otros países.*
■ **Para decir que dos cosas son equivalentes**
Con adjetivos y adverbios: **igual de + adjetivo + que; tan + adjetivo + como**
*Allá no ves **tan** grandes inversiones de tecnología **como** acá.*
■ **Para expresar que algo muestra un grado muy alto en cierto aspecto pero sin relacionarlo con otros objetos de su clase**
Adjetivo + ísimo/a/os/as
*La inversión en tecnología en América Latina es **urgentísima**.*

Vocabulario

Adjuntar: joindre un document
Archivo: fichier
Accesible: accessible
Acostumbrarse: s'habituer
Antiguo: ancien
Autopista de la información: autoroute de l'information
Bajos costes: coûts réduits
Bandeja de entrada: boîte de messagerie
Borrar: supprimer
Clave de acceso: mot de passe
Competencia en informática: compétence en informatique
Cambiar: changer
Cambio: changement
Compañía: compagnie
Compartir: partager
Comunicación: communication
Conectarse: se connecter
Contrato: contrat
Corregir: corriger
Costar: coûter
Coste: coût
Cuenta: compte
Datos: données
Derechos de reproducción: droits de reproduction
Descarga: téléchargement
Descargar: télécharger
Descuento: remise
Descifrar: déchiffrer
Disponibilidad: disponibilité
Disponible: disponible
Editor: éditeur
Eliminar: éliminer
Email: mail
Estafa: arnaque
Fuente: police de caractères
Gratis: gratuit
Herramienta: outil
Inalámbrico: sans fil
Informática: informatique
Informatizado: informatisé
Integración: intégration
Integrar: intégrer
Introducir: introduire, insérer
Juegos electrónicos: jeux électroniques
Ligero: léger
Mecanismo: mécanisme
Mejor: mieux, meilleur
Motor de búsqueda: moteur de recherche
Móvil: téléphone portable
Muestra: démonstration
Navegar en Internet: surfer sur Internet
Novedad: nouveauté
Nuevas tecnologías: nouvelles technologies
Ocupado: occupé
Oferta: remise
Online: en ligne
Obtener: obtenir
Oportunidad: opportunité
Ordenador: ordinateur
Pantalla: écran
Pagar: payer
Pasarse: dépasser
Peligro: danger
Peligroso: dangereux
Pedir: commander
Piratear: pirater
Portátil: ordinateur portable
Probar: essayer
Programa: logiciel
Programación informática: programmation informatique
Proponer: proposer
Proyecto: projet
Puja: vente aux enchères
Recibir: recevoir
Red: réseau
Registrar: enregistrer
Rendimiento: rendement
Renovar: renouveler
Resultado: résultat
Sacar un producto: lancer un produit
Satisfactorio: satisfaisant
Seguridad: sécurité
Service: servicio
Sin gastos: sans frais
Sitio: site
Televisión: télévision
Tener la exclusividad: avoir l'exclusivité
Usar: utiliser
Usuario: utilisateur
Vida privada: vie privée
Virus informático: virus informatique

En general ¿Qué son las nuevas tecnologías?

El desarrollo tecnológico – Internet, comunicaciones móviles, banda ancha, satélites, microondas, etc. – está produciendo cambios significativos en la estructura económica y social, y en el conjunto de las relaciones sociales. La información se ha convertido en el eje promotor de cambios sociales, económicos y culturales. El auge de las telecomunicaciones ha producido una transformación de las tecnologías de la información y de la comunicación, cuyo impacto ha afectado a todos los sectores de la economía y de la sociedad.

Sin lugar a dudas, las nuevas tecnologías han llevado consigo un cambio espectacular y drástico en todas las empresas. En los últimos años cabe destacar a Internet como el elemento revolucionario, seguido de la telefonía móvil. En escaso tiempo, Internet se ha hecho imprescindible en cualquier empresa, con independencia de su tamaño, y tal ha sido su influencia, que la mayor parte de los hogares españoles lo utiliza constantemente. Aún queda camino por recorrer, pero ya se empiezan a ver casos de empresas en las que los conceptos tradicionales desaparecen a consecuencia de Internet. Una de las consecuencias más claras es el cuestionamiento de los planteamientos tradicionales sobre el tamaño. Ya existen empresas que operan en Internet con un ámbito de operaciones mundial y, sin embargo, son consideradas pequeñas o medianas bajo los parámetros tradicionales de número de empleados o cifra de inversiones en activo fijo. La mayoría de la sociedad realiza un uso diario del ordenador, cuya utilización tiene lugar sobre todo en el hogar y en el centro de trabajo. Por tanto, podemos deducir, que gran parte del uso tiene un objetivo laboral (todo el tiempo empleado en el trabajo y parte del dedicado en casa, ya que muchas personas prefieren trabajar en casa). En cuanto al uso de Internet, es más reducido, sobre todo en las pymes. Así, diversos estudios destacan que las organizaciones no están consiguiendo mejorar sus resultados empleando Internet por una o varias de las siguientes causas:

– desconocimiento total o parcial de las importantes oportunidades que ofrecen las nuevas tecnologías en general (e Internet en particular);
– poco apoyo por parte de la dirección;
– retorno de la inversión poco claro;
– se subestiman las posibilidades que brinda internet a la empresa;
– falta de planificación en el proceso de integración de Internet;
– falta de personal cualificado para este área;
– no se remodelan los procesos de la empresa para la correcta adecuación del negocio;
– resistencia al cambio;
– falta de metodología en el desarrollo del proyecto.

Con lo que, como se puede observar aún hay mucho camino por recorrer, aunque muchas de ellas ya han dado el primer paso. Las pymes tienen multitud de posibilidades en Internet, con un enfoque distinto a las multinacionales, pues sus inversiones son necesariamente mucho menores, pero tienen muchísimas posibilidades por delante.

En los últimos años, la explosión de la Sociedad de la Información y las mejoras en las comunicaciones ha dado lugar al desarrollo de aplicaciones y herramientas que permiten evolucionar y sacar el máximo provecho de los procesos de negocio tradicionales, facilitando así, por ejemplo, un claro aumento de la productividad y una sustancial mejora en la relación y conocimiento de los clientes. Sin embargo, la experiencia adquirida en los últimos años y la crisis del sector tecnológico en especial, han demostrado que la tecnología en sí no es una solución para las empresas, sino que su valor está en que facilita la mejora y optimización de sus procesos de negocio.

Adapatado de www.gestiopolis.com

Preguntas

- Define con tus palabras "nuevas tecnologías".
- ¿En qué sentido benefician las nuevas tecnologías a las empresas?
- ¿Cómo se denomina a la sociedad del siglo XXI?
- Analiza la paradoja: "Así, diversos estudios destacan que las organizaciones no están consiguiendo mejorar sus resultados empleando Internet por una o varias de las siguientes causas." (l.39-42)

Gowex

¿Qué es la vida WiFi?

La vida en un entorno Wi-Fi es una realidad. Cada vez más espacios están adaptados para la conexión inmediata a Internet desde cualquiera de los dispositivos inalámbricos existentes. Hoy en día, podemos utilizar nuestro portátil o nuestra vídeoconsola conectados a la red, en aeropuertos, centros comerciales, hospitales e incluso desde espacios al aire libre como parques o playas.

Y todo ello mediante nuevas tecnologías en acción como las facilitadas por el Gowex que aporta "roaming" para la compartición de la señal inalámbrica hasta extremos antes desconocidos.

¿Qué es el Grupo Gowex?

El Grupo Gowex nace a partir de IBER-X, compañía española de servicios de telecomunicaciones para empresas, fundada en 1998 por Jenaro García Martín, que con un crecimiento muy rápido y una alta aceptación por parte de todos los jugadores del mercado ha ido dando lugar a novedosos proyectos e iniciativas que finalmente fructificó en la creación de un grupo el pasado año 2007.

¿Qué es el "roaming"?

En redes inalámbricas, "roaming" se refiere a la capacidad de cambiar de un área de cobertura a otra sin interrupción en el servicio o pérdida en conectividad. Permite a los usuarios seguir utilizando sus servicios de red inalámbrica cuando viajan fuera de la zona geográfica en la que contrataron el servicio, por ejemplo, permite a los usuarios de teléfonos móviles de España seguir utilizando su móvil cuando viajan a otro país.

¿Qué es el WiFi?

WiFi, también conocido como Wi-Fi, es una marca comercial de Wi-Fi Alliance.

El objetivo, tras la marca WiFi, es fomentar las conexiones inalámbricas y facilitar la compatibilidad de los distintos equipos. Todos los productos con conectividad WiFi tienen certificada su interoperabilidad.

La denominación WiFi fue creada por la agencia Interbrand, también responsable del desarrollo de términos como Prozac y Compaq. La intención de la WECA era instaurar un nombre que fuera fácil de recordar. Con el tiempo, muchos asociaron WiFi a Wireless Fidelity ("Fidelidad Inalámbrica").

Uno de los principales defectos atribuidos a la conectividad WiFi es su poca seguridad. Existen, sin embargo, diversos protocolos de cifrado que permiten codificar la transmisión de los datos y garantizar su confidencialidad.

La infraestructura de una conexión WiFi incluye puntos de acceso (emisores remotos), routers (que reciben la señal que emite el operador de telefonía) y dispositivos de recepción (tarjetas USB, PCI o PCMCIA). La popularidad del WiFi permite que cualquier persona que tenga una computadora portátil con la tarjeta correspondiente pueda ingresar a una gran cantidad de hoteles o restaurantes y conectarse a Internet con su propio equipo.

Adaptado de www.n-economia.com

Preguntas

- ¿Qué es la vida WiFi?
- ¿A qué se dedica la empresa Gowex?
- ¿Qué es el "roaming"?
- ¿Quién creó la denominación de la palabra WiFi? ¿Qué significa?

GOWEX
Building Wireless Smart Cities®

BTS Industriel

1 Évaluation de la compréhension de l'oral

Vas a escuchar tres veces el documento con una pausa de dos minutos. CD n°4 Pista n°7

Venta de productos para zurdos por Internet

Adaptado de www.milideasdenegocios.com, abril 2010.

Compte-rendu en français

Après avoir écouté attentivement l'article, vous en dégagerez les idées essentielles.
Entraînez-vous à l'oral et à l'écrit.

Pour aller plus loin

a) Da tu opinión sobre este tipo de negocio.
b) ¿Tienes amigos zurdos o lo eres tú? ¿Has detectado alguna necesidad especial con algunos objetos?
c) ¿Cómos negociarías con proveedores para vender estos productos? Piensa en porcentajes de beneficio para cada parte, almacenamiento de productos, envíos, política de devoluciones, etc.
d) Describe brevemente tu sitio web. ¿Cómo serían el diseño y los artículos?

2 Évaluation de la production orale en continu et en interaction

El comercio electrónico despega en América Latina

El índice de e-Readiness o aptitud digital de Latinoamérica en 2011 pone en manifiesto que los países han aumentado desde 2009 su capacidades para utilizar Internet como medio de venta efectivo. El e-commerce remonta, pero aún quedan muchos aspectos por mejorar en las TIC's para conseguir su plena implantación.

América Latina comienza a tomar conciencia de su futuro tecnológico. Esto es lo que se desprende del estudio realizado conjuntamente por la revista *América Economía* y Visa.

En términos globales, el contexto para e-commerce ha mejorado el 30% respecto a 2009, hasta situarse en 0,80 puntos. Las variables estudiadas corresponden a las infraestructuras tecnológicas con la que cuentan los países, la capacidad de sus habitantes para adaptarse a las nuevas tecnologías, el volumen de mercado, la fortaleza de la oferta local y bancarización o accesibilidad de los consumidores al sistema bancario.

El estudio ha tomado como referencia a dos países tan diferentes como Estados Unidos y España, comparando la evolución que han experimentado en las variables ya mencionadas entre los años 2009 a 2011.

En dicha comparativa, América Latina sigue quedando muy por debajo de estos países sobre todo EEUU, en cuanto a la implementación de tecnologías y demás medidas que puedan favorecer el desarrollo del comercio electrónico. Sin embargo, aunque en general sus registros todavía son relativamente bajos ya hay un país que supera a España en índice de e-Readiness: Brasil. La mayor economía de la región ha pasado de tener en 2009 un índice un 5% menor que el de España, a superarla hoy en un 3%, lo que se traduce en un 1,24 para Brasil frente 1,20 español.

www.dirigentesdigital.com, enero 2013.

Los principales sectores de actividad del e-commerce en España

Agencias de viajes y operadores turísticos	12,40%
Transporte aéreo	12,20%
Márketing directo	6,30%
Transporte terrestre de viajeros	6,10%
Juegos de azar y apuestas	4,90%
Espectáculos artísticos, deportivos y recreativos	4,10%
Educación	3,70%
Prendas de vestir	3,50%
Publicidad	3%
Ordenadores y programas informáticos	2,40%
Resto	41,40%

Fuente: nachocarnes.wordpress.com/tag/e-commerce-en-espana, diciembre 2011

Présentation structurée en espagnol

Après avoir lu et étudié attentivement les documents, faites une présentation (de 3 à 4 minutes) mettant en évidence les points importants et les détails pertinents.

Pour aller plus loin

a) ¿Cuál es la situación del e-commerce en América Latina?
b) ¿Cuáles son los aspectos que se pueden mejorar?
c) Haz una comparación con la situación en España, basándote en la tabla.
d) ¿Qué país supera a España en e-Readiness?

1 Évaluation de la compréhension écrite

Compre ahora y pague (como) en el futuro

Usuario, contraseña y a seguir navegando. Así son los nuevos medios de pago online y monederos electrónicos. Si se cumplen las previsiones del sector, en 2020 la mitad de las transacciones comerciales de la red se hará desde el móvil. Por lo tanto, los pagos por Internet ya representan el 50% del negocio Visa. Así que hay que ir adaptándose, porque hasta hoy después de un buen rato buscando, comparando calidades y precios, modalidades de envío y demás detalles, pagar es un vía crucis: metes tu nombre tus apellidos, tu dirección tu número de tarjeta, tu número de seguridad… y si el importe es grande, espera el SMS de confirmación de tu banco y mete el código. "Es muy farragoso, queríamos simplificar el proceso", cuenta el responsable de lanzar un nuevo medio de pago electrónico Visa, Mark Giffin. Esta multinacional lanzó V.me: "Te registras una sola vez en el servicio, por medio de tu banco, y le asocias las tarjetas que quieras. A partir de entonces, basta con que des tu email de usuario y contraseña en la tienda virtual", detalla. Como puedes registrar en él todas las tarjetas, cada vez te deja elegir con qué plástico pagar. Eso sí la web comercial debe tener implantado el sistema. Visa lanza este monedero virtual este otoño en España, nos cuenta Andrea Fiorentino, vicepresidenta de Pago con móvil en España: "Es muy seguro. El dueño del comercio no ve la tarjeta de crédito, sólo la ve el banco." Y como todos estos nuevos servicios de pago online, ya hay aplicaciones para móviles y tablets. Pero se avecina otro modo más de pagar con el teléfono, aunque de modo presencial. Las telefonías y las empresas de tarjetas de crédito están cerrando acuerdos para que, con sólo acercar el móvil a un terminal especial, se emita una radiofrecuencia que realice el pago. Para ello sólo harán falta dos elementos: que el móvil lleve incorporado un chip o una partición de la SIM que sustituya a tus tarjetas y que tengas instalada una aplicación. Comienzan hoy a ser habituales en España las Visa con antena de radiofrecuencia que se comunican con el terminal de pago (TPV) para no tener que introducirla y agilizar la operación (aunque la parte informática sólo tarda 320 milisegundos). La idea es que en los pagos de menos de 20 euros no haya ni que introducir el PIN al pagar. En Europa ya hay unos 40 millones de estas *contactless*, pero lo que faltan son comercios que tengan lectores de este tipo.

Adaptado de la revista *QUO*, octubre 2012.

Compte-rendu en français

Après avoir présenté les différents modes de paiement online, vous préciserez ce qu'a mis au point Visa et quels en sont les atouts (200 mots, +/– 10 %).

Expression écrite

Répondez en espagnol à l'une des questions suivantes (300 mots +/– 10 %) :
- ¿Cuáles son los nuevos medios de pago?
- Explica el significado del título.
- ¿Cómo se augura el futuro en este campo?

- ¿Hoy en día la gente confía en los sistemas de pago por internet?
- ¿En qué sentido se podrían agilizar los trámites para pagar?

Lettre commerciale

À partir des élèments indiqués ci-dessous, vous rédigerez une lettre commerciale en espagnol, en respectant les normes de présentation. Vous travaillez pour l'entreprise Visa, vous êtes chargé de faire connaître aux entreprises le nouveau système de paiement VISA V.me, à vous de les convaincre:
- vous vous présentez ainsi que l'entreprise pour laquelle vous travaillez ;
- vous précisez que ce nouveau système est une manière de simplifier les modes de paiements ;
- vous insistez bien sur la sécurisation des données ;
- vous sollicitez un rendez-vous pour présenter votre produit au responsable ;
- vous prenez congé en employant les formules de politesse usuelles.

2 Évaluation de la compréhension de l'oral

Vas a escuchar dos veces el documento con una pausa de dos minutos. CD n°4 Pista n°8

Emprender con los cinco sentidos para personas con discapacidad

Adaptado de www.emprendedores.es, marzo 2012.

Compte-rendu en espagnol

Après avoir écouté attentivement l'article, vous en dégagerez les idées essentielles.

Entretien

1. Questions sur l'audio.
a) Explica el significado del título.
b) ¿Qué país europeo cuenta con una legislación más avanzada para que las empresas adapten sus contenidos en Internet para discapacitados?
c) ¿Qué es Code Factory?
d) ¿En qué país las leyes obligan a los fabricantes de teléfonos a introducir soluciones accesibles?

2. Questions générales.
a) ¿El incorporar la obligatoriedad de la accesibilidad puede restar competitividad a empresas pequeñas?
b) ¿Qué consecuencias se derivan de una buena política de accesibilidad en una empresa? ¿Gana la empresa invirtiendo en herramientas accesibles para sus empleados discapacitados?
c) ¿Debe ser una obligación del Estado el velar por la total igualdad entre los trabajadores, discapacitados o no?

En CCF ou épreuve ponctuelle

1 Évaluation de la compréhension de l'oral (AG U22)

Vas a escuchar dos veces el documento con una pausa de dos minutos. CD n°4 Pista n°9

Gestión rentable de las cartas de menús

Adaptado de www.emprendedores.es, julio 2012.

Restituye **en español** a continuación todo lo que comprendas. (Véase *Herramientas* n°3)

2 Communication professionnelle en français et en langue étrangère (AM E4)

Instaurer et entretenir la rélation avec le manager

a) Descarga la ficha del site compagnon de tu manual www.nathan.fr/textos-y-metodos y complétala con la siguiente situación:

b) Hace unas semanas, la dirección hizo llegar una directiva de nuevas normas de utilización de internet en el trabajo. En ella, se prohíbe el acceso a Internet que no sea de uso estrictamente profesional. Algunos de tus compañeros te han hecho saber que la política de uso privado de internet en la empresa es demasiado restrictivo.

c) Presentas al director un informe en el que se formaliza una propuesta consensuada con los demás empleados para cambiar esa normativa:
– se pide que se pueda acceder a mandar y recibir algunos correos personales o llamadas que atañan a situaciones hijos o familiares. Por ejemplo, una situación urgente o grave.
– el hecho de no poder acceder a muchas páginas web dificulta las búsquedas de información de muchos empleados. Por ejemplo, para estudios de mercado, estudios de las competencias, información técnica, etc.

3 Négociation vente en langue étrangère (NRC/CI U52)

a) Descarga la ficha del site compagnon de tu manual www.nathan.fr/textos-y-metodos y complétala con el siguiente contexto:

b) Vas a realizar una venta bajo estas condiciones. El alumno (A) es el comercial de telefonía y el (B) simula ser el propietario de un apartamento.

c) Contexto comercial: La empresa es una subcontrata de Telefónica. Eres comercial de la subcontrata.

d) Contexto de la negociación: El comercial hace el puerta a puerta. Llama y ofrece a (B) información de la campaña y los descuentos del nuevo plan de Telefónica en el que, al tener línea fija y portátil, se tienen ventajas.

e) Oferta de la empresa: Una reducción sustancial de su factura durante los próximos 12 meses. Un sistema de bonificación y acumulación de puntos con los que se pueden canjear regalos.

f) Herramientas de ayuda a la venta utilizadas: Folletos, ejemplos reales de facturas, la página web de la empresa www.telefonica.es

11

Desarrollo sostenible

¿Será rentable la sostenibilidad?

En esta unidad vas a aprender a:

- Reflexionar sobre el futuro de nuestro planeta
- Defender una industria limpia
- Ahorrar energía en el día a día

LLUVIA DE IDEAS

Palabras

Sustantivos
Un biocombustible: *un biocarburant*
El medio ambiente: *l'environnement*
Un pájaro: *un oiseau*
Verbos y colocaciones
Poner el corazón en: *Mettre du cœur à*
Notar: *remarquer*

Preguntas

- ¿De qué está hecho este particular avión de Iberia?
- ¿Qué es un biocombustible?
- ¿El corazón y el medio ambiente tienen una relación?

TODO OÍDOS

CD n°4 Pista n°10

1. ¿Qué tuvo de particular este vuelo?
2. ¿Cuál fue su horario?
3. ¿Cómo era la mezcla del biocombustible?
4. ¿Cuáles son los tres objetivos que se ha fijado IATA?

11 | Desarrollo sostenible

1 • TODO OÍDOS

CD n°4
Pista n°11

Vas a escuchar el texto *Infraestructura y medio ambiente*.

a) ¿En qué sentido se puede considerar a España como un líder en creación de infraestructuras?

b) ¿Cómo se llama la empresa que busca nuevos materiales para la construcción?

c) Define el proyecto Flottek.

d) ¿Cómo se llama la filial de la empresa FCC?

2 • A BUEN ENTENDEDOR...

Acciona[1], la obsesión por la sostenibilidad

Se llama Imaginne y es una plataforma en la que todos los empleados de Acciona pueden compartir sus ideas innovadoras y votar entre las presentadas por sus compañeros las que resultan más interesantes. Al final, las ideas más valoradas, tanto por los empleados como por un equipo de expertos, son galardonadas con premios que van desde los 500 a los 8.000 euros. De esta forma, Acciona inculca la mentalidad innovadora a toda la plantilla, incluyendo la apuesta estratégica de la compañía: la sostenibilidad. Y es que el I+D+i de la compañía de la familia Entrecanales apuesta por satisfacer las necesidades actuales sin poner en peligro a las siguientes generaciones. En esta línea se encuentran investigaciones como la de los materiales tradicionales mejorados como el hormigón autocompactable y los avanzados en el empleo de nanomateriales, para mejorar la eficiencia energética. De las mentes pensantes de la antigua constructora, también han salido materiales como los composites, que facilitan los procesos de montajes y el desplazamiento de las diferentes piezas. En definitiva, una decidida apuesta para que en el futuro podamos vivir en un mundo mejor y para que la gente se vaya concienciando que la sostenibilidad es un tema muy importante por el cual debemos luchar todos.

Adaptado de www.imaginne.acciona.com

1. Compañía líder en la creación, promoción y gestión de infraestructuras, energías renovables y agua.

a) Explica el significado del título.

b) ¿Qué es Imaginne?

c) ¿Cuánto dinero puedes ganar al ser galardonado por uno de los premios?

d) ¿Cuál es el objetivo de esta empresa?

e) ¿Qué te parece este sistema?

3 • CON BUENA LETRA

Trabajas para la multinacional Acciona. Entra en la plataforma Imaginne para apuntar una idea innovadora.

4 • HABLAR POR LOS CODOS

Describe el cartel.

5 • HABLANDO SE ENTIENDE LA GENTE

Por parejas: (A) trabaja para una empresa de construcción. (A) convence a su jefe (B) de que la innovación es la clave del futuro.

ANTICIPA

¿Es lo eléctrico tan ecológico?

El coche eléctrico como estandarte

En E.ON están convencidos de que llegará el día en el que los coches se moverán sin necesidad de repostar gasolina en el depósito, impulsado solo con energías renovables. Aunque ese idílico día escenario todavía es lejano, la compañía eléctrica alemana lleva años trabajando para hacerlo realidad. Así en 2009 puso en marcha el programa e-mobility, su gran apuesta por promover el coche eléctrico. Los primeros pasos fueron, cómo no, en Alemania, pero poco a poco la multinacional ha ido llevando su iniciativa allende sus fronteras: primero a Reino Unido y desde 2010 a España. Los primeros puntos de recarga fueron en Santander y desde entonces el desarrollo no ha dejado de crecer. "Hemos llevado esta experiencia pionera a ciudades como Madrid, Lugo...", explica Luis García Santalla, el responsable de esta iniciativa dentro del área de Eficiencia Energética de E.ON España. En total la compañía suma doce puntos de recarga y dispone de varias electrolineras para realizar la carga de vehículos. ¿El siguiente paso, cuál será? Aumentar los puntos de recarga. En carretera, aunque aún es prematuro, E.ON trabaja en una fotolinera, una electrolinera que se alimenta con placas fotovoltaicas, aunque nadie, ni la propia E.ON, se atreve a poner fecha para ese idílico escenario de coches cien por cien renovables.

Adaptado de *Capital*, diciembre 2012.

Ahorrando con la frenada del tren

Cuando un tren entra en una estación, y frena, genera una gran cantidad de energía. Los sistemas ferroviarios modernos convierten esa energía cinética en electricidad que otro tren de esa misma estación puede aprovechar para arrancar. Pero aún y todo, hay una gran parte que se pierde en forma de calor. En Ingeteam, han dedicado cuatro años y tres millones de euros a desarrollar un sistema para que nada se desperdicie. El proyecto surgió porque Metro de Bilbao estaba estudiando diferentes estrategias para mejorar su eficiencia energética. De esta forma, un operador ferroviario no sólo es consumidor de energía sino que también puede verter parte de la electricidad que no consume en la red y ahorrarse entre un 5 y un 10 % de su factura energética. El sistema, bautizado como Ingeber, es ideal para metros, tranvías... El Metro de Bilbao ya ha instalado este sistema en dos estaciones y espera hacerlo en tres. Y ADIF[1] lo ha hecho en Málaga. "Nuestro equipo se lo instala sin modificar nada en la subestación y se dimensiona en función de los ahorros que se pueden obtener", declara Eduardo Giménez, director de Márketing de la compañía vasca.

Adaptado de *Capital*, diciembre 2012.

1. Administrador de Infastructuras Ferroviarias.

Las palabras no están solas

1. Busca sinónimos.
desperdiciar – un estandarte – idílico – lejano

2. Encuentra antónimos.
instalar – desarrollar – ahorrar – esperar

3. Dilo en español.
arriver – un besoin – bouger – une facture – baptisé

4. Cada oveja con su pareja.

estar convencido de algo •	• claro que sí
hacer una cosa realidad •	• estar seguro de algo
¡y cómo no! •	• llevar a cabo una cosa

5. Veo, veo una palabra que empieza por... y significa...

Ejemplo:
– Veo, veo... una palabra que empieza por A y significa economizar en recursos.
– Ahorrar.
– Eso es, correcto.

El título

1. ¿En qué sentido son complementarios los dos títulos
2. Inventa otros dos títulos
3. ¿Cuál serían sus subtítulos?

Localiza en el texto...

1. Texto 1
a) El nombre de la empresa que ha fabricado coches eléctricos.
b) Qué es una fotolinera.
2. Texto 2
a) Qué propone la empresa española Ingeteam.
b) El porcentaje que se puede ahorrar con este sistema.

Comprensión del texto

1. ¿De dónde es la empresa E.ON?
2. ¿Qué propone la empresa española Ingeteam?
3. ¿Cómo funciona lo que ha inventado?

Defiende tu postura

Di si, en tu opinión, los coches solares y las fotolineras pueden extenderse. Apóyate en est a frase: "E.ON trabaja en una fotolinera, una electrolinera que se alimenta con placas fotovolcaicas, aunque nadie, ni la propia E.ON, se atreve a poner fecha para ese idílico escenario de coches cien por cien renovables."

Método

Le compte-rendu

1. Divide el texto 2 en partes y subraya las frases más significativas.
2. Resume lo esencial de cada parte en una, dos o tres frases. Cuidado con la paráfrasis.
3. Redacta una introducción.
4. Elabora una conclusión que contenga los puntos tratados. (Véase *Herramientas* n°2)

Expresión escrita

1. Escribe un pequeño texto para fomentar "una ciudad limpia de CO2" y propón iniciativas para ahorrar energía.
2. Te acabas de comprar un coche eléctrico pero estás muy descontento porque no encuentras puntos de recarga en tu ciudad. Escribe al ayuntamiento para que agilice los trámites para la implantación de electrolineras.

Expresión oral

1. Eres comercial de la empresa E.ON: véndele un coche a un amigo tuyo
2. Trabajas como comercial para la empresa Ingeteam. Explícale al alcalde de Valencia los beneficios de tu producto.

Con mucho oficio

Por parejas: Tu amiga, que presume siempre de su compromiso con el medio ambiente, se quiere cambiar el coche. Convéncela para que se compre un coche eléctrico.

Comunicación oral

CD n°4 Pista n°12

Escucha y responde

1. Escucha el texto *Hacia un mundo más limpio* en el que se exponen propuestas para vivir en un mundo mejor.
2. Haz un resumen en francés.
3. Responde en español.
a) ¿Con qué se fabrican los biocombustibles?
b) ¿Cuáles son los principales motores que están moviendo la actividad innovadora de las empresas?
c) ¿Cuántos millones de euros destinó la asociación empresarial eólica para seguir siendo competitivos?
d) ¿Cómo se prevé el futuro en este sector?

Analiza y opina

Comenta el número de coches eléctricos vendidos en España. ¿Qué sabes de las marcas y de su implicación en el medio ambiente?

Ventas en España de coches eléctricos (junio 2012)	
Nissan LEAF	18
Goupli G3	16
Renault Kangoo Z.E.	15
Citroën C-Zero	13
Peugeot iON	7
Renault Fluence Z.E.	6
Opel Ampera	1
Chevrolet Volt	1
Total	**77**

Fuente: www.quecocheelectrico.com, julio 2012

1 • Buenas formas

a. Para expresar la acción acabada se usa: acabar de; dejar de; llegar a. La acción que comienza con: comenzar a; empezar a; ponerse a. Explica en qué son diferentes. Fíjate en el cuadro explicativo de abajo.
b. Construye frases con cada una de ellas.
c. ¿Aprecias cambio de significado? ¿Cuáles?

2 • Dilo de otra forma

a. En E.ON están convencidos de que llegará el día en el que los coches se moverán sin necesidad de repostar gasolina en el depósito, impulsado sólo con energías renovables.
b. Así en 2009 puso en marcha el programa e-mobility, su gran apuesta por promover el coche eléctrico.
c. Los primeros puntos de recarga fueron en Santander y desde entonces el desarrollo no ha dejado de crecer.
d. Hemos llevado esta experiencia pionera a ciudades como Madrid, Lugo...

3 • Emplea la forma correcta

Una empresa vasca ______ (acabar de) desarrollar un nuevo sistema que consiste en recuperar la energía en el frenado de los trenes.
En Ingeteam ___________ (ponerse a) a trabajar en cuanto tuvieron el proyecto. El director comenta: "cuando se nos ocurrió, hace ya unos meses no pensábamos que _________ (llegar a) tener tanto éxito. Ahora nos ________ (ponerse a) hacer pruebas en varias estaciones y parece que la cosa está _________ (empezar a) funcionar. Nosotros _________ (no dejar de) formarnos para proponer la mejor tecnología a nuestros clientes que __________ (empezar a) ser muy exigentes debido a la gran competencia que hay con la globalización. Muchas empresas internacionales no _________ (dejar nunca de) invertir grandes capitales en investigación y desarrollo. Nosotros debemos hacer lo mismo."

4 • Traduce

a. En total la compañía suma doce puntos de recarga, dispone de varias electrolineras para realizar la carga de vehículos. ¿El siguiente paso cuál será? Aumentar los puntos de recarga.
En carretera, aunque aún es prematuro, E.ON trabaja en una fotolinera, una electrolinera que se alimenta con placas fotovolcaicas. Aunque nadie, ni la propia E.ON, se atreve a poner fecha para ese idílico escenario de coches cien por cien renovables.
b. Cuando un tren entra en una estación, y frena, genera una gran cantidad de energía. Los sistemas ferroviarios modernos convierten esa energía cinética en electricidad que otro tren de esa misma estación puede aprovechar para arrancar.

Las formas de la lengua

Expresar el comienzo y el final de una acción

■ **Cuando queremos expresar que una acción está en su principio podemos utilizar una perífrasis:**
Empezar a/comenzar a: marca el inicio neutro de una acción.
*E.ON **empezó a** desarrollar el sistema de aprovechamiento de la energía hace ya varios años.*
Ponerse a: señala el principio de una acción con un cambio rápido.
*Ayer iba circulando en mi coche eléctrico cuando de repente **se puso a** acelerar.*

■ **Cuando queremos expresar que la acción está acabada:**
Acabar de: la acción está muy cercana al tiempo que se señala.
*Al entrar un tren en la estación, lo que **acaba de** ocurrir es que genera una gran cantidad de energía que puede ser aprovechada.*
Dejar de: parar de hacer algo que ya se estaba produciendo.
*Los primeros puntos de recarga fueron en Santander y desde entonces el desarrollo no **ha dejado de** crecer.*
Llegar a: Después de un proceso se señala el final de éste.
*Se prevé que en Ingeteam **se llegué a** comercializar pronto en otros países.*

ANTICIPA

¿Un producto ecológico es sólo un producto natural?

Ser respetuoso con el medio ambiente no es sólo una etiqueta, ¡es una filosofía de vida!

"Decidimos elaborar nuestro propio AOVE (Aceite de oliva virgen extra) para poder ofrecer un producto de alto nivel. Tuvimos claro que reuniríamos un equipo que amara el producto tanto como nosotros. Nuestras plantaciones llevan varias generaciones en nuestra familia y buscamos la calidad por encima de la rentabilidad. Todo ello tiene una repercusión en los costes que no siempre llega al consumidor final.

Aceite de oliva virgen extra obtenido exclusivamente en nuestros campos de olivos de la Montaña de Alicante (España), cuidados por métodos tradicionales sin el uso de fertilizantes ni agentes químicos. Aceite de oliva de categoría superior obtenido directamente de nuestras aceitunas mediante procedimientos mecánicos con una elaboración en rama y extracción en frío. Un zumo natural 100% que aporta antioxidantes naturales no añadidos, ácido oleico que ayuda a nuestro corazón y nos da energía.

El compromiso de Juan y su familia con el medio ambiente, y de todo el equipo que formamos en la almazara la Alquería, ha hecho que todo lo que realicemos en el olivar respire ese respeto por el medio agronómico que nos rodea, por ello todos los productos que utilizamos tienen certificación para uso en el cultivo ecológico del olivo, son productos de origen orgánico, certificados por la Unión Europea. Somos partícipes del respeto al medio que nos rodea, con el fin de dejar a nuestros hijos y conciudadanos un mundo más habitable. Nuestro aceite de oliva virgen extra en reconversión a la agricultura ecológica, se produce en nuestros campos únicamente con aceitunas sanas y en su justa maduración. Las aceitunas se molturan inmediatamente para evitar su fermentación y oxidación de tal manera que en dos horas terminamos el proceso. Además de ser más sanos que los aceites no ecológicos, respetan los ciclos naturales, evitando así la degradación del ecosistema."

Adaptado de www.laalqueria.com

Las palabras no están solas

1. Busca sinónimos.
un legado – disfrutar – respetuosos – los costes

2. Encuentra antónimos.
reunir – amar– buscar– encima – final

3. Dilo en español.
l'élaboration – proposer – l'utilisation – sain – éviter

4. Cada oveja con su pareja.

tener claro una cosa •	• ser partcipante
ser partícipe •	• no dudar de algo

5. Veo, veo una palabra que empieza por... y significa...
Ejemplo:
– Veo, veo... una palabra que empieza por A y significa líquido dorado que se obtiene de la aceituna.
– Aceite.
– Eso es, correcto.

El título

1. Explica con otras palabras el título.
2. Inventa otro título.
3. ¿Cuál sería el subtítulo del texto?

PRÁCTICA • TEXTO

Localiza en el texto...

1. Párrafo 1: Los miembros que forman la empresa.
2. Párrafo2: Cómo es el producto.

Comprensión del texto

1. ¿Qué tipo de producto quiere elaborar esta empresa?
2. ¿Dónde está situada la empresa?
3. ¿Qué es lo que hace diferente este aceite de otros?

Con mucho oficio

Por parejas: Acabas de llegar de un viaje a Andalucía y le traes un botellín de aceite de oliva virgen extra a un compañero. Explícale cuáles son los beneficios de este producto para la salud y para qué usarlo. ¿Para guisar, freír, aliñar?
Defiende tu postura
Comenta la frase: "Del árbol a la botella en dos horas... ¿puede encontrarse un producto más fresco?"

Método

Le compte-rendu

1. Divide el texto en partes y subraya las frases más significativas.
2. Resume lo esencial de cada parte en una, dos o tres frases. Cuidado con la paráfrasis.
3. Redacta una introducción.
4. Elabora una conclusión que contenga los puntos tratados. (Véase *Herramientas* n°2)

Expresión escrita

1. Tienes una empresa de aceites. Escribe un pequeño email al Ministerio de Medio Ambiente para saber cuáles son los trámites para participar a los premios de alimentos ecológicos.
2. Escribe un texto a favor de los productos ecológicos en el que contarás tu experiencia.

Expresión oral

1. Comenta: "Queremos que nuestros hijos sigan disfrutando del legado natural que tenemos. Ser respetuoso con el medioambiente no es sólo una etiqueta, es una filosofía de vida".
2. Trabajas en el Ministerio de Medio Ambiente. Llamas a la empresa alicantina para comunicarle que ha sido premiada con el premio a mejor alimento ecológico del año, y será recompensada con 100.000 euros.

Comunicación oral

CD n°4 Pista n°13

Escucha y responde

1. Escucha el texto *Premios de medio ambiente al Oro Puro*.
2. Haz un resumen en francés.
3. Responde en español.
a) ¿Qué es el oro puro?
b) ¿De qué premio hablan? ¿Quién lo otorga?
c) ¿Cuáles son los beneficios del aceite de oliva?
d) ¿Qué país está a la cabeza en producción?

Analiza y opina

1. ¿Qué hablar refleja este cartel?
2. Transcríbelo al castellano.

1 • Buenas formas

a. Señala cómo se marca la obligación en tu lengua. ¿Conoces alguna forma en español?
b. ¿Conoces otras formas de indicar obligación en español?
c. ¿Puedes explicar por qué "Ser necesario que" va seguido de subjuntivo?

2 • Dilo de otra forma

a. Decidimos elaborar nuestro propio AOVE (Aceite de oliva virgen extra) para poder ofrecer un producto de alto nivel.
b. Tuvimos claro que reuniríamos un equipo que amara el producto.
c. Es divertido, pero... ya cansa.

3 • Emplea la forma correcta con perspectiva de pasado

_______ (tener) que hacer todo lo necesario hasta llegar a la elaboración de un aceite así. Pero, ¿qué pasos siguieron? __________ (ser necesario), en primer lugar, que__________ (poder) reunir un equipo que amara el producto. En segundo lugar, __________ (hacer falta) que _____________ (establecer) un equilibrio entre la calidad y los costes de producción. Por otra parte, gracias al compromiso familiar con el medio ambiente __________ (haber) que pedir un certificado de calidad a la Unión Europea con el fin de garantizar la calidad del proceso. Al tratarse de aceites más sanos que los no ecológicos, ___________ (estar obligados) al cultivo de aceitunas sanas y en su justa maduración, ___________ (hacer falta) que ___________ (respetar) los ciclos naturales.

4 • Traduce

a. El compromiso de Juan y su familia con el medio ambiente, y de todo el equipo que formamos en la Alquería, ha hecho que todo lo que realicemos en el olivar respire ese respeto por el medio agronómico que nos rodea, por ello todos los productos que utilizamos tienen certificación para uso en el cultivo ecológico del olivo, son productos de origen orgánico, certificados por la Unión Europea.
b. Nuestro aceite de oliva virgen extra, en reconversión a la agricultura ecológica, se produce en nuestros campos únicamente con aceitunas sanas y en su justa maduración. Las aceitunas se molturan inmediatamente para evitar su fermentación y oxidación de tal manera que en dos horas terminamos el proceso.

PRÁCTICA • TEXTO

Las formas de la lengua

Expresar la obligación

Se usa para expresar obligación o necesidad:

- **Tener que + infinitivo (o deber + infinitivo)**
  Tienen que *gastar más de un tercio de su sueldo en alquiler.*
- **Hay que + infinitivo**
  Hay que *tener en cuenta que no es un fenómeno exclusivo de España.*
- **Ser necesario que + subjuntivo**
  Es necesario que *vayas urgentemente a ver al director.*
- **Hacer falta**
  Haría falta *una buena inyección de dinero en el sistema financiero.*

ANTES DE ESCUCHAR

¿Existe una relación entre la ecología e internet?

Al oral...

CD n°4
Pista n°14

La ecología e Internet abren nuevas oportunidades de negocio en el sector del lujo

Revista *Emprendedores*, septiembre 2012.

Las palabras no están solas

1. Cada oveja con su pareja.

abrir una nueva oportunidad •	• ser fomentado
ser impulsado por •	• tener una nueva ocasión

2. Dilo de otra forma.

un socio – una previsión – aumentar – la comunicación

El título

Explica el título. ¿En qué contexto se dice?

Di de qué trata el audio

Escucha de nuevo y escribe las respuestas.

1. ¿Cómo está el sector del lujo en España?
2. ¿Internet puede ser un aliado para este tipo de negocio?
3. ¿Cómo es el nuevo consumidor?
4. ¿Qué es el ecolujo?

Di de qué trata el audio

1. ¿Quién es la persona entrevistada?
2. ¿En qué sector trabaja?

Defiende tu postura

Lee esta frase: "El valor añadido de unir ecología y lujo es hacer creer a las personas adineradas que adquieren los productos que están comprometidas social y ecológicamente. Pero sólo es una estrategia comercial, no corresponde a la realidad." ¿Estás de acuerdo con esta postura?

Método

Le compte-rendu

1. Divide el audio en partes y subraya las frases más significativas.
2. Resume lo esencial de cada parte en una, dos o tres frases. Cuidado con la paráfrasis.
3. Redacta una introducción.
4. Elabora una conclusión que contenga los puntos tratados. (Véase *Herramientas* n°2)

Expresión escrita

1. Escribe un texto que tenga como título "La ecología e Internet abren nuevas oportunidades de lujo". Cita algunos ejemplos que conozcas.
2. Escribe un pequeño texto que tenga que ver con la venta de productos de lujo en tu país.

Expresión oral

1. ¿De qué habla el libro *Los secretos del lujo* de María Eugenia Girón? Después de haber escuchado la entrevista, imagina de que habla. ¿Qué te sugiere este título?
2. ¿Conoces alguna forma de ecolujo?

En Internet

- Por parejas: (A) expone el compromiso social de Babydeli y (B) le hace preguntas sobre su verdadero compromiso.
- Visitad el sitio www.babydeli.com

ANTES DE VER

¿Cómo será la biodiversidad del planeta en 2100?

A la vista está...

Consecuencias negativas del cambio climático en América Latina

▸ https://www.youtube.com/watch?v=q-IVahPOAx8

Las palabras no están solas

1. Cada oveja con su pareja.

afectar algo a alguien •	• ser una obligación
ser un deber •	• una propiedad de todos
un bien de libre acceso •	• atañer alguna cosa a personas

2. Dilo de otra forma.
una infraestructura – el calentamiento – degradada – eventos – vulnerable

El título

Explica el título. ¿En qué contexto se dice?

Di de qué trata el vídeo

Visiona de nuevo y escribe las respuestas.
1. ¿Qué pretende denunciar el vídeo?
2. ¿A qué zonas afecta el calentamiento climático?

Comprensión del vídeo

1. ¿Qué prevén para el año 2100?
2. ¿Qué zonas pueden desaparecer?
3. ¿Dónde está situada la mayor zona de biodiversidad?

Defiende tu postura

Da tu opinión: "Este reportaje es exagerado y el calentamiento global no se ha probado todavía."

Con mucho oficio

Por parejas: Elaborad un cartel para hacer una exposición sobre los peligros del cambio climático. Exponedlo a clase y argumentad vuestro punto de vista.

Método

Le compte-rendu

1. Divide el vídeo en partes.
2. Resume lo esencial de cada parte en una, dos o tres frases. Cuidado con la paráfrasis.
3. Redacta una introducción.
4. Elabora una conclusión que contenga los puntos tratados. (Véase *Herramientas* n°2)

Expresión escrita

1. ¿Cómo se puede proteger la biodiversidad de zonas ricas como el Amazonas?
2. Te has percatado que en tu ciudad no se hace la selección de la basura correctamente. Escribe al ayuntamiento señalando las irregularidades. (Véase *Herramientas* n°5)

Expresión oral

1. Haced propuestas para luchar contra las emisiones de CO2 a la atmósfera.
2. ¿Qué medidas se toman en tu ciudad contra el cambio climático?

ANTICIPA

¿La vinoterapia es una moda?

Paradores introduce la vinoterapia en sus productos

La red de Paradores de Turismo ha estrenado una nueva línea de "amenities" (los pequeños artículos de aseo personal que se colocan en los cuartos de baño de los hoteles), elaborados siguiendo las técnicas de la vinoterapia. Es una nueva línea mucho más ecológica, moderna y natural que se incorporará a los establecimientos de cuatro y cinco estrellas. Se trata de una línea cosmética que aprovecha los principios activos de la uva y asegura una acción diaria revitalizante y regenerante gracias a las propiedades beneficiosas de elementos como los polifenoles, que protegen la piel y evitan la pérdida de elasticidad y el envejecimiento temprano de la misma.

Además de cuidadosos con la piel, los nuevos productos también son ecológicos y contribuyen a preservar el medio ambiente. Así lo demuestra el prestigioso sello Ecolabel (ESCAT/030/002) otorgado a los mismos por garantizar un alto nivel medioambiental, según los criterios unificados de todos los estados miembros de la Unión Europea. El Ecolabel es un distintivo que permite promover productos o servicios que reducen los efectos medioambientales adversos en comparación con otros productos o servicios más contaminantes de su misma categoría. En definitiva, que contribuyan a un uso eficaz de los recursos naturales y a un elevado nivel de protección del medio ambiente.

El sello no sólo ha sido conseguido por mejorar el interior de los nuevos amenities, sino también el exterior. Los envases son asimismo ecológicos, fabricados con un alto porcentaje de plástico reciclado; los estuches de cartón proceden de bosques talados racionalmente y los envoltorios son en su mayoría de papel, en lugar de plástico. Además, todos ellos son oxobiodegradables y se deterioran por sí mismos sin dejar apenas residuos en un tiempo menor que el resto.

La vinoterapia, un término que hace referencia a la fusión de las terapias alternativas y los beneficios terapéuticos del vino, nació hace escasos años en Francia, en la región de Burdeos donde se concentran algunas de las bodegas y viñedos más antiguos de Europa, aprovechando el creciente interés demostrado por los consumidores hacia la cultura del vino, y consiguiendo extender los beneficios y el placer gastronómico aportado por este producto hasta técnicas de terapias para la salud.

Adaptado de *ABC*, agosto 2011.

Las palabras no están solas

1. Busca sinónimos.
colocar – una línea – moderna – beneficioso

2. Encuentra antónimos limitar
natural – proteger – evitar – promover

3. Dilo en español.
le réseau – nouvelle – l'environnement – riche

4. Cada oveja con su pareja.

hace escasos años •	• no hace mucho tiempo
hace referencia a •	• ser imprescindible
ser necesario •	• tiene relación con

5. Veo, veo una palabra que empieza por... y significa...
Ejemplo:
– Veo, veo... una palabra que empieza por B y significa ser bueno para algo.
– Beneficioso.
– Eso es, correcto.

El título

1. Explica con otras palabras el título.
2. Inventa otro título.
3. ¿Cuál sería el subtítulo del texto?

Localiza en el texto...

1. Párrafo1: Cómo es la nueva línea de productos de Paradores.
2. Párrafo 2: Qué es lo que certifica que sean productos ecológicos.

Comprensión del texto

1. ¿Qué es la vinoterapia?
2. ¿Dónde nació?

Con mucho oficio

Acabas de hacer un viaje a España, te has traído de recuerdo unos productos ecológicos de Paradores. Cuéntale a tu compañero los beneficiosos que son para ti y para el medio ambiente.

Defiende tu postura

Da tu opinión sobre la utilidad del Ecolabel apóyandote en esta frase: "Así lo demuestra el prestigioso sello Ecolabel (ESCAT/030/002) otorgado a los mismos por garantizar un alto nivel medioambiental según los criterios unificados de todos los estados miembros de la Unión Europea". (l.17-22)

Método

Le compte-rendu

1. Divide el texto en partes y subraya las frases más significativas.
2. Resume lo esencial de cada parte en una, dos o tres frases. Cuidado con la paráfrasis.
3. Redacta una introducción.
4. Elabora una conclusión que contenga los puntos tratados. (Véase *Herramientas* n°2)

Expresión escrita

1. Eres un turista que va a visitar España dentro de poco. Escribe un email a algunos hoteles para saber en qué medida están ellos comprometidos con el medio ambiente.
2. Escribe 10 consejos fundamentales para cuidar el medio ambiente cuando uno se va al hotel o está en casa.

Expresión oral

1. Tu amiga no es nada ecológica, suele llenar la bañera todos los días para bañarse. Convéncela de que lo que hace es perjudicable para el medio ambiente.
2. Habla a tu compañero de lo fundamental que es la vinoterapia para cuidarse.

Comunicación oral

CD n°4 Pista n°15

Escucha y responde

1. Escucha el texto *El sello Ecolabel*.
2. Haz un resumen en francés.
3. Responde en español.

a) ¿Qué es el Ecolabel?
b) ¿En qué países se utiliza?
c) ¿Cuál es su logotipo o dibujo?
d) ¿En España encontramos hoy en día productos con estas características?

Analiza y opina

Presenta estos logotipos.

EU Ecolabel
www.ecolabel.eu

GREEN SEAL CERTIFIED

1 • Buenas formas

a. ¿Cuáles son las formas para indicar una oposición en una frase?
b. Busca en el texto una frase que contenga "no sólo... sino".

2 • Dilo de otra forma

a. Es una nueva línea mucho más ecológica, moderna y natural que se incorporará a los establecimientos de cuatro y cinco estrellas.
b. Además de cuidadosos con la piel, los nuevos productos también son ecológicos y contribuyen a preservar el medio ambiente.
c. El Ecolabel es un distintivo que permite promover productos o servicios que reducen los efectos medioambientales adversos en comparación con otros productos o servicios más contaminantes de su misma categoría.

3 • Emplea la forma correcta: pero, sino, ni

El sello no sólo es una garantía de calidad _______ que cara a los clientes es una prueba de confianza. ______ los más cercanos competidores de Paradores ______ los más lejanos han conseguido crear una imagen de marca tan sólida como lo han hecho con los "amenities". Además, la gama de productos ofrece una serie para los cuidados de la piel, productos ______ perjudiciales para el cuerpo ______ para el medio ambiente. Así, lo constata el sello Ecolabel otorgado por la Unión Europea. ________ lo más sorprendente de todo ha sido la acogida por parte de los clientes de los hoteles. No ha sido sólo un acierto ______ un éxito sin precedentes.

4 • Traduce

a. El sello no sólo ha sido conseguido por mejorar el interior de los nuevos "amenities", sino también el exterior. Los envases son así mismo ecológicos, fabricados con un alto porcentaje de plástico reciclado; los estuches de cartón proceden de bosques talados racionalmente y los envoltorios son en su mayoría de papel, en lugar de plástico. Además, todos ellos son oxobiodegradables y se deterioran por sí mismos sin dejar apenas residuos en un tiempo menor que el resto.
b. La vinoterapia, un término que hace referencia a la fusión de las terapias alternativas y los beneficios terapéuticos del vino, nació hace escasos años en Francia, en la región de Burdeos donde se concentran algunas de las bodegas y viñedos más antiguos de Europa, aprovechando el creciente interés demostrado por los consumidores hacia la cultura del vino, y consiguiendo extender los beneficios y el placer gastronómico aportado por este producto hasta técnicas de terapias para la salud.

Las formas de la lengua

Relacionar frases con: pero, sino, ni

- **Con "pero" se añade una idea que contrasta con la anterior, esta idea anterior puede ser negativa o no:**
La vinoterapia es beneficiosa para la salud, ***pero*** *no cura enfermedades graves.*
La vinoterapia no es el remedio milagro, ***pero*** *aporta beneficios al organismo.*
- **Con "sino" se corrige la negación de una idea y se sustituye por otra:**
La vinoterapia no es perjudicial, ***sino*** *beneficiosa.*
- **Cuando "sino" va seguido de un verbo se usa "sino que":**
La vinoterapia no es perjudicial ***sino que*** *es beneficiosa.*
- **Con "ni" se añade un algo negativo a otra cosa negativa:**
La vinoterapia ***no*** *sirve como sustitutivo de los medicamentos* ***ni*** *como tratamiento médico.*
- **Se pueden unir varios elementos:**
Ni *sirve como medicamento* ***ni*** *como tratamiento médico.*
El sello ***no*** *sólo ha sido conseguido por mejorar el interior de los nuevos "amenities",* ***sino*** *también el exterior.*

Vocabulario

A favor de: en faveur de
Ahorrar energía: économiser de l'énergie
Ayudar: aider
Basura: poubelle
Calentarse: se réchauffer
Caliente: chaud
Calor: chaleur
Cambiar: changer
Cambio: changement
Cambio climático: changement climatique
Capa de ozono: couche d'ozone
Comercio justo: commerce équitable
Comercio mundial: commerce mondial
Compensar: compenser
Compensación: compensation
Comportamiento: comportement
Comportarse: se comporter
Comprometerse a: s'engager à
Compromiso: obligation
Costumbre: habitude
Desarrollar: développer
Desarrollo: développement
Desperdicio: déchet
Residuos térmicos: déchets thermiques
Residuos tóxicos: déchets toxiques
Destruir: détruire
Dinero: argent
Deteriorar: abîmer
Donación en metálico: don en espèces
Donativo: don
Ecológico: écologique
Efecto invernadero: effet de serre
Eficaz: efficace
Embalaje: emballage
Energía solar: énergie solaire
Enriquecerse: s'enrichir
Enterrar: enterrer
Envasar: emballer
Envase: emballage
Estar interesado en: être intéréssé par
Excedente de población: surpopulation
Fábrica: usine
Fabricar: fabriquer
Faltar: manquer
Frío: froid
Imprimir: imprimer
Incremento: accroissement
Invernadero: serre
Lluvia: pluie
Media: moyenne
Necesario: nécessaire
Nivel de vida: niveau de vie
Nivel de mar: niveau de la mer
Obligatorio: obligatoire
Paneles solares: panneaux solaires
Peligro: danger
Peligroso: dangereux
Perjudicar: endommager
Pobre: pauvre
Pobreza: pauvreté
Producto químico: produit chimique
Producto peligroso: produit dangereux
Prohibición: interdiction
Prohibir: interdire
Reciclaje: recyclage
Reciclar: recycler
Reconversión: recyclage
Realzar: mettre en valeur
Refinería: raffinerie
Regalar: faire don de
Reloj de sol: cadran solaire
Renovación: renouvellement
Renovable: renouvelable
Renovar: renouveler
Responsabilidad de la empresa: responsabilité de l'entreprise
Rico: riche
Salario: salaire
Sin compromiso por su parte: sans engagement de votre part
Sistema solar: système solaire
Sobras: restes
Sol: soleil
Superpoblación: surpopulation
Tiempo: temps

11 | Desarrollo sostenible

En general Desarrollo sostenible

Desarrollo sostenible es aquel desarrollo que permite satisfacer las necesidades de las generaciones presentes sin que por ello se vean comprometidas las capacidades de las generaciones futuras para satisfacer sus necesidades.

El del Desarrollo Sostenible es un concepto relativamente nuevo que se aplica fundamentalmente al desarrollo socio-económico y fue formalizado y usado por primera vez en un documento popularizado como Informe Brundtland, uno de los tantos frutos del trabajo que lleva a cabo la Comisión Mundial de Medio Ambiente y Desarrollo de las Naciones Unidas (ONU).

En tanto, el Desarrollo sostenible no implicará únicamente la preservación en materia de Medio Ambiente, sino que también el aspecto social y el económico irán de la mano del primero.

En una primera instancia, el Desarrollo sostenible propone que antes que nada las necesidades básicas de una población, como ropa, vivienda y trabajo, deberán ser satisfechas, porque si por el contrario, lo que prima en una sociedad es la pobreza, irremediablemente esa comunidad estará destinada a sufrir algún tipo de catástrofe, inclusive ecológica. En tanto, la organización de una sociedad y la evolución que en materia tecnológica pueda lograr serán fundamentales para que el medio ambiente, a medida que sufre la acción de la actividad del hombre, pueda ir recuperándose de ésta y así los daños y efectos sean menores.

Entonces, el objetivo primordial del Desarrollo sostenible será el de definir, por un lado, proyectos viables y, por el otro, reconciliar los aspectos económicos, sociales y ambientales de las actividades humanas.

En tanto, existen tres reglas que deberán ser observadas y que constituyen las condiciones del desarrollo sostenible: ningún recurso renovable deberá ser usado a un ritmo superior al de su generación, ningún contaminante deberá producirse a un ritmo mayor al que pueda ser reciclado, neutralizado o en su defecto absorbido por el medio ambiente y ningún recurso no renovable deberá ser aprovechado a una mayor velocidad de la necesaria para sustituirlo por un recurso renovable utilizado de manera sostenible.

www.definicionabc.com

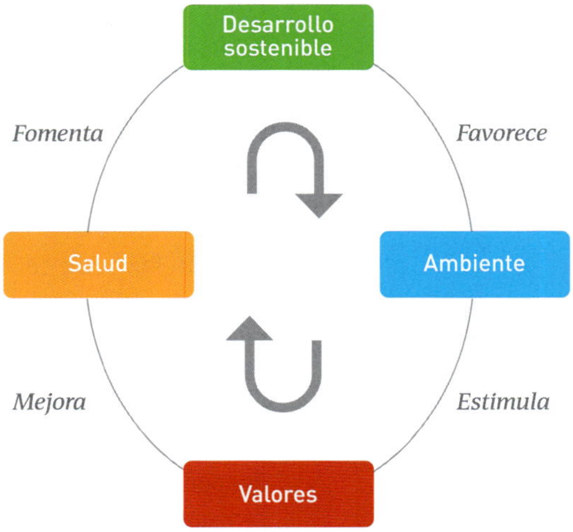

Preguntas

- ¿En qué informe apareció por primera vez la palabra desarrollo sostenible?
- Define con tus propias palabras "sostenibilidad".
- ¿Cuál es el objetivo primordial del desarrollo sostenible?
- ¿Qué dos aspectos irán cogidos de la mano?

De cerca Ser sostenible tiene recompensa en Repsol

En Repsol, la responsabilidad corporativa es una máquina de cambiar empresas. Los esfuerzos están dando frutos y la petrolera lidera los índices de sostenibilidad más prestigiosos.

A mediados de noviembre, un reducido grupo de personas visitó el bloque 16, un campo de producción petrolífera que Repsol opera en plena reserva étnica waorani en el Parque Nacional Yasuní en Ecuador. A priori, puede parecer un viaje más de los muchos que organiza la petrolera española a algunos de sus pozos si no fuera porque los integrantes de esta expedición no son personal habitual de la compañía ni están relacionados con el negocio de la producción de crudo. Representantes de un sindicato y de varias ONG y un profesor de universidad, entre otros, formaban parte de este peculiar grupo que, en representación de la sociedad civil, comprobó de primera mano el trabajo que la compañía realiza en esta zona de la Amazonia. No sólo el petrolífero, sino también las distintas acciones del Plan de acción a la biodiversidad que la compañía desarrolla en un área declarada Reserva Mundial de la Biosfera por la Unesco. Esta visita es una de las 256 para ser exactos, todas con nombre y apellido que Repsol realiza dentro de su estrategia por el desarrollo sostenible, desde instaurar una evaluación de impactos para todos los proyectos y mejorar el porcentaje de mujeres que trabajan en la compañía, también en la dirección, hasta reducir el consumo energético y las emisiones de CO_2, pasando por la mejora de la seguridad del trabajo.

"La sostenibilidad es un objetivo irrenunciable", en palabras de Antonio Brufau, presiente de la petrolera. Repsol es hoy la empresa de petróleo y gas, más sostenible del mundo, de acuerdo con el índice de sostenibilidad de Dow Jones: el DJSL. Y el examen es duro: sólo el 10% de las 2.500 empresas cotizadas del índice global forman parte del DJSL. Repsol ha obtenido la máxima puntuación, y de las 18 competidoras analizadas del Viejo continente, solo un selecto club de cinco, entre ellas Repsol, entra en el DJSI Europa. Lo cierto es que la sostenibilidad es, cada vez más, un valor al alza entre la comunidad de inversores.

"Existe una positiva relación entre la sostenibilidad y el rendimiento económico medido como rentabilidad de la acción". Entendiendo por sostenibilidad la capacidad de una compañía de prosperar anticipándose y gestionando los futuros riesgos económicos, medioambientales y sociales a través de la calidad la innovación y la productividad". Para hacer posible esta transformación, además de un comité corporativo, se han constituido cuatro más nacionales, en España, Bolivia, Ecuador y Perú, y Repsol trabaja en otro a nivel operativo, para los grandes centros de trabajo, para trasladar este mensaje hasta el último rincón de la casa.

Los analistas valoran la efectiva gestión de Repsol del impacto en el cambio climático a través de su estrategia de Carbono. No en vano la compañía es también la primera energética en el Carbon Disclosure Project, la iniciativa mundial más importante de las compañías FTSE global 500.

Adaptado de *Capital*, diciembre 2012.

Preguntas

- ¿Dónde se sitúa el campo de producción petrolífera evocado en el artículo?
- ¿Quiénes se trasladaron al campo de producción petrolífera? ¿Con qué meta?
- ¿Cómo se ve en el texto que Repsol cuida el medio ambiente?
- ¿Quién es hoy la empresa de petróleo más sostenible?

BTS Industriel

1 Évaluation de la compréhension de l'oral

Vas a escuchar tres veces el documento con una pausa de dos minutos. CD n°4 Pista n°16

El ahorro energético en franquicia, con Protecsol

Adaptado de *Emprender, Franquicias y Negocios*, julio 2012.

Compte-rendu en français

Après avoir écouté attentivement l'article, vous en dégagerez les idées essentielles. Entraînez-vous à l'oral et à l'écrit.

Pour aller plus loin

a) ¿En qué año se creó Protecsol como franquicia?
b) ¿Qué proponen a los clientes?
c) ¿Cómo se prevé el año 2012?
d) ¿Te parece un sector con futuro? Razónalo con lo que sepas de eficiencia energética.

2 Évaluation de la production orale en continu et en interaction

Lo nano revoluciona nuestras vidas

Vestidos que controlan la temperatura, cerámicas que se arreglan solas, pintura que produce electricidad y libros electrónicos que se doblan y guardan en el bolsillo. Las empresas españolas se ponen en el mundo por montera de la mano de la nanotecnología.

Materiales auto-limpiables que se regeneran solos, tejidos que controlan y regulan la temperatura corporal, antigrafitis inteligentes y un largo número de inventos que parecen inverosímiles están inundando el mercado el mercado español. No se trata de productos de ciencia ficción ni de desarrollos importados allende nuestras fronteras. Todos estos productos llevan el sello "made in Spain", gracias a que nuestras empresas están aplicando en su proceso de fabricación algo tan revolucionario como la nanotecnología. Una ciencia que permite el control y tratamiento de la materia a escala nanométrica o lo que es lo mismo, una milmillonésima de metro, lo que hace posible manipular el comportamiento a nivel atómico y molecular. ¡Sorprendente pero muy real!

Adaptado de *Capital*, noviembre 2012.

¿PARA QUÉ SIRVE?

Principales usos de la nanotecnología:

- Electrónica y electrotecnia (ej: libros de bolsillo que se doblan).
- Almacenamiento, producción y conversión de energía.
- Depuración de aguas y aire contaminados.
- Fabricación de medicamentos y cosméticos.
- Tratamiento y conservación de alimentos.

- Construcción (ej: nuevos materiales y recubrimientos fotocatalíticos)
- Industria automovilística, cosmonáutica (ej: blindaje de aviones).
- Aislamientos térmicos y acústicos.

Présentation structurée en espagnol

Après avoir lu et étudié attentivement les documents, faites une présentation (de 3 à 4 minutes) mettant en évidence les points importants et les détails pertinents.

Pour aller plus loin

a) ¿Qué es la nanotecnología?
b) ¿Para qué sirve?
c) ¿En qué puede ayudar a tener un planeta más limpio?
d) ¿En qué crees que cambiará nuestra vida esta revolución?

BTS Tertiaires

1 Évaluation de la compréhension écrite

ISOCO, transformando ideas en soluciones

El papel cambiante que lleva jugando la tecnología en el ámbito empresarial desde hace unas décadas provoca que cada vez más compañías sientan necesidad de transformar sus estrategias comerciales para ser más eficientes y en esa transformación es donde juega su papel ISOCO.

La actual situación económica y empresarial requiere de un profundo análisis en el sistema productivo de las diferentes empresas para que la generación del valor añadido no se quede en un simple concepto, sino que esos cambios se lleven a cabo con el fin de mejorar. ISOCO tiene un claro objetivo: mejorar la eficiencia de sus clientes. Con más de una década de experiencia en el ámbito de la tecnología semántica y la inteligencia artificial, la empresa, fundada en 1999 por cinco investigadores del CSIC[1], se ha consolidado como un referente en el desarrollo de nuevos productos tecnológicos orientados a contribuir a la reducción de costes y la eficiencia de las empresas, en un nuevo contexto de economía de Red en el que el rápido acceso a la información estratégica puede condicionar las oportunidades de negocio. Fuertemente vinculada a la investigación desde sus orígenes, en ISOCO han articulado una importante red de transferencia de conocimiento tecnológico desde su centro I+D, que colabora con proyectos en el ámbito europeo que aspiran a cambiar el paradigma de la Web actual para transformarla en un espacio inteligente capaz de interpretar el lenguaje humano. Su tecnología comparte un único objetivo: facilitar el acceso inteligente al gran volumen de datos disponibles en la Red para convertirlos en conocimiento útil para las empresas en su relación con clientes proveedores y Partners. Para ello, cuentan con un potente buscador somático: Semantik, un motor de servicio web que dota de inteligencia a sus soluciones tecnológicas que permite analizar, entender, recomendar información de interés para el cliente. Con una consolidada experiencia en el mercado español y una participación muy activa en proyectos de investigación en Europa, la compañía ha decidido dar un paso adelante para afianzar su crecimiento constante y ha apostado por la salida al exterior. Se trata de una nueva etapa caracterizada por la apertura al mercado internacional mediante el establecimiento de Joint ventures. El crecimiento constante de su cartera de clientes, entre los que se encuentran grandes compañías líderes y administraciones públicas, son una prueba más de la evolución del mercado y de las necesidad de las organizaciones de disponer de herramientas eficaces para adquirir y gestionar conocimiento. Así pues, se pueden distinguir algunos de esos clientes de forma clara.

Adaptado de la revista *Dirigentes*, julio-agosto 2012.

1. Consejo Superior de Investigación Científica.

Compte-rendu en français

Après avoir présenté la société ISOCO, vous préciserez quels sont ses atouts (200 mots, +/− 10 %).

Expression écrite

Répondez en espagnol à l'une des questions suivantes (300 mots +/− 10 %) :
– ¿Qué es el valor añadido en una empresa, producto o servicio? Da ejemplos.
– ISOCO quiere mejorar las eficiencias de sus clientes. ¿Qué puede significar? ¿Sabes la diferencia entre eficacia y eficiencia?
– ¿Crees que un día las máquinas podrán procesar completamente el lenguaje humano y pensar como ellos?
– ¿Esas nuevas herramientas pueden ayudar al ser humano a ser más humano y concienciarlo de que debe ser respetuoso con la naturaleza?

Lettre commerciale

À partir des élèments indiqués ci-dessous, vous rédigerez une lettre commerciale en espagnol, en respectant les normes de présentation. Vous travaillez pour l'entreprise ISOCO, vous êtes chargé de faire connaître aux entreprises le nouveau système de reconnaissance vocale :
– vous vous présentez ainsi que l'entreprise pour laquelle vous travaillez ;
– vous précisez que ce nouveau système est une manière de simplifier la communication ;
– vous insistez bien sur son utilité pour les personnes mal voyantes, par exemple ;
– vous sollicitez un rendez-vous pour présenter votre produit au responsable ;
– vous prenez congé en utilisant les formes de politesse usuelles.

2 Évaluation de la compréhension de l'oral

Vas a escuchar dos veces el documento con una pausa de dos minutos. CD n°4 Pista n°17

La diversidad estratégica de ISOCO

Adaptado de la revista *Dirigentes*, julio-agosto 2012.

Compte-rendu en espagnol

Après avoir écouté attentivement l'article, vous en dégagerez les idées essentielles.

Entretien

1. Questions sur l'audio.
a) ¿En qué consiste una de las principales áreas de negocio de ISOCO?
b) ¿Qué es "tramitar online"? Da ejemplos.
c) ¿Ofrecen también soluciones para la banca?

2. Questions générales.
a) ¿Te parece que las plataformas de trámites en la administración ahorran tiempo y dinero? Argumenta tu respuesta.
b) Enumera las operaciones que se pueden hacer en una banca online.
c) ¿Te parece que alguna de estas herramientas tiene una relación con la protección del medio ambiente?

En CCF ou épreuve ponctuelle

1 Évaluation de la compréhension de l'oral (AG U22)

Vas a escuchar dos veces el documento con una pausa de dos minutos. CD n°4 Pista n°18

En bici mejor

Adaptado de *Emprendedores*, septiembre 2012.

Restituye **en español** a continuación todo lo que comprendas. (Véase *Herramientas* n°3)

2 Communication professionnelle en français et en langue étrangère (AM E4)

Recueillir des consignes de travail du manager

a) Descarga la ficha del site compagnon de tu manual www.nathan.fr/textos-y-metodos y complétala con la siguiente situación.

b) La empresa donde trabajas quiere hacer un gesto por le medio ambiente y, al mismo tiempo, reducir la factura energética y el impacto sobre la naturaleza.

c) Tu manager te presenta el plan de ahorro que consiste en:

- la instalación de pegatinas al lado de los interruptores recordando que se debe apagar la luz en los despachos donde no se está;
- pegatinas en los wc para recordar ahorrar agua;
- carteles en los despachos que recuerdan la obligación de apagar material informático durante las ausencias y de no imprimir si no es estrictamente necesario.

d) Con toda esta información, redactas un email dirigido a todos los empleados.

3 Négociation vente en langue étrangère (NRC/CI U52)

a) Descarga la ficha del site compagnon de tu manual www.nathan.fr/textos-y-metodos y complétala con el siguiente contexto.

b) Vas a realizar una venta bajo estas condiciones. El alumno (A) es el comercial de la empresa de energías renovables Geomad y el (B) simula ser el propietario de un terreno sobre el que quiere construir una casa.

c) Contexto comercial: La empresa, Geomad, ha sido contactada por el propietario para que le informe de cómo convertir su nueva casa en autosuficiente energéticamente.

d) Contexto de la negociación: El comercial recibe en las oficinas de la empresa al propietario para informarle de las instalaciones en energía solar y geotermia.

e) Oferta de la empresa: Geomad puede convertir gracias a la geotermia y la energía solar a la casa en autosuficiente y además vender el excedente a la compañía eléctrica.

f) Herramientas de ayuda a la venta utilizadas: Folletos, ejemplos reales de facturas, la página web de la empresa www.geomad.es

1. Compréhension de texte

La compréhension de texte requiert une certaine méthodologie et surtout de l'entraînement.
Nous vous proposons ici les étapes à suivre pour comprendre, restituer et interpréter de manière adéquate un texte.
Attention : toutes les étapes sont à prendre en compte. Elles sont toutes importantes.

1. Lecture du document

Pour bien comprendre un texte, il faut le lire au minimum deux fois. Une première lecture vous permettra d'avoir une approche générale, la deuxième aura pour but de cibler les points essentiels de la narration.
Remarque : certains élèves ont tendance à sauter cette étape ou bien à la bâcler. Le résultat dans la plupart des cas est un contresens qui faussera toute votre analyse.

Conseils pratiques :

- Lisez le texte autant de fois qu'il sera nécessaire.
- Ne vous concentrez pas sur les mots que vous ne comprenez pas, cherchez plutôt à identifier les mots clés de l'extrait ainsi que l'articulation logique des idées.
- Cherchez les mots difficiles dans le dictionnaire mais attention, pensez que certains mots peuvent avoir différentes significations et seul le contexte va vous permettre de les comprendre.

2. Observer le paratexte

Le texte est toujours accompagné d'un paratexte (titre, auteur, date voire sous-titre) qui peut vous aider à sa compréhension. C'est pourquoi, après la lecture, il est important de faire un repérage rapide de certains éléments qui ne sont pas dans le texte, mais qui l'accompagnent et l'éclairent et qui vous seront d'une grande utilité. Commencez par souligner d'une même couleur tous les éléments suivants :

a. Le titre/*el título*
Le titre est très important, son analyse est précieuse. Il exprime l'idée principale du texte et révèle très souvent l'intention de l'auteur. Dans certains cas il peut même résumer tout ce qui est dit dans l'article. Si nous prenons par exemple l'article « Bimba & Lola es la firma de más rápido crecimiento en España », il résume tout à fait ce qui est dit dans le texte. En ce qui concerne les articles de presse, les titres doivent être choisis minutieusement par le journaliste car ils constituent indéniablement une accroche qui fera que l'article sera lu ou non. Il faut qu'un titre attire l'attention, qu'il donne envie de continuer à lire. Les auteurs espagnols aiment beaucoup faire des jeux de mots qui ont un rapport direct avec un élément culturel. C'est pourquoi il est très important de s'entraîner à lire des journaux en espagnol.

b. Le sous-titre/*el subtítulo*
Lorsque le titre n'est pas explicite le sous-titre peut éclairer le sens du texte. Il résume en quelque sorte le titre. Il est normalement en italique et précède le texte mais tous les extraits ne comportent pas de sous-titre.

c. L'auteur/*el autor*
La connaissance de l'auteur peut vous orienter dans la lecture quand il s'agit d'un auteur connu.

d. La date/*la fecha*
La date du texte donne des indications sur le contexte. Vous allez être interrogé sur un texte contemporain mais certaines dates faisant référence à des faits historiques ou à portée socio-economique récents peuvent vous orienter.

e. La source/*la fuente*
La source du texte, qu'il s'agisse d'un journal ou d'une revue, peut vous donner des indices sur les orientations politiques défendues par son auteur. Un article du quotidien *El País* et un article du quotidien *El Mundo* n'auront pas les mêmes orientations politiques et sociales. Observez aussi si le document est un extrait d'un journal comme *El Economista*, par exemple, ou d'une revue spécialisée dans le monde de l'entreprise comme *Capital* ou *Emprendedores*.

f. La mise en page/*la maquetación*
Regardez l'illustration qui accompagne le texte, celle-ci peut être de différente nature : une photo, un logo, un dessin humoristique... Repérez le nombre de paragraphes. Numérotez-les, la plupart des textes développe une idée par paragraphe. Écrivez au-dessous ou en marge de chaque paragraphe une idée, une phrase qui résume celui-ci.

3. Analyse du texte

Elle a pour objectif de vérifier si le candidat est capable de comprendre un texte et d'en extraire les idées principales.

a. L'idée principale
Soulignez les idées principales pour les mettre en évidence. Afin de gagner du temps, résumez chaque idée principale soit en lui donnant un titre soit sous forme de phrase. Les idées secondaires sont à éliminer.
Vous pouvez aussi adopter un code couleur afin de regrouper les idées selon leur convergence thématique.

b. Interroger le document
Dans une deuxième phase posez des questions pertinentes au texte pour qu'il vous révèle les

informations qu'il contient. Les questions à se poser sont toujours les mêmes quel que soit le type de texte :
Qui ?/*¿quién ?* Quels sont les personnages ?
Où ?/*¿dónde ?* Où se situe l'action ?
Quel est le lieu (ou les lieux) dont on parle ?
Quand ?/*¿cuándo ?* Quand a lieu l'action ?
Comment ?/*¿cómo ?* Comment cette situation s'est-elle produite ?
Pourquoi ?/*¿por qué ?* Pourquoi s'est-elle produite ? Avec quelles conséquences ?

4. L'analyse du titre

Comme nous l'avons signalé plus haut, le titre est l'un des éléments les plus importants. En ce qui concerne la presse hispanique, les titres contiennent souvent des expressions idiomatiques, très utilisées par les Espagnols mais qui cependant sont très difficiles à comprendre pour les étrangers. Ces expressions ne doivent pas être traduites littéralement mais elles doivent être comprises dans leur ensemble. Si vous ne comprenez pas le titre passez à la lecture du texte, l'idée principale du titre y est reformulée dans le premier paragraphe qui sert souvent d'introduction.
On distingue différents types de titres :

- **Les titres classiques**
Ils ne disent rien sur le contenu de l'article : la lecture du texte nous donne les informations nécessaires pour la compréhension du texte.
Custo Barcelona

- **Les titres parlants**
Ils permettent d'anticiper le contenu de l'article. Les titres parlants sont explicites, ils résument en quelque sorte l'idée principale du texte.
Barcelona pone en marcha un sistema para compartir trabajo

- **Les titres astucieux**
Les titres peuvent comporter des jeux de mots faisant référence à des éléments culturels. Il faut avoir un bagage culturel sur le pays en question pour les comprendre.
Panamá: ¡que grande eres pequeño!

2. Rédiger un résumé/ un compte-rendu

1. Différences entre résumé et compte-rendu

En ce qui concerne l'examen écrit de BTS, vous allez être amené à faire l'un des deux exercices suivants : soit un résumé, soit un compte-rendu.
• Un résumé est une réduction d'un texte dont on garde les éléments les plus importants/significatifs.
• Un compte-rendu est une composition par laquelle on rend compte de ce que l'on peut retenir concernant un sujet donné. Il s'agit en quelque sorte de faire le rapport d'un texte.

2. Méthodologie générale du résumé

Le résumé est une réduction d'un texte qui ne tient compte que de l'essentiel. Cet exercice doit être objectif, vous ne devez en aucun cas transmettre votre point de vue. Votre travail consiste à reduire ce que dit l'auteur. Suivez l'ordre du texte. N'oubliez pas d'idées essentielles. N'ajoutez ni introduction ni conclusion.

3. Méthodologie générale du compte-rendu

Un compte-rendu est une restitution d'un texte original. Vous pouvez ajouter une introduction et une conclusion contrairement à ce que l'on peut faire dans un résumé.

a. Introduction
L'introduction du compte-rendu sert essentiellement à présenter le document dont vous allez rendre compte. Citez auteur, source, année de publication. Puis formulez en une ou deux phrases l'idée générale du texte.

b. Conclusion
Dans la conclusion du compte-rendu, reprenez les idées du développement, et terminez par un petit commentaire personnel, voire un élargissement, en lien avec le sujet traité.

4. Compréhension du texte

Comme nous l'avons dit lors de la fiche 1 « Compréhension de texte », une lecture approfondie est le secret pour bien comprendre un texte.
Étapes à suivre :
– Repérez les mots clés du titre. Si celui-ci n'est pas explicite, c'est le sous-titre qui vous aidera à formuler le thème de l'article.
– Dégagez l'idée principale.
– Soulignez les idées intéressantes du texte, celles qui vous donnent des informations pour le comprendre.
– Numérotez les paragraphes afin de respecter l'ordre de présentation à l'oral. Cherchez un titre pour chacun des paragraphes.

5. Le plan pour le résumé

Réfléchissez à un plan en fonction des idées sélectionnées dans l'article. Basez-vous sur les idées essentielles. L'intérêt de cette méthode est que, une fois le plan rédigé, le résumé s'enchaîne. Rappelez-vous que pour le résumé le plan doit suivre l'ordre chronologique du texte.

6. Le plan pour le compte-rendu

Le plan pour le compte-rendu est beaucoup plus libre que le plan précédent, vous n'êtes pas obligé de suivre l'ordre du texte. Cependant le plan doit être structuré par idées clés.

7. Conseils pour la rédaction

La rédaction se fait en fonction du plan préalablement établi. Elle complète le plan.
En ce qui concerne le résumé, n'oubliez pas qu'il vous est demandé de reformuler les idées du texte en restituant l'essentiel des propos et en respectant le nombre de mots imposé.
La première contrainte est donc la reformulation précise du texte dans un style personnel. Il ne faut pas faire de la paraphrase, c'est-à-dire recopier le texte. Le résumé doit être élaboré par vous-même avec vos propres mots.
La deuxième contrainte est la fidélité au texte. Vous devez respecter l'idée de l'auteur et le ton du texte.
La dernière contrainte est le respect des consignes données. Pour le résumé, le libellé indique le nombre de mots à utiliser et à noter en fin de page. Une marge de 10 % est tolérée. Exemple : un résumé proposé en 150 mots contiendra entre 135 et 165 mots. Il faut éviter d'en faire plus ou moins.
N'oubliez pas d'indiquer le nombre de mots que comprendra votre rédaction (ou composition) à la fin de celle-ci.

8. La langue

Consacrez les cinq dernières minutes à la relecture de votre devoir. Vérifiez les accords, la conjugaison, la syntaxe. La paraphrase est l'une des erreurs les plus fréquentes dans ce type de composition. Le but d'un résumé ou d'un compte-rendu n'est pas de recopier tout bonnement le texte mais de redire/d'exprimer avec vos propres mots ce que vous avez compris. D'autre part, essayez d'utiliser un vocabulaire riche et varié. Faites des fiches de synonymes pour enrichir votre vocabulaire.

Mots de liaisons à connaître
Exprimer la cause : *puesto que, ya que, por* + inf
Exprimer la conséquence : *entonces, por eso, por consiguiente*
Exprimer le but : *para que* + subj, *con el fin de, con el propósito de*
Exprimer une concession : *sin embargo, en cambio, mientras que*
Exprimer une obligation : *tener que, hay que, deber*
Comparer : *igual que, del mismo modo que*
Préciser : *además, asimismo, hay que señalar*

3. Présenter un document à l'oral

1. Présentation de l'épreuve

L'examen se déroule en deux parties. Tout d'abord vous devrez présenter un texte à l'oral, puis vous passerez un entretien avec le jury. La durée de l'examen est de 40 minutes (préparation incluse). Cette épreuve cherche à mettre en valeur des qualités de compréhension et d'expression.

2. Présentation du document

Identifiez tout d'abord le texte : lisez le titre, regardez le nom de l'auteur, la source, la date de publication, tout cela afin de faciliter la mise en contexte.
Lisez le texte attentivement. Pour partir sur de bonnes bases, lisez et relisez-le pour bien le comprendre. Numérotez les paragraphes, et résumez-les en une ou deux phrases.
Posez-vous les questions : Où ? Quand ? Comment ? Pourquoi ? Dans quelle perspective ? Ces questions sont essentielles pour la compréhension. Soulignez de différentes couleurs les éléments que vous ne devez pas oublier de présenter à l'oral. Choisissiez une couleur pour chaque idée. Commencez par situer le texte en le présentant : parlez du titre, de l'auteur, de son année de publication. Ne rédigez pas tout, seulement les idées essentielles. N'écrivez sur votre brouillon que les points essentiels que vous développerez à l'oral. Cet exercice n'est pas un exercice de lecture mais un exercice de présentation. Il ne s'agit en aucun cas d'apprendre par cœur votre synthèse. L'introduction et la conclusion qui sont des éléments clés de votre composition peuvent être rédigées.

3. L'introduction

Comme son nom l'indique une introduction sert à introduire, à présenter. Utilisez les sources du document, origine, date, auteur. Exprimez l'idée générale du texte, reformulez avec vos propres mots le thème du texte. En dernier lieu annoncez clairement le plan. Exemple : *Este documento es un extracto de la revista Capital. Fue escrito por la periodista Amaia Arteta en noviembre de 2012. En él aparece el tema de una empresa que innova con la energía termosolar*. D'autre part, il est intéressant de faire des fiches sur les principaux journaux français ou hispaniques afin de rester en contact avec l'actualité socio-économique. Cela vous sera d'une grande utilité le jour de l'examen.

HERRAMIENTAS

4. Le plan

Pour que votre présentation ait une certaine cohérence, il est indispensable que les parties annoncées dans le plan soient les mêmes parties que celles que l'on trouvera dans le développement.

5. La conclusion et l'ouverture

Concluez en rappelant les idées clés de votre exposé. Ayez recours à des expressions comme : *para concluir, para terminar, a modo de conclusión, para finalizar.* Cette partie est très importante, c'est en élargissant un peu votre exposé que vous pouvez gagner des points. C'est ici que vous allez démontrer que vous avez un certain bagage culturel.
Exemple : pour le texte « Santander: la cultura de la excelencia » vous pouvez élargir en parlant d'une banque espagnole qui a autant de succès que *Santander* ou alors en évoquant les évolutions de la stratégie marketing de ce groupe face à la crise.

6. Quelques conseils pour l'oral

– Soyez clair dans votre argumentation.
– Veillez à l'articulation logique entre vos phrases et idées.
– Parlez avec sûreté.
– N'hésitez pas à reformuler.
– Donnez des exemples.
– Appuyez-vous sur des éléments du texte, au préalable soulignés, pour justifier ou illustrer une idée.
– Prenez votre temps pour énoncer votre exposé.
– Montrez que vous avez compris le texte.
– Votre exposé doit être vivant et dynamique, comme lors de toute intervention orale, il vous revient de maintenir l'attention de votre interlocuteur.

Expressions clés pour l'oral

Introduction
Vamos a presentar un texto/Nous allons présenter un texte
Este artículo de prensa trata de/Cet article traite de
Es un artículo del periódico.../C'est un article du journal...
Fue escrito por/Il a été écrit par
Fue sacado de la prensa digital, de la página web del diario.../Il provient de la presse digitale, de la page web d'un quoditien...
El titular nos informa/Le titre nous informe
Fue publicado por/Il a été publié par
Fue publicado en 2013/Il a été publié en 2013

Développement
El periodista dice/Le journaliste dit
El escritor añade/L'écrivain ajoute
Primero observamos como/Nous observons tout d'abord
Podemos ver que/Nous pouvons voir que
Nos parece importante señalar/Il nous semble intéressant d'ajouter...
Podemos decir/Nous pouvons dire
Luego... A continuación.../Ensuite...

Conclusion
Para concluir/Pour conclure
Para finalizar/Pour terminer
A modo de conclusión/Pour conclure
Los periodistas han querido mostrar/Les journalistes ont voulu démontrer
Para mí... en mi opinión.../Selon moi...
El objetivo del texto es/L'objectif du texte est
Nos parece interesante/Il est intéressant de
Resulta interesante/Il est intéressant de

4. Écrire une lettre commerciale/ un email

Ejemplo de carta comercial

FECHA 15 de Junio de 2013

REMITENTE
Empresa Alza
C/Mayor, 111
02005 Almansa

DESTINATARIO
Empresa CHOOSE
C/verde
28007 Madrid

SALUDO

Estimado Señor:
El pedido que ha hecho el día 15 de junio de 2013 acaba de ser enviado a la dirección que usted nos facilitó. Éste le será entregado, dentro de una semana, el 22 de junio tal y como quedamos. Hemos entregado todo nuestro esfuerzo para la ejecución de este pedido y esperemos que sea de su agrado. Encontrará adjunto la factura correspondiente. Le agradeceríamos que abonara esta factura a los 10 días tras haber recibido el pedido.

DESPEDIDA
Atentamente,

FIRMA
M. MARTÍNEZ SORIA

Ejemplo de email

PARA
Dirección electrónica del destinatario:
amorales@mail.es

ASUNTO
Oferta de empleo

SALUDO
Estimada señora Morales:

Escribo este email como respuesta al anuncio publicado en el sitio mundoanuncio con fecha 25 de abril, en el que se solicita un comercial para la empresa Bimbo. Como puede ver adjunto en el currículo, realicé mis estudios en Francia. He acompañado mi preparación con prácticas en varias empresas, lo que me permitirá contar con una experiencia positiva en mi futuro trabajo y poner en práctica los conocimientos adquiridos hasta ahora.

Quedo a su entera disposición para concertar una entrevista en persona o telefónica, o para cualquier otra duda que pudiera surgir sobre mi currículo.

DESPEDIDA
Atentamente,

FIRMA
Javier Gutiérrez

1. Vocabulaire

La dirección/L'adresse
El destinatario/Le destinataire
La date/La fecha
Saludo/Salutation
La despedida/La formule de politesse
La firma/La signature

2. *Abreviaturas*/abréviations :

C/: *calle*/Rue
PD : *Posdata*/Post-scriptum
Avd : *avenida*/Avenue
CP : *código postal*/Code postal
Pº : *paseo*/Chemin

3. Formules de correspondance

• ***Los saludos*/Les salutations**
Muy señores míos/Messieurs
Muy estimado señor/Cher Monsieur
Querido/Cher

• ***Informar*/Informer**
Me es grato decirle/J'ai le plaisir de
El señor X tiene el placer de/M. X a le plaisir de
Me es muy grato decirle/Je suis très heureux den vous dire
Permanecemos a su disposición/Nous demeurons à votre entière disposition

• ***Acusar recibo*/Accuser réception**
Acusamos recibo de/Nous accusons réception de

• ***Referirse a un contacto precedente*/Se référer à un contact précédent**
En referencia a su carta/Suite à votre lettre
Como dijimos anteriormente/Comme nous en avons déjà discuté
Conforme a lo prometido/Comme promis
Como confirmación de la conversación/Suite à notre conversation téléphonique
Refiriéndonos a su carta/En réponse à votre courrier
Confiamos reciban la presente en las mejores condiciones/Nous vous souhaitons bonne réception de la présente

• ***Mencionar documentos anexos*/Mentionner des pièces jointes**
En la carta adjunta encontrará/Ci-joint vous trouverez
Nos permitimos adjuntar la carta/Vous trouverez ci-joint la lettre
Adjunto a la presente una carta/Ci-joint une lettre

• ***La despedida*/Formule de politesse**
Les saluda atentamente/Je vous prie d'agréer Monsieur
Muy atentamente/Je vous prie Monsieur d'agréer mes salutations distinguées
Les saluda/Croyez à mes salutations distinguées

5. Parler de son expérience professionnelle

L'examen comprend un entretien avec l'examinateur durant lequel vous pourrez éventuellement être interrogé sur votre expérience professionnelle. Entraînez-vous à la prise de parole.

1. Étapes à suivre

Introduction Présentez le stage	Quand a-t-il eu lieu ? Durée du stage Lieu du stage
L'entreprise Informations sur l'entreprise	Taille Activité Situation géographique
Les tâches Votre travail dans l'entreprise	Horaires Travail Fonction
Problèmes et satisfactions Moments importants dans l'entreprise	Problèmes et solutions aux problèmes Satisfactions

Conclusion L'intérêt du stage par rapport à votre avenir	Évaluez cette expérience en relation à votre formation : points négatifs et positifs

2. Conseils

Entraînez-vous à la prise de parole et à la lecture. Attention à la qualité de votre prononciation. Soyez en confiance, l'examinateur est là pour vous aider. Ne lisez pas vos notes. Regardez l'examinateur lorsque vous parlez. Remerciez-le à la fin de l'examen.

3. Phrases utiles

Si vous n'avez pas compris la question : *No he comprendido, ¿puede repetir?*
Si vous ne vous souvenez plus d'un mot : *¿Cómo se dice en español ?*
Si vous voulez que l'examinateur répète : *¿Puede repetir? Por favor.*
Si vous voulez que l'examinateur parle plus fort : *¿Puede hablar más alto?*
Pour dire que vous ne savez pas quelque chose : *No lo sé.*
Pour dire que vous ne vous souvenez pas de quelque chose : *No me acuerdo bien.*
Pour remercier : *Muchas gracias.*
Pour s'excuser : *Discúlpeme.*

Base lexicale
la cadena de valor – la logística interna/externa – márketing y ventas – la red de distribución – servicio de posventa o mantenimiento – aplicar una garantía – los recursos humanos – la motivación del personal – la rentabilidad – calcular un margen – mejorar la relación con el cliente – sintonizar mejor con la plantilla – el desarrollo del negocio – conseguir clientes – mantener clientes

Exemple
Durante los meses de julio y agosto, he hecho unas prácticas remuneradas en la tienda de ropa Zara situada en París. Encontré este puesto por mediación de la institución en la que he hecho mis estudios de BTS. Lo acepté enseguida porque correspondía a mis expectativas de aprendizaje y de desarrollo personal en un entorno empresarial. Mi función ha sido la de gestionar procesos de negocio. También tenía que determinar las claves de rendimiento, explicar y justificar la gestión de los recursos y estudiar la cadena de suministro así como redes de distribución. Para estas tareas éramos cuatro personas y un responsable. Esta experiencia ha sido muy gratificante y formadora. El ambiente de trabajo era muy cordial y me integré perfectamente en el equipo. El éxito de estas prácticas me ha dado mucha confianza, así como un gusto por la gestión. Estoy convencido de que me serán de gran utilidad en mi futuro profesional.

6. Parler au téléphone

1. Techniques de base

– Lorsque vous avez un interlocuteur au téléphone, identifiez d'abord clairement sa demande.
– N'hésitez pas à lui demander de répéter ou de parler plus lentement.
– Vous devez avoir en tête des formules de salutations pour terminer votre conversation.

2. Structures à connaître

Hacer una llamada/faire un appel	*Recibir una llamada*/recevoir un appel
Formules de présentation : Bonjour je voudrais parler à... *Buenos días, quisiera hablar con...* *Hola buenos días, ¿podría hablar con... ?* *Hola, buenos días. Soy ... quisiera hablar con* *Hola buenos días, ¿puede ponerme con.... ?*	**Répondre** *Diga/dígame*/Allô *Sí, dígame*/Allô *Sí, soy yo*/C'est moi *El mismo, diga*/Lui-même
Demander : Comment allez-vous ? *¿Qué tal está usted ? ¿Cómo está usted?*	**Répondre à la question : *¿Cómo está ?*** *Muy bien, gracias*/Très bien merci
S'excuser si l'on s'est trompé de numéro *Ah, perdone* *Ah lo siento, habré marcado mal* *Perdón* *Le pido disculpas* *Lo siento mucho*	**Demander de répéter.../dire que l'on n'a pas compris** *¿Puede repetir?*/Pouvez-vous répéter ? *No comprendo*/Je ne comprends pas *No le oigo bien ¿puede hablar más alto?*/Je n'entends pas bien, pouvez-vous parler plus fort ? *No se oye nada, mejor cuelgue y vuelva a marcar*/Je n'entends rien, raccrochez et rappelez plus tard *¿Le importaría hablar más despacio ?*/ Pourriez-vous parler plus lentement ?

Se présenter *Llamo de parte de la empresa...*/J'appelle de la part de... *Le llamo por...*/Je vous appelle pour... *Mire, perdone que le moleste, pero le llamo porque*/Excusez-moi de vous déranger je vous appelle parce que...	**Dire que la personne a fait un faux numéro** *Se ha equivocado usted de número*/Vous vous êtes trompé de numéro *Ha marcado un número equivocado*/Vous avez composé un faux numéro *Aquí no trabaja ningún...*/Il (elle) ne travaille pas ici *¿A qué número llama usted ?*/Quel numéro avez-vous composé ?
Épeler un mot difficile *¿Quiere que le deletree la palabra ?*/Voulez-vous que j'épelle le mot ?	**Transférer un appel** *Sí un momento por favor, ahora mismo le pongo con*/Oui, un instant, s'il vous plaît, je vous passe.... *No cuelgue por favor, enseguida le pongo con...*/Ne raccrochez pas, je vous passe... *Mire, lo mejor es que llame dentro de... minutos*/ Est-ce que vous pourriez rappeler dans... minutes ?
Si la personne n'est pas présente *¿Puedo dejarle un recado ?*/Voulez-vous que je lui laisse un message ? *¿Le importaría decirle que ha llamado... y que volveré a llamar más tarde ?*/Veuillez lui dire que Monsieur... a appelé... je le rappellerai plus tard ?	**Prendre note** *Un momento, que tomo nota*/Un instant je vais le noter *¿Le importa deletrear ?*/ Est-ce que vous pourriez épeler
Laisser un message *No... no está, ¿quiere que le deje un mensaje ?*/Non il n'est pas là, voulez-vous lui laisser un message ? *Está ocupado...¿le importaría llamar dentro de 5 minutos ?*/ Il est occupé, pourriez-vous rappeler dans un petit moment ? *Lo siento pero está comunicando, ¿puede llamar más tarde ?*/Je suis désolé, c'est occupé, veuillez rappeler plus tard.	

7. Le sketch de vente

1. Principe de l'épreuve

Durée de préparation : 20 minutes, durée de passage devant l'examinateur 20 minutes. Cet exercice demande de la part de l'étudiant beaucoup de spontanéité, l'objectif est de créer un sketch réel, comme si vous étiez un commercial espagnol qui voulait vendre son produit. Il ne faut pas lire, il faut agir et surtout convaincre.

2. Simulation de vente

a. Un plan

Pendant la préparation élaborez un plan qui vous servira de guide.
Exemple de plan :

• ***Toma de contacto*/Prise de contact**
Hola, buenos días/Bonjour
¿Cómo está usted ?/Comment allez-vous ?
Bien gracias, ¿y usted ?/Bien merci, et vous ?
Yo bien, gracias/Bien merci
Encantado de conocerle/Enchanté de faire votre connaissance
Igualmente/Pareillement

• **Présentation personnelle**
Trabajo para la empresa ALZA. Soy el director de ventas./Je travaille pour l'entreprise ALZA. Je suis le directeur des ventes.

• **Présentation de l'entreprise**
El grupo leche Pascual es una empresa española que se dedica a la preparación y envasado de leche y derivados. Fue fundada en 1969 por Tomás Pascual y desde entonces el negocio ha estado controlado por su familia. La sede central de Pascual se encuentra en Aranda de Duero (Burgos) mientras que las oficinas centrales están situadas en Madrid.
Le groupe Leche Pascual est une entreprise espagnole spécialisée dans les produits laitiers. Elle a été fondée an 1969 par Tomás Pascual et depuis lors l'entreprise est restée dans le giron familial. Son siège se trouve à Aranda de Duero (Burgos) alors que les bureaux sont situés à Madrid.

• **Présentation du produit**
La preocupación por la salud ha sido una de nuestras constantes desde la fundación de Grupo Pascual. Desde el lanzamiento de la leche desnatada en los años 70. Grupo Leche Pascual ha recorrido un largo camino promoviendo la salud de los consumidores españoles a través de alimentos innovadores y, sobre todo, sanos.

La santé a été l'une de nos principales préoccupations depuis la création de Leche Pascual. Depuis l'apparition du lait écrémé dans les années 70, Leche Pascual a parcouru un long chemin en mettant en avant la santé des consommateurs espagnols au travers d'aliments novateurs et, surtout, sains.

b. Étapes

Toutes ces étapes sont à tenir en compte pour l'élaboration du sketch. Aucune des étapes obligatoires ne peut être oubliée.

- caractéristiques du produit
- élaboration
- prix
- délais de livraison
- moyens de paiement
- service après vente
- devis
- offre de ristourne

c. Le document de départ

À partir d'un document vous allez renseigner un client sur votre entreprise. Vous devez inventer tout ce qui ne figure pas sur le document.

3. Critères d'évaluation

- La langue
- La capacité de communication
- L'aisance
- La présentation logique et organisé
- L'enchaînement des étapes

Expressions utiles

• ***Expresar alegría***
¡Qué bien!/C'est bien !
¡Qué alegría!/Quel bonheur !
Me alegra/Je me réjouis

• ***Expresar admiración***
¡Qué maravilla!/Quelle merveille !
¡Estoy admirado !/Je suis admiratif !
¡Es admirable!/C'est admirable!

• ***Expresar sorpresa***
¡No me diga!/Ah bon?!

• ***Expresar gustos***
Me gusta/J'aime
Prefiero/Je préfère
Detesto/Je déteste
Me encanta/J'adore

• ***Preguntar a alguien por suwreferencias***
¿Qué prefiere?/Qu'est-ce que vous préférez ?
¿Cuál prefiere?/Lequel préférez-vous ?
¿Qué le gusta?/Qu'est-ce que vous aimez ?

• ***Opinar***
Me parece que/Je crois que
Creo que/Je crois que
Pienso que/Je pense que

• ***Intentar convencer***
Yo creo que debe/Je crois que vous devriez
Sí claro, pero.../Oui, bien sûr, mais
Piense en/Pensez à

• ***Manifestar acuerdo***
De acuerdo/D'accord
Vale/OK
Sin duda/Sans aucun doute
Ese es también mi punto de vista/Je suis d'accord avec vous

• ***Dar las gracias***
Gracias/Merci
Muchas gracias/Merci beaucoup
Se lo agradezco/Je vous remercie

• ***Devolver las gracias***
De nada/De rien
No hay de que/De rien

• ***Iniciar una conversación***
Quisiera decirle/Je voudrais vous dire
Me gustaría/J'aimerais

• ***Concluir una conversación***
Para terminar/Pour terminer
Para concluir/Pour conclure
En conclusión/En conclusion

• ***Resumir una conversación***
En resumen/En résumé
Todo lo dicho/Tout ce qui a été dit

• ***Hacer referencia a algo***
Respecto a/En ce qui concerne
Acerca de/À propos de
Quiero hacer referencia a/Je veux faire référence à

• ***Expresar desilusión***
¡Qué pena!/Quel dommage
Estoy decepcionado/Je suis déçu

8. L'entretien d'embauche

L'entretien d'embauche est une étape très importante. Ce rendez-vous est donc essentiel pour vous. Donnez le meilleur de vous pour pouvoir obtenir le poste dont vous rêvez.

1. Conseils pour un entretien

- S'informer sur l'entreprise
- S'informer sur le poste à pourvoir
- Arriver à l'heure
- Être bien habillé
- Être poli
- Sourire le plus possible

2. Comment agir

- Être interactif : cherchez les mots justes.

- Dynamisme : ne laissez pas de blanc pendant la discussion.
- Rapidité : vous avez au maximum 30 minutes pour convaincre.

3. Étapes de l'entretien

- **Arrivée**

À l'accueil, présentez-vous, dites pourquoi vous êtes là, demandez que l'on vous annonce.

- **Le recruteur vous reçoit**

Le recruteur va venir vous chercher pour vous conduire à son bureau. Si vous vous souvenez de son nom, dites-lui : « Buenas tardes Señor Montero, soy... »

- **Présentation de l'entreprise et du poste en question**

Après vous avoir fait asseoir, le recruteur se présentera. Il va vous parler de l'entreprise, son activité, ses produits. Il vous parlera ensuite du poste qui vous intéresse.

- **Présentez-vous**

Le recruteur vous demandera de vous présenter. Il faudra parler de votre parcours professionnel et scolaire en justifiant ce pourquoi vous avez fait vos choix de carrières. Finissez par dire ce pourquoi vous êtes là ce jour-là.

- **Le rôle de l'interlocuteur**

Le rôle de l'interlocuteur est de vous connaître le plus possible en un temps très court. Son rôle n'est pas facile. Pensez que l'embauche dépend de lui. Il représente toute l'entreprise et ne peut pas se tromper. Il doit choisir la personne idéale. Prouvez-lui que vous êtes la personne qu'il cherche.

- **Questions**

La dernière partie de l'entretien peut être centrée sur une approche plus personnelle. L'interlocuteur peut vous poser des questions sur vos goûts, vos loisirs, votre caractère. Puis vous pourrez vous-même poser les questions qui vous semblent intéressantes. Montrez de l'intérêt pour l'entreprise et pour le poste en question. Venez muni de questions que vous aurez préparées chez vous auparavant.

- **Conclusion**

C'est le recruteur qui conclut. Il vous informe des prochaines étapes avant l'obtention du poste. Il vous donnera la date de la réponse. Dans cette dernière phase, il est important d'écouter et ne pas trop parler. Vous avez eu l'opportunité de parler tout à l'heure, laissez le directeur conclure. Ne demandez pas « Quand vais-je avoir une réponse ? » ou « Suis-je pris ? » Saluez le recruteur et partez.

Exemple

Annonce

Empresa con destacado posicionamiento en diferentes sectores inicia proceso de selección en Madrid e incorpora nuevos candidatos en los sectores de energía, telecomunicaciones, formación...
Fecha de publicación: Miércoles 02 de enero de 2013
Oferta : Atención al cliente
Horario: Lunes a Viernes, 9 - 13:30
Población: Alcalá de Henares
Número de vacantes: 2
Posición: Media jornada
Tipo de contrato: Por obra y servicio
Tipo de salario: Bruto mensual
Salario mínimo: 900 euros
Se requiere
Requísitos mínimos: No es necesaria experiencia, se ofrece formación – Capacidad de aprendizaje, Trabajador/a, Dinámico/a – Carnet de conducir: No
Idioma: Negociación español, inglés nivel B2, francés nivel B2
Estudios: BTS
Si estás interesado envía tu cv acompañado de una carta de motivació a:
Oferta de empleo n°1426
C/ Beatas, 45
28801 Alcalá de Henares

CD n°4 Pista n°19

Vous pouvez écouter la simulation d'entretien d'embauche sur le CD.

Crédits photographiques

Couverture FOTOLIA/Peshkova
5 Día Emprendedor del Principado de Asturias 2010 ; 20 Droits Réservés ; 21 CAPITAL/Sergio Garcia ; 27 Droits Réservés ; 65 Collection CHRISTOPHE L ; 72 bas La Martina ; 75 Paco Rabanne ; 86 FOTOLIA/Henry Bonn et Apple Inc. ; 87 FOTOLIA/Risquemo ; 88 Droits Réservés ; 89 Desigual ; 91 Custo Barcelona ; 104 Collection CHRISTOPHE L ; 110 AFP/Carl de Souza ; 116 La Magdalena de Proust ; 117 Daisuki ; 124 PHOTO12.COM/ ALAMY ; 133 RENFE ; 137 bas GETTY IMAGES France/Dorling Kindersley ; 137 ht d PLISSON PHILIP ; 137 ht g ARCHIVES NATHAN/ Photodisc ; 137 m GETTY IMAGES France/Riser/Rapsodia ; 139 ht SHUTTERSTOCK/Guilermo77 ; 139 m d SHUTTERSTOCK/ Nito ; 139 m g BIS/Ph.Kated ; 141 Spain.info ; 146 FOTOLIA/Dimitry Pichugin ; 154 Droits Réservés ; 159 Icex ; 163 Wonders ; 166 Droits Réservés ; 181 Village Outlet Shopping ; 183 CORBIS/Cultura ; 197 Carta De Servicios ; 203 www.1and1.es ; 205 Droits Réservés ; 219 bas Gowex ; 225 Iberia ; 227 Acciona ; 237 FOTOLIA/Onidji ; 241 PANORAMIC/Image sport/Giorgio Neyroz ; 242 Protecsol Franquicias

Direction éditoriale : Christine Asin
Édition : Anne-Sophie Poujol
Conception graphique et mise en pages : Sophie Bensaci et Alinéa
Couverture : Sophie Bensaci
Iconographie : Juliette Barjon
Fabrication : Maria Pauliat
Coordination artistique : Evelyn Audureau

ISBN : 978-2-09-162804-2

N° de projet 10199117 - IRILYS
Dépôt légal: Février 2014
Imprimé en Espagne par Gráficas Estella